绽 放

一本杂志与安徽区域形象的塑造

主　编

张道刚

副主编

吴成和　　汪名昆　　王运宝

全国百佳图书出版单位

时代出版传媒股份有限公司

安徽人民出版社

图书在版编目（CIP）数据

绽放：一本杂志与安徽区域形象的塑造 / 张道刚主编 . -- 合肥：安徽人民出版社 , 2023.10
ISBN 978-7-212-11636-1

Ⅰ . ①绽… Ⅱ . ①张… Ⅲ . ①区域经济发展—概况—安徽②社会发展—概况—安徽 Ⅳ . ① F127.54

中国国家版本馆 CIP 数据核字 (2023) 第 180010 号

绽放：一本杂志与安徽区域形象的塑造

张道刚　主编

出 版 人：杨迎会　　　　　　　　责任编辑：蒋越林
责任印制：董 亮　　　　　　　　装帧设计：王碧琦　舒晓东　葛茂春

出版发行：安徽人民出版社 http://www.ahpeople.com
地　　址：合肥市蜀山区翡翠路 1118 号出版传媒广场 8 楼
邮　　编：230071
电　　话：0551-63533258　0551-63533259（传真）
印　　刷：安徽联众印刷有限公司

开本：710 mm×1010 mm　1/16　　印张：20.25　　　　字数：300 千
版次：2023 年 10 月第 1 版　　　　2023 年 10 月第 1 次印刷

ISBN 978‑7‑212‑11636‑1　　　　　　　　　　定价：68.00 元

前　言

为什么是安徽?

一千个人眼中有一千个不同的答案。

如今,安徽自带流量,辨识度越来越高,给这个"答案"赋予了新的内涵,不仅让人"眼前一亮",更让人发出了"错过深圳,错过浦东,现在绝不能再错过安徽"的感慨。

从过去的"存在感"不高到如今频频"出圈",从曾经的不温不火到如今强势崛起,从静悄悄埋头苦干到挡不住地跃然而出……这些"画风突变"的印象,叠加成一种带有强烈冲击力的感受:安徽变了!

在长三角一体化发展国家战略中,安徽从旁听生变成插班生,再成为正式生,这是安徽发展的最大机遇、最大势能、最大红利,让安徽的区域形象显而易见。

在高水平科技自立自强中,安徽以创新型省份建设为旗帜性抓手,在国家科技创新格局中勇担第一方阵使命,一批原创性重大科技成果在安徽诞生,让安徽的创新能级显而易见。

在新兴产业发展上,安徽涌现出新能源汽车、新型显示、人工智能等一批地标性产业,让安徽的产业标签显而易见。

……

当所有这些改变累积在一起时，安徽在区域发展格局中的地位形象显著提升，在国家发展全局中的战略地位进一步凸显。安徽站上了新的历史方位和时代坐标，正处于厚积薄发、动能强劲、大有可为的上升期、关键期，正在围绕"三地一区"战略定位，加快建设"七个强省"，奋力走出新时代安徽高质量发展新路。

一段时间以来，人们不仅乐道于安徽"蝶变"的传奇故事，更热衷于寻找安徽发展的底层逻辑：究竟是什么让安徽"逆袭"的？安徽又是怎样渐次绽放的？

外界在发问，《决策》在探寻。

作为一本创办在安徽、成长在安徽的杂志，从 1993 年 10 月公开出版的第一期开始，《决策》就用敏锐的视角观察、用犀利的笔触书写、用沉静的深度分析，为安徽发展加油鼓劲。

尤其是跨入网络时代后，从《政策中部》起笔，推出了《安徽谋势》《激荡皖江》《突破皖北》《筑梦皖南》《长三角扩容》等深度报道。在 2013 年 10 月，《决策》创刊 20 周年时，我们出版了《吾国吾城：时代变迁中的区域竞合观察》一书，展现出大时代变迁中的区域格局演变，用激扬的文字记录下安徽的成长轨迹。

党的十八大以来，安徽奋勇争先，现代化美好安徽建设取得显著成效，安徽的能级之变、位势之变、创新之变、作风之变前所未有，实现了从"总量居中、人均靠后"向"总量靠前、人均居中"、从科教大省向科技创新策源地、从传统农业大省向新兴产业聚集地、从内陆腹地向改革开放新高地的跨越发展。

这是安徽发展历程中的一次怒放。在这场重塑安徽形象的"四个前所未有"和"四个跨越发展"中，《决策》与安徽经济社会发展同频、与区域形象塑造共振，紧扣安徽的产业形象、城市形象、区域形象和人文形象等重点内容，落笔成文，在全媒体传播平台上，推出了一批带有"决策气质""决策风格"的组合式报道。

围绕安徽发展的进击态势，我们推出了《顶流安徽》《安徽"组局"》《省会城市的"合肥现象"》等特别策划，展现安徽在战略格局中争先进位，在奔跑冲刺中彰显气度。

围绕先进制造业集聚的"安徽现象"，我们推出了《"硬核"安徽》《万亿"汽"势》《合肥步法》，写出了安徽的"实力"，呈现安徽在"智造"创新中迸发力量，在产业集聚中锻造地标。

围绕全面融入长三角一体化，我们推出了《"上进生"安徽》《东向"取经"》《长三角很忙》等深度文章，写出了安徽的"奋进"，多维度展现安徽在风口上寻找机遇，在对标对表中激荡思维。

······

在安徽的每一次绽放时刻，这些文章都用力透纸背的文字，屡屡成为刷屏的爆款，让外界重新认识了安徽，看到了一个"出落得越来越有风采"的安徽。这些关于安徽发展的深度文章，不仅宣传了安徽，改变了外界对安徽形象的固有认知，也为其他媒体解读安徽提供了足够丰富的基本素材，更为各地推动高质量发展贡献了决策智慧。

因为有了这些对讲好安徽故事的不懈努力，许多读者说："决策杂志对安徽区域形象的塑造，做出了特殊贡献。"更有网友说："每当安徽有重大事件发生时，决策杂志都会第一时间发声。"

2023年10月，是《决策》创刊30周年。30年来，我们用399期杂志，叠加出安徽跨越发展的厚度，用1000多篇新媒体原创文章，营造出安徽蓬勃向上的热度，更积蓄着对这片土地的情怀。非常有幸的是，安徽区域形象的每一次塑造，都倒映着《决策》的成长痕迹；安徽发展的每一次绽放，都印刻着《决策》的深度观察。正因如此，这本《绽放：一本杂志与安徽区域形象的塑造》摆到了读者面前。

一为时代记录，二为历史存稿。

30年，很短，在历史长河中只不过是短暂的一瞬；30年，很长，是安徽发展的一部长篇连载。我们真诚希望每位读者，能在清晨的花香中，午后的暖阳下，夜晚的床头边，翻一翻这些笔锋细腻但不失厚重的书页。我们也希望这本书带给你的，不仅仅有墨香的愉悦，更能感受安徽形象塑造的张力。

为什么是安徽？这本书只是答案的一个切面。皖美绽放是一部赓力续写的书稿，安徽的未来必将更加璀璨，我们的记录也将更有看头。

是为前言。

张道刚（决策杂志社总编辑、安徽创新发展研究院执行院长）

2023年10月

绽放：一本杂志与安徽区域形象的塑造

目 录

叁 "听见花开的声音"

肆 "抢占 C 位的制造天团"

壹

『出落得越来越有风采』

"黑马"突围
顶流安徽
战法变了
安徽"组局"

十余年间，一个大不一样的安徽"皖美"绽放。

本世纪初，经济学家谢国忠考察中国区域经济版图时，曾预言"明天的太阳将从安徽升起"，一时引发热议。但当时安徽给人留下的印象，更多还是一个落后的农业省份，基础差、底子薄，水旱灾害频发，在区域发展格局中几乎没有存在感。

最近十年来，很多人惊呼：谢国忠当年的预言正在成真！我们现在看到的安徽，经济发展持续提速，走出了自己的路子，干出了自己的模样，完成了从"总量居中、人均靠后"向"总量靠前、人均居中"的跨越，正在实现从科教大省向科技创新策源地、传统农业大省向新兴产业聚集地、内陆腹地向改革开放新高地的跨越发展，改变了外界长期以来对安徽形象的固有认识，将安徽的影响力、感召力和美誉度提升到新高度，塑造出一个"流量安徽"的新形象。

究竟是什么让安徽在短短十多年里出落得如此风采？

这是外界对安徽发展的求解之问，也是我们关注安徽的价值所在。

"黑马"突围

安徽"冲"起来了。

第四次全国经济普查数据显示，与修订前相比，2018 年安徽省经济总量上调 4004 亿元，增数居全国第一。凭借较大的修订增量和 7.5% 的经济增速，2019 年安徽省实现地区生产总值（GDP）37114 亿元，总量居全国位次冲到了第 11 位，较上年前移 2 位；人均 GDP 达到 58496 元，折合 8480 美元，比 2018 年增加 4418 元，居全国位次冲到了第 13 位，较 2018 年上升 8 位，经济总量和人均生产总值均创下了安徽历史最高纪录。

一时间，在媒体、专家和民间等不同话语体系中，安徽被冠以"2019 年最大一匹黑马"的名头，并戏称安徽"闷声发大财，深藏功与名"，屡屡刷爆朋友圈。

从外界反应来看，"黑马"安徽犹如一颗巨石猛然间投入一片平静的湖面，激起层层波澜，其传递给外界的第一印象，是对经济地理格局的重新"洗牌"，更改变着传统观念中对安徽形成的固有认识。

"搅局者"

安徽之"变"，首先体现在跳动的区域经济大数据中。

先看经济总量。2019 年，安徽实现了新跨越，迈入全国区域经济中上游。从 2014 年安徽经济总量突破 2 万亿元，到 2019 年突破 3.5 万亿元，安徽仅用了 5 年时间。

纵向比，安徽争先进位，改变了经济总量多年位于第 14 或 13 位的状态。梳理发现，2011—2015 年，安徽经济总量排在 31 省市第 14 位；2016—

2018年，安徽上升1位，排在第13位；2019年，安徽上升2位，排到第11位。若以2010—2019年这个10年的区间来看，安徽从第14位上升了3个位次，是这10年中上升最快的省份之一。

横向比，与2018年相比，2019年安徽经济总量增加了7107.18亿元，经济增量超过了江苏、浙江、河南、四川、湖北等经济大省，仅次于广东。由此，安徽上升2个名次，赶超了北京和河北，上升位次在31个省份中排名第2。

其次来看经济增速。安徽持续稳中有升，2019年安徽经济增速达到7.5%，比全国6.1%的经济增速高出1.4个百分点，进入全国经济增速前10强，位居第9位。放在长三角区域来看，安徽7.5%的经济增速排在第1位，高于上海的6%、江苏的6.1%和浙江的6.8%，为长三角区域一体化高质量发展贡献安徽力量。

拉长时间段来看，2010—2019年的10年间，安徽平均经济增速达到10.11%，比全国7.57%的平均经济增速，高出2.54个百分点；比上海7.35%的平均经济增速，高出2.76个百分点；比江苏8.83%的平均经济增速，高出1.28个百分点，比浙江8.18%的平均经济增速，高出1.93个百分点，是全国经济增长最快的省份之一。

再来看第四次全国经济普查数据。安徽这一次成为"大赢家"，经济总量增加4004亿元，是上调增数最多的省份。其中，核算后安徽二产业增加值为14094.4亿元，增加252.4亿元，第三产业增加值为17278.5亿元，增加3751.7亿元，占据了4004亿元的"大头"，占GDP比重比初核数提高5.7个百分点，达到50.8%。

增数集中体现在安徽规模以下企业的爆发。与第三次全国经济普查相比，第四次全国经济普查安徽规模以下小微企业数增长1.8倍、个体户增长39.3%，特别是批发零售、住宿餐饮、交通运输等三个行业增加值增长较多。

市场主体数量被看作是经济发展的"晴雨表"。统计数据显示，安徽自2014年深化商事制度改革以来，极大释放出经济蕴藏的潜力，市场主体数量由 2013 年的 214.1 万户，发展到 2019 年 11 月底突破 500 万户，达到 506.8 万户，连续 6 年实现两位数增长；民营企业首次突破 130 万户，达到 132.15 万户，经济活力显著提升。商事制度改革与大众创业、万众创新政策形成叠加效应，在安徽掀起新一轮创业创新热潮。同时，第四次全国经济普查提供了翔实的异地产业活动单位数据，安徽异地产业活动单位得到全面反映。

最后从人均 GDP 来看，安徽实现了大幅度提升。经济总量反映的是一个区域的经济实力和规模，人均 GDP 代表的则是一个地区的富裕程度，在区域竞争和反映经济变化中，更具有说服力。

2019 年，安徽人均 GDP 达到 58496 元，折合 8480 美元，位居全国第 13 位。放在中部地区来看，安徽位列第 2，仅次于湖北，高于湖南、河南、江西和山西。8000 美元是经济起飞阶段迈入加速发展阶段的重要节点。

2010 年，安徽人均 GDP 居全国第 25 位；2017 年，安徽人均 GDP 上升 1 位，排在全国第 24 位；2018 年，安徽人均 GDP 上升 3 位，位居全国第 21 位；2019 年，安徽跃升 8 位，从全国中下游成功跻身中上游，堪称人均 GDP 榜单上的最大"搅局者"。

四个不同层面的数据演变过程背后，实质只有一个，即安徽在全国区域经济格局上的地位大幅度提升。

那么，安徽为什么能？外界在问，安徽也在问。

"快"在项目，"变"在产业

区域之争，实质就是项目之争。大项目、好项目多的地方，变化就快，发展就快。安徽之"快"，"快"在项目；安徽之"变"，"变"在产业。

过去，安徽经济发展慢，工业底子薄，项目承接能力不足，缺乏有竞争力和带动力的产业集群。智者谋变，2004 年 4 月，一个名为"861"的行动计划"破土而出"，很快在江淮大地生根发芽；2006 年，安徽提出"工业强省"。此后 10 多年时间里，"861"和"工业强省"成为安徽发展高频词，每年推出一批大项目，引进一批大项目。

在壮大安徽经济"筋骨"的持续进程中，安徽谋划项目的魄力之大，让外界为之一惊。

京东方的故事便是一个生动写照。2008年，合肥招引京东方6代线，总投资额高达175亿元，而2007年合肥用来发展的财政资金才30亿元左右，除了85亿元的银行贷款，剩下的60亿元左右资本金缺口谁来补？

面对一个"前景不明"的项目，合肥没有犹豫，而是"另辟蹊径"，市政府平台、京东方A股上市平台齐上阵，为京东方的融资开辟新路。这一大胆的操作被列入商学院的教科书，此后又在多个招商项目中成功应用。合肥也被外界称为最厉害的投资"合伙人"和最成功的"风投公司"。

此后，合肥将集成电路产业列为首位产业。2016年5月，合肥与兆易创新共同出资组建长鑫公司，这是安徽单体投资最大的工业项目，总投资超过1500亿元。2019年，长鑫存储内存芯片自主制造项目宣布投产，业界沸腾。如今，合肥已成为全国集成电路产业重点发展城市之一，集聚了超过200家上下游企业，向"中国IC之都"迈进。

数据显示，2009年至2018年，安徽亿元以上重点项目累计开工1.5万个，建成近9000个，规模以上工业增加值突破1万亿元，正式跨入新兴工业大省行列。

2015年9月，安徽省发布"调转促4105"行动计划，成为推动经济社会发展的主引擎和总抓手。其中，十大工程排在第一位的就是战略性新兴产业集聚发展工程，这为安徽带来了"超车"的新机遇。

安徽的雄心是通过塑造一批高层次产业，实现增长动力新转换、产业发展保持中高速、产业结构迈向中高端。安徽有底气实现这一目标吗？

安徽有。战略性新兴产业的发展离不开科技创新的支撑，这恰恰是安徽最宝贵的基因和最闪亮的名片。以中国科学技术大学（以下简称中科大）为基础、合肥综合性国家科学中心建设为牵引，安徽科技与产业相结合，释放出巨大能量。

2019年，安徽新增高新技术企业1233家，总量达到6636家，区域创新能力连续 8 年稳居全国第一方阵；科技之花结出产业之果，以"芯屏器合"为代表的安徽省战略性新兴产业厚积薄发、一举成名。

所谓"芯"，是指芯片产业。目前合肥已集聚了包括长鑫存储在内的 186 家集成电路企业，致力于打造世界一流的存储产业集群。

所谓"屏"，是指新型显示产业。合肥已建成世界最大的平板显示基地。京东方在合肥建设了全球首条最高世代线——10.5 代 TFT-LCD 生产线，在 65 英寸、75 英寸市场全球出货量排名第一。

所谓"器"，是指装备制造及工业机器人产业。安徽六轴机器人产量居全国第一。

所谓"合"，是指人工智能和制造业加快融合。脱胎于中科大的科大讯飞已是中国最重要的人工智能企业之一。合肥打造的"中国声谷"已集聚包括科大讯飞、华米科技、海康威视、寒武纪等在内的 600 余家企业，形成了国内最具代表性的人工智能产业生态圈。

外界将这些新兴产业誉为："芯"光灿烂，"屏"步青云；"器"势磅礴，智同道"合"。围绕"芯屏器合"四大体系，安徽在全省建设了 24 个重大新兴产业基地，培育形成电子信息、智能家电、新能源汽车、工业机器人、人工智能五大新兴产业。2017 年，安徽审时度势，提出"三重一创"建设，在奋力实现制造强省目标上更进一步。

努力终于赢得收获。2019 年，安徽省战略性新兴产业产值增长 14.9%，比规模以上工业增速高 8.2 个百分点，新旧动能转换明显加快。这是安徽多年对创新战略矢志不渝开出的工业之花，也是安徽之"变"的核心支撑力。

如果说项目为王、产业为优，是安徽航船的"发动机"，那么区域战略上"五指成拳"，则是安徽奋进的平台载体。

"一核多极"的区域增长极

就在"黑马"安徽刷屏的同时，一座城市也霸占了人们的眼球。

这便是合肥。经过第四次全国经济普查发现，2019 年合肥经济大爆发，经济总量从 2018 年的 7822.91 亿元一路飙升到 9409.4 亿元，增量高达 1586.49 亿元，连跨两个千亿元台阶，成功迈入全国省会经济 10 强。合肥经济首位度由 2010 年的 21.9% 提高到 2019 年的 25.4%，成为安徽当仁不让的核心增长极。

放在长三角城市群中来看，合肥排名再进一位，上升到第 7 位，超过了南通，排在上海、苏州、杭州、南京、宁波、无锡之后。在全国城市经济排行榜上再前进 4 位，位居第 21 位。

拉长时间段来看，合肥带来的冲击感更为强烈。2000 年，合肥经济总量仅有 325 亿元，比肇庆、临沂等"八线"城市还要低，排在全国第 82 位。截至 2019 年，20 年间，合肥整整跃升了 61 位。在包括直辖市、计划单列市、省会城市在内的全国所有城市中，合肥是提升最快的。

由此，合肥被外界认为是"最励志、逆袭最成功的城市"。

当人们将目光聚焦在合肥的亮眼光芒时，却不知安徽其他一些城市在最近一波发展浪潮中也在悄然崛起。与修订前的经济总量相比，第四次全国经济普查修订后数据上调的安徽地市有 13 个。

上调最多的是滁州，上调了 792.4 亿元；合肥上调了 782.19 亿元，增数第 2；阜阳上调了 647.8 亿元，增数第 3；安庆上调了 279.2 亿元，增数第 4；亳州上调了 274.11 亿元，增数第 5；蚌埠、六安、宿州、宣城 4 个市上调超过 100 亿元。

这也导致安徽多市经济总量实现重要跨越。从全省来看，2019 年合肥一马当先突破 9000 亿元，芜湖突破 3500 亿元，滁州、阜阳、安庆、马鞍山、蚌埠 5 市首次突破 2000 亿元，超过 2000 亿元的地市达到 7 个，比 2018 年多出 5 个，形成一批有竞争力的新增长极，改变了安徽过去"一核少极"的区域格局。

最具代表性的便是滁州和阜阳的强势崛起，成为安徽区域发展中一股不可忽视的力量。2019 年，两市凭借第四次全国经济普查的经济增量和超过 9% 的增速，分别拿下安徽经济"探花"和第四，携手进入全国城市经济

100 强，距离进入 3000 亿元城市仅有一步之遥。

在经济向高质量发展转变进程中，2000 亿元城市是一个省份发展的重要参数指标，城市数量的多少具有符号意义，意味着经济发展站上了一个新台阶。

从长三角来看，2019 年，江苏 13 市经济总量全超过 3000 亿元，浙江 8 市经济总量超过 2000 亿元。安徽与江浙仍有一定的差距，但差距也是发展的潜力和空间，安徽正在乘胜追击。2020 年，安徽极有可能将再产生 3 个 3000 亿元城市，2 个 2000 亿元城市。届时安徽将有 9 市超过 2000 亿元，5 市超过 3000 亿元。

从中部六省来看，安徽取得了新突破。目前，中部经济总量超过 2000 亿元的城市，河南有 13 个，湖南有 9 个，湖北有 8 个，江西有 6 个，山西有 1 个，安徽 7 个仅次于河南、湖南和湖北，进入中游水平。

五指不成拳则无力，发力不一致则无功。高铁动车组跑得快是因为每一节车厢都有动力，集聚成一个合力，安徽"一核多极"的区域内生动力，合力推动安徽板块加速崛起，而发力的方向正是安徽全域上下面临的重大战略机遇：长三角区域一体化。

占据地利，紧抓天时，塑造人和

"人的命运，要靠自我奋斗，但也要考虑时代的进程。"这句话对安徽同样适用。安徽把握住了时代的进程——中国区域发展大脉搏长三角。

过去，安徽是"不东不西"的尴尬；如今，是长三角城市群的重要成员。由"配角"到"主角"的背后，是安徽长达 31 年的付出和努力。

从 1988 年"远学闽粤、近学江浙"开始，安徽便踏上了叩问长三角的历程，到 2019 年 10 月，蚌埠、黄山等 7 个城市"入长"，长三角覆盖安徽全部 16 个市。31 年，折射出的是安徽区域经济发展的世态百味，其中有坚守，有努力，也有持久的欢呼。

多年来，为真正融入长三角，安徽全力在互联互通和等高对接上做文章。2008 年 4 月，安徽建成通车第一条高速客运专线合宁高铁，到 2019 年 12 月，商合杭高铁（合肥以北段）正式开通，安徽 16 个市全部进入"高铁时代"。由此，安徽成为全国第 2 个市市通高铁的省份，并以 1903.45 公里的高铁总长度拿下全国第一。

很难相信，十几年前，从合肥到南京、上海的列车需要"绕道"蚌埠或芜湖才能到达，如今在安徽的任何一个市，都能乘坐高铁直达江浙沪。这是安徽之"变"的最直观体现。

交通的互联互通，加速了安徽与长三角人流、物流、信息流、资金流的涌动，创造新的经济活动和就业岗。一组数据便可以窥知。

作为农业大省，安徽的优质绿色农产品早已深深融入沪苏浙人们的生活，搭建起最温情的纽带。安徽 30% 左右优质粮油初加工产品销往沪苏浙，仅马鞍山和县每年就为长三角供应蔬菜达 60 万吨，成为沪苏浙的"米袋子""菜篮子"和"果盘子"。

而沪苏浙"回馈"给安徽的是数以万亿计的资金。从 2016 年到 2018 年，沪苏浙来皖投资在建亿元以上项目实际到位资金 15654.7 亿元，新建 10 亿元以上大项目 270 个，比重接近全省 4 成，制造业项目占比更是达到 6 成左右。

伴随项目和资金的大量涌入，安徽从 2013 年开始，已连续 7 年出现外出人口回流现象，且大部分来自长三角，从而步入"外出人口持续回流"新时期。2018 年末，安徽常住人口 6323.6 万人，比 2017 年增加 68.8 万人，增量位居全国第二；2019 年，安徽常住人口 6365.9 万人，比 2018 年增加 42.3 万人，比 2010 年增加 409.2 万人，"凤还巢"为安徽经济发展注入了强劲动力。

用流行的"双赢"来说，就是沪苏浙需要安徽，安徽也需要沪苏浙。安徽作为长三角的"后来者"，经过多年的融入发展，再也不是传统意义上的长三角核心区的外围腹地，而是长三角更高质量一体化的真正主角之一，正以"合伙人"的姿态，深度参与长三角更高水平区域分工。

2019 年 5 月，长三角三省一市领导峰会在芜湖召开。这是长三角区域一体化上升为国家战略后首次召开的峰会，安徽作为轮值主办方，向全国展现自己的责任和担当。

区域板块的真正崛起，外力固然不可或缺，但要想在激烈的区域竞争中突出重围，还得练好"内功"。

安徽深谙其道，正全面实施长三角区域一体化发展安徽《行动计划》，坚持上海龙头带动，携手苏浙、扬皖所长，奋力打造"具有重要影响力的科技创新策源地、新兴产业聚焦地和绿色发展样板区"，与周围邻居产生深度竞合，进而塑造未来的区域影响力和竞争力。

占据地利，紧抓天时，在叩问长三角 31 年的持续进程中，安徽也在潜移默化中发生了最大的改变——人和，这是安徽之"变"的核心力量。这些年来，浙江"最多跑一次"、江苏"不见面审批"等先进的发展理念，如同潮水一般涌入江淮大地，带来的不仅是"传统农业"大省的外在形象改变，更是人们思想观念的更新和塑造。

人和则地区兴。"安徽最大的改变是安徽人，形成干事创业的好状态；改变最多的是干部，干部队伍的理念、思路、作风、方法都发生了根本性改变。"有这样的一批人，安徽能不"变"吗？

（作者：张道刚、姚成二；原载于《决策》2020 年第 2 期、第 3 期）

顶流安徽

一位上海来安徽挂职的干部说："安徽的形象不一样了，安徽的干部越来越自信了。"

一位江苏的专家说："安徽现在抓了一手好牌，未来很有可能会打出'王炸'。"

一位浙江的媒体人说："安徽的显示度越来越亮了，辨识度越来越高了，涌现出很多带有安徽标记和符号的新形象。"

一位知名企业的董事局主席说："错过浦东、错过深圳，现在决不能错过安徽。"

一向在外地人印象中略显低调的安徽，突然好评如潮，狂刷存在感。

存在感强，意味着安徽声音越来越大，有鲜活的吸引力，这也释放出一个极为强烈的信号：安徽发展的气势起来了！

厅长的 PPT

说到安徽当下的气势，要先从一场会议说起。

2021 年 8 月，安徽省人民政府召开第五次全体会议暨加强十大新兴产业"双招双引"高质量推进"三地一区"建设会议。

这本是一场谈观点、谋对策、提建议、作部署的工作会议，但参会者发现，会议的形式和结构都发生了变化。

厅长汇报工作，直接采用 PPT 演示，在有限的时间内，通过大量的图表和数据，将丰富的专业内容通俗易懂、生动有效地呈现在所有参会者面前，专业水平和专业化能力得以充分展现。这在过去是没有的。

值得注意的是，会议以视频方式召开，16地市市长在分会场同步参加。主会场和各市分会场，均邀请新一代信息技术、高端装备制造、新能源汽车和智能网联汽车、人工智能等十大新兴产业的部分龙头企业、商协会、金融机构和专家学者参加，大家坐在一起激荡思维。

这同样也很少见。两个很少见，带给与会人员一种全新的体验，用一句与会者的话说："这种会，开起来很过瘾，开完后很享受。"

为什么过瘾、享受？因为做事专业。汇报工作不再是泛泛谈一些概念和要求，而是多了"几把刷子"，突出专业思维、专业素养、专业方法，从落实的角度讲清楚"怎么干""谁来干"；开会不是"闭门造车"，而是广邀大咖，善于"借脑"，广纳群言。

安徽深知，谋划产业发展好比做一锅饭，要把这饭做熟做香，既需要众人拾柴，也需要讲究火候，更不能心急揭锅，要做到"紧烧火，慢揭锅"。

安徽的"火候"有何讲究？先是对十大新兴产业摸排分析，"吃干榨净"政策，后又召开10次专题会议逐个研究审定行动方案。每次省政府专题会，平均用时超过4小时，政府、专家、企业、商协会齐坐一堂，开展头脑风暴，共同研讨十大新兴产业发展和"双招双引"方案。其中，已有100多位专家走进了安徽省政府的会议室。

这样就扎准了穴位，更加精准地理清了每个产业的产业链构成、未来发展方向和安徽的发力重点、实现路径，打通了发展新兴产业从"是什么"到"干什么、怎么干"的实践逻辑，为推动"多链协同"，塑造一个自带流量的产业IP大省，绘出了清晰的路线图、施工图。

这就叫专业化：想到点子上，符合逻辑，符合规律，手法、步法和打法更精准、更有力、更高效，不再是"通过什么举措，实现怎样的目标"，而是"达到什么样的目标，需要做什么"，彻底摒弃传统的路径依赖。

同时，安徽已经成立由省领导挂帅的十大新兴产业"双招双引"工作专班，带头学习前沿知识，钻研产业发展规律，省市县协同，省领导领着干，各地各有关部门挂图作战、"按图索骥"，梯次展开、统筹推进，共同打出"双招双引"的攻势和成效。

"安徽发展新兴产业的氛围起来了!"多位亲临安徽考察的企业家说。

平日里提起这些做法,人们脑海里首先想起的肯定是经济发达地区,没想到现在在安徽也能见到。以至于有人说,"安徽开始像一个经济大省了,有了发达地区想问题、做事情的样子。"

这并非场面话。一个地方环境好不好,企业家最具发言权。

早餐会越吃越有味

"真是太有排面了!"

芜湖连续举办的"畅聊早餐会",引发广大网友惊呼。知名主播"芜湖大司马"受邀与芜湖市委书记、市长共进早餐,并商讨芜湖的未来发展以及网络文化宣传。

早餐会结束后,"芜湖大司马"和领导们合影,更是直接"C位"出道,冲上了热搜,网上阅读量破千万。

这一次,芜湖极其认真,立志把企业家当"宝",渴望重塑昔日创新创业的荣光。自 2021 年 3 月底始,截至 2021 年 8 月,芜湖已强势连续开展 23 场"畅聊早餐会",芜湖市委书记、市长与近百名企业家和社会各界人士面对面,吃的是芜湖特色,谈的是发展干货,聚的是创新动能,强的是发展信心。

在芜湖的带动下,铜陵、滁州、阜阳等安徽其他地市很快也"吃"上了企业家早餐会,并且越"吃"越有"味",收获外界一片好评。

"早餐会"之所以备受好评,关键在于市委书记、市长亲自出席,亲自倾听,亲自推动。这与安徽全省上下正在推广的顶格战法,有着异曲同工之妙。

什么是顶格战法?就是由最终拍板的人第一步就开始直接负责,顶格倾听、顶格协调、顶格推进。

会见企业家,态度很重要。如果企业家来了,按照"官职"安排会见,这无疑是一种官本位思想。而顶格倾听，是与企业家做朋友，直面企业家的诉求。学会倾听，读懂企业家，就是尊重市场、尊重企业家。

根据公开报道梳理发现，在会见的企业家里，安徽省领导并没有严格遵循对等原则，既有中国邮政集团公司董事长、华润集团董事长等央企负责人，也有联想集团董事长、比亚迪股份有限公司董事长兼总裁、蔚来汽车创始人等民企"大佬"，还留下一些成长型企业的副总裁、副总经理的身影。

"只要愿意投资安徽，愿意成为安徽发展的'合伙人'，安徽从上到下的'一把手'们都不难见。"一位多次来安徽考察的企业家说。

见完企业家，企业有投资想法，政府立即协调对接，流程再造，越快越好。

这些年，尽管营商环境有了很大改善，但政府科层还是太多，有企业家反映，政府机关真的是"庭院深深深几许"，一个问题按照传统的行政层级走一遍，恐怕要等到"猴年马月"。

而顶格协调，正是向这种低效的推进模式"开刀"，对流程实施扁平化改造，不再层层报批，直接报给负责同志，大大提升决策水平和效率。也就是说，如果一件事厅局长层面能够解决，厅局长从一开始就要"顶格"；如果一件事副省长层面才能够解决，从一开始就要由副省长层面"顶格"。

最后一步，企业要落地，需要很多部门的配合，推进过程中难免会出现推诿扯皮的现象。而顶格推进，就是狠抓落实，协同作战，构建统一指挥、分工协作、权责对等、协同高效的落实机制，打通产业、行业、区县市、部门之间的分隔，直接提高政府部门的执行力。

一步快、步步快，效果的确很明显。2021 年上半年，仅安徽省政府班子成员就会见联系客商 270 批次、2565 人，对接已开工签约项目 228 个，投资额达 1700 亿元，目前顶格意识正拓展到省政府工作的各部门和各领域。只要觉得有需要，随时可以给省政府领导"布置任务"。市政府出题，省政府要答题；县政府出题，市政府也要答题。

顶格战法还有一层深意，就是在与企业家的面对面互动中，安徽的"一把手"们能更快发现营商环境的痛点、堵点。

因此，顶格战法表面上是一种"双招双引"的方式方法，本质上却是一场营商环境的改革，努力让企业家感到舒服舒心，呼唤更多安徽"合伙人"。

企业家舒服舒心了，就会在企业家群体中形成"口碑效应"，这是"千金难买"的区域形象营销。

一个地方，若企业家在此如鱼得水，如果企业家能够人才辈出，那么这个地方一定会成为财富的洼地、创新的高地、创业的福地。成全了企业家，就是成全了安徽经济高质量发展。

无论是厅长的PPT，还是企业家早餐会，都散发着经济发达地区的味道。安徽之所以能有今天这样带流量的IP标签，更多的是源于合肥崛起、长三角一体化以及区域格局上的争先进位。

最佳形象"代言人"

安徽能达到今天的"顶流"，合肥起到了关键作用，但不仅仅是因为安徽省会的身份。

合肥，本是一座并不起眼的省会城市，却仅用20年时间，赶超了44座大城市，成为中国城市经济格局中的最大"搅局者"，也成为安徽形象跃升的最佳"代言人"。

如果说中国哪座城市最能代表一座城的逆袭，合肥当之无愧！

梳理发现，合肥从2000年之前的排名全国90位左右，到2020年位居全国第20位，整整前进了70位，是提升最快、进步最快的城市之一。

合肥的冲劲，让所有人都刮目相看。

2021年6月，河北省委政策研究人员发表了一篇万字长文，感慨两个出身相似的省会城市，现在差距却如此之大。

2005年，石家庄、合肥分别排在全国城市经济总量的第20位、第75位，当年合肥经济总量尚不及石家庄的1/2。而到2020年，合肥蹿升到了第20位，石家庄则退至第38位；石家庄经济总量为5935.1亿元，比合肥的10045.72

亿元相差了 4110.62 亿元。20 年匆匆一瞬间，两地经济实力大反转，成为合肥跃升的生动写照。

一时间，媒体上到处流传着合肥的各种传说："最牛风险投资机构""合肥，一座'伪装成城市的投行'"等一系列解读"合肥模式"的文章。

由此带来的是合肥产业形象之变，让外界为之一惊，也让更多的人通过"新型显示产业之都""新能源汽车之都""中国 IC 之都"记住了合肥，进而明显提升了合肥、安徽的人文形象、区域形象。

城市营销也好，无心插柳也罢，这些能完全代表"合肥模式"吗？显然不能！"合肥模式"的本质，在于搞活了关键的人，进而搞活了一座城。

这么多年来，合肥的干部队伍在干中学，在学中干，磨出了一身真本领，练就了一身真功夫，贴上了"能干事、会干事、干成事"的标签。

一位多次参与合肥发展规划研究的南京大学区域经济专家发现，"合肥干部越来越专业，越来越自信，完全可以与经济发达地市的干部平等对话"。

给人印象最深的，就是合肥的资本平台招商。合肥干部到外地去招商，与企业家"谈笑风生"，尽职调查、四线并进、产业布局等娓娓道来，专业又不失幽默，经常能一语破的点到企业家的兴奋点。

合肥还有一个可贵之处，不仅在资本招商上很专业，在提升城市治理能力上也是坚守创新，"一张蓝图绘到底"。

以合肥的城市生命线工程来说，2016 年与清华大学合肥公共安全研究院在全国率先开干的时候，并不被人看好，甚至引来了非议。但合肥不为所动，一锤接着一锤敲，最终构建起"智慧安全城市"新业态，得到了应急管理部高度肯定，并总结为"清华方案·合肥模式"。

目前，安徽 16 地市已与清华大学合肥公共安全研究院集中签约，并在全国 300 多个地级市推广，迈出了"省会示范、辐射各市、服务全国"的关键一步。

这就是合肥干部的专业、眼界和韧劲，也正是一个地方最为稀缺珍贵的资源。但如何将合肥干部的能力标签贴到全省的干部队伍身上？安徽一直在思考，也一直在谋划。

眼下，安徽行动起来了，正在进一步放大"合肥模式"，搞活关键的人。就在 6 月 24 日，"万家企业资本市场业务培训专项行动"正式启动。安徽省委书记做出批示，省长讲授第一课，7 位在合肥的副省长悉数出席，重视程度可见之高。

培训展开之迅速超乎想象。短短两个月，就开展各类培训 97 场，累计培训企业 5600 余家、培训人员超 9200 人次，懂资本、用资本正在成为安徽干部的"标配"。

干部提升了资本能力，与企业家有了共同语言，才能在同一个频道上展开对话，这也是尊重企业家的具体表现。

8 月 19 日，安徽发布《发展多层次资本市场服务"三地一区"建设行动方案》，提出要大力开展创投风投"双招双引"，学懂资本市场，建好资本市场，用好资本市场。

资本力量搅动下的安徽，发出了轰轰烈烈的声响。一时间，"市场的逻辑、资本的力量"，成为干部干事、企业家创业的必备词汇和见面"问候语"。

流量背后的"大势"

如果要寻找安徽变化的深层原因，合肥固然不可缺，但第一个不可忽视的是长三角一体化。合肥的变化也得益于长三角，从这个角度来说，是长三角一体化给安徽带来了最大的流量。

自 2020 年 8 月扎实推进长三角区域一体化发展座谈会在合肥召开以来，放眼全国，没有任何一个省，能比当下的安徽，更有关注度和吸引力；也没有任何一省省会城市，能比如今的合肥，更具话题感和存在感。

最明显的是，这一年来，以长三角冠名的各种论坛、会议接二连三，成立的产业联盟层出不穷，处处可见安徽的身影。30 多年来，安徽与沪苏浙之间的联系，从来没有像今天这样密切；沪苏浙也从来没有像今天这样敞开胸怀，接纳安徽。

借力长三角一体化，安徽进入一个"顶流"省份的状态。这种爆棚的流量，一方面得益于安徽和合肥自身的努力；另一方面正是得益于安徽迎来了发展最大的"势"：长三角一体化发展战略。

从安徽东向实践来看，纳入长三角一体化，就是安徽身份和标签的改变，颠覆的是外界对安徽的固有印象和认知。

这就好比世界互联网大会期间举办的那桌大佬饭局，大家关注的重心从来不是吃了什么"饭"，而是哪些人参加了饭局。

拿合肥来说，2016年，合肥被《长江三角洲城市群发展规划》明确为长三角城市群副中心城市，比肩杭州、南京。这在之前，是想都不敢想的。

只要安徽能挤进长三角，想不发展都难。作为我国经济发展的强劲活跃增长极，长三角是全国最具经济活力、开放程度最高、创新能力最强的区域之一，也是全球高能级要素集聚地和资源配置中心。

通俗点讲，安徽加入长三角就是与经济最强、最发达的省份站在一起，这个身份标签意味着什么，不言自明。

加入了长三角"朋友圈"，安徽就能直接参与产业分工，对接大虹桥枢纽，联动上海自贸区，借梯登高，借船出海，嵌入全球产业链。

拿最直接的"钱"来说，安徽与沪苏浙已是"你中有我，我中有你"。近年来，沪苏浙给安徽投入了数以万亿计的资金。仅2020年，沪苏浙在皖投资在建亿元以上项目3493个，实际到位资金7490.5亿元，占引进省外资金的一半，安徽是沪苏浙产业溢出的天然承接地。2021年上半年，沪苏浙来皖投资实际到位资金增长32.5%。

一位专家比喻说，"安徽加入长三角，好比一个成绩一般的学生，加入了一个最牛班级，周围都是成绩很好的学生，不仅会带着他学，也会逼着他学"。

的确，在长三角，安徽是个子最小的一个，但是个子小，恰恰有长大的空间。安徽也一直在自我加压，强烈渴望顺势而为、乘势而上。

过去一年来，无论是安徽官方对标对表沪苏浙，推动干部双向挂职交流，选派干部跟班学习，还是民间的交流互动等往来，人们心里念着长三角、口中讲着长三角、手上抓着长三角，忙得不亦乐乎。

对安徽来说，长三角一体化的平台真的很大，能做的事情实在太多。比如说，安徽是长三角一体化发展和中部地区高质量发展两大国家战略的叠加地区，放眼9省，具有唯一性，这也意味着安徽全域成为链接长三角和中部地区的要素对接平台，可以做出发展的大文章。

有了这个"舞台"，就可以"登台唱戏"了。这对安徽特别是皖北地区格外重要。身处长三角区域内，皖北必须有长三角的自觉归属意识，要突破"皖北思维"，不能一味地强调自己是皖北地区，而且成为一种固化的意识。

毕竟舞台再大，若不上台演讲，永远是个观众；平台再好，你不参与，永远做不成事；做人这样，城市发展也一样！

想要与强者共舞，必须让自己也成为强者。这是发展的铁律，更是不变的真理。如今的安徽，正在成为强者。

跻身全国第一方阵

实力决定地位，也直接决定了外界对一座城、一个省的第一印象和态度。安徽能成为"顶流"，最根本是来源于自身的实力变化。

盘点过去一段时间里区域经济的格局演变，安徽堪称"现象级"。第一次引人注目当属2019年，安徽因第四次全国经济普查增加了4004亿元的地区生产总值，是上调增数最多的省份，成为耀眼的"黑马"，刷屏一时，圈粉无数。

过去很长一段时间里，安徽每次在讲完经济社会发展成绩时，都会有一个转折性表述："但经济总量居中、人均水平靠后的欠发达省情没有根本改变，发展仍是解决我省所有问题的关键。"这成为始终萦绕在安徽人耳边的一句话，也让在外拼搏的安徽人为家乡发展而焦虑。

然而在总结"十三五"、部署"十四五"时期的工作时，已经悄然变为

"在全国位次大幅跃升"。这一不显眼的文字表述变化表明,安徽已不再是过去人们印象中的那个农业大省、"农民工"输出大省形象,正转身为区域经济大省和新兴工业大省,改变了外界一段时间以来对安徽的轻视和固有认知。

在2021年8月召开的安徽省委十届十三次全会上,实现"全年经济总量跻身全国第一方阵",明确为工作的重要目标。一旦跻身全国第一方阵,意味着安徽将与广东、江苏、浙江、福建等经济大省,"同坐一桌喝咖啡",这是强者身份和地位的象征。

而在人均GDP上,安徽也到了"抬头过日子"的时候。15年前的2006年,安徽人均GDP刚迈过万元关口,为10052元;5年前的2016年,安徽人均GDP达到3.9万元;2020年,安徽人均GDP达到6.1万元。

1万元到6万元的飞跃,让安徽人均GDP排名直接从2006年的全国第28位,升至2020年全国第13位,从全国中下游成功跻身中上游,是人均GDP榜单上的最大"进位者"。

全国第13位,是什么样的概念?放在全国来看,安徽人均GDP高于河南、四川、湖南等经济大省,值得外界为之竖起大拇指。

两张枯燥的数据,外界读出了惊叹:安徽真是闷声发大财、深藏功与名!变得你我都不认识了;安徽人读出了激动和信心:拥有了"大声说话"的底气。

但这还远未达到安徽人心里预想的目标。安徽的雄心不仅是要做长三角的"上进生",更要争做"优等生"。

这就好比只定"100"的目标,努力一下就能实现;但把目标调高到"150",需要下更大的气力才能达到;如果全力拼搏,达到了"120",结果就会比"100"高出很多,因此争做"优等生"是个跳一跳就可能实现的好目标,正所谓"有的时候,不逼一下自己,永远不知道自己有多优秀"。

事业成败,关键在人,关键在干部。当下的安徽,从省里到各个市县,都在选派干部赴沪苏浙学习取经,通过体悟实训创新手法、步法、打法和战法，营造起读懂企业家、成全企业家的氛围。市场逻辑、资本力量、平台思维的浸润，让各地干部队伍凝聚起奋勇争先的一股劲，这种干事创业的精气神尤为可贵。

"顶流"时刻谁都有，安徽不会拿一时当永久。只要有了这样一群人，创新名片、合肥崛起、长三角一体化和区域格局上的变化等代表安徽流量的 IP 标签，只会越来越"顶流"。

颇让人期待的是，走进沪苏浙体悟实训的一群人犹如一根火柴，长三角一体化犹如一条引火线，当火柴点燃引火线，就会瞬间燃起飞溅的火焰，点燃安徽人心中那一团渴望崛起的烈焰，最终响起的是惊天一声雷——"安徽震撼"。

（作者：张道刚、姚成二、舒晓东；原载于《决策》2021 年第 9 期）

战法变了

"到安徽来吧！"

2021年10月25日，第四届世界声博会暨2021科大讯飞全球1024开发者节上，安徽对全球资本和人才发出最强邀约。这场被誉为全球性、现象级、高水平的人工智能行业盛会，吸引了全球开发者、企业和资本圈的目光，线上参会人数达1200万人。

像这样的"高光时刻"，2021年以来安徽接二连三。仅重量级展会就有首届中国（安徽）科技创新成果转化交易会、"天下徽商"圆桌会、世界显示产业大会、国际新材料产业大会等，还有世界制造业大会。可以说好戏连台，每一次都掀起一场"双招双引"的热潮。

当前，各地都在积极拼抢高端人才和头部企业，竞争激烈程度前所未有。但安徽却似闲庭信步，游刃有余。2021年1—10月，安徽已签约项目1036个、总投资额达6231亿元；已开工项目181个、总投资额1104亿元。

"到安徽去""不能错过安徽"……一个朝气蓬勃、充满机遇的安徽，犹如"强磁场"，吸引着企业、资本和人才纷至沓来。外界不由感叹，安徽真的变了！

同样是"双招双引"，安徽为何能高招频出、随风起势？"双招双引"的安徽打法，究竟有何独到之处？

打法之变

2021年9月27日，在安徽省政府十大新兴产业推进组第一次全体会议上，与会人员人手一本小册子，内容简洁却极其专业。

这本安徽十大新兴产业"双招双引"指引目录,实则是具体的路线图、施工图。这是安徽第一次多层面呈现完整的产业链图谱,对全球范围内的头部企业、核心技术、高端人才团队均画出了"重点",为全省"双招双引"按图索骥提供了清晰的指引。

除了小册子,会议的一系列细节都传递出了一个强烈的信号:安徽的打法变了!

其中,参会人员包括省十大新兴产业推进组组长、副组长,全部是省级领导,而且包含"四大班子"领导,率先垂范了顶格推进的新打法,更传递出安徽齐心协力推进十大新兴产业"双招双引"的决心。

在安徽,不论大小客商,省领导都可以亲自会见;只要需要省级层面协调的事项,省领导都亲自抓。这就是新打法的魅力。

"在安徽,想见省领导,一点都不难。"一语道出了很多企业家的心声。"见省领导"如今已成为安徽"双招双引"的一个金字招牌,极大地提升了安徽在企业家和投资圈中的"口碑效应"。

"顶格推进"的新打法,同时也给了一线招商人员极大的信心和鼓舞。

"以前,我们招商部门一直没有'娘家',都是各干各的。现在有了顶层设计,而且是各级政府'一把手'亲自抓,抓得这么细,抓得这么精准,动员了整个政府系统的力量,这是绝无仅有的。我们感觉有组织了,找到了依靠。"合肥市投资促进局有关负责人的一番话,道出了一线招商人员的激动心情。

这就是新打法带来的变化!

过去也有"一把手"招商,但"顶格推进"内涵更为丰富。其中,专业化操作、系统化谋划是关键。

安徽省政府从 2021 年 4 月开始着手编制十大新兴产业"双招双引"工作方案,连续召开 10 次专题会议逐个研究审定。每次省政府专题会,用时都超过 4 小时。通过政府、专家、企业、商协会共同研讨,对新兴产业发展和"双招双引"展开专业设计,精准地理清了每个产业的产业链构成、未来发展方向和安徽的发力重点、实现路径。

在专业化设计的基础上,安徽不断提升专业化实施能力水平,每个产业都建立了由专业化力量构成的工作专班,并且引入企业家和专家团队参与"双招双引"全过程。

一位新兴产业推进组专班人员说:"过去总是谈新兴产业'是什么',而现在就是'干什么、怎么干'。"

新时代招商搞一哄而上的"大呼隆"行不通了,必须对新兴产业有深入的了解,对产业链格局和头部企业有详尽的分析,才能实现精准招商,才能与资本交流、与人才对话。专业系统的谋划对新兴产业"双招双引"至关重要,安徽将专业化打法发挥得淋漓尽致。

谋划好了顶层设计,接下来就是落实。在落地过程中,安徽同样创新了打法。

2021年6月6日,安徽省政府召开"双招双引"工作人员座谈会。会上,有关新兴产业推进组负责人和来自合肥、滁州、芜湖等地"双招双引"一线人员,面对面直接交流,谈做法、说体会、提建议。看似寻常的工作座谈会,实则标志着"省市联动、部门协同"新打法的诞生。

强化协同作战,跨领域、跨行业、跨区域、跨部门联动,构建上下贯通、左右协同、闭环运行、扁平高效的工作体系,是将"双招双引"向纵深推进的关键。

在新打法指引下,安徽省生态环境厅主动作为,同合肥高新区、蜀山区、经开区和芜湖高新区等15家园区,建立节能环保产业"双招双引"合作关系,探索了高效联动机制。

宿州市搭建了省-市-县"双招双引"工作平台。依托管理平台发布产业专项政策、进行投资意向洽谈等各项特色工作,为"双招双引"提供了重要支撑。

良好的机制决定了工作效率。当安徽攥紧拳头,上下左右拧成一股绳,就没有打不赢的战役。

思维突破

打法一变，思维也跟着变。

2021年9月25日，安徽省检察院召开新闻发布会，正式发布《安徽省人民检察院关于充分发挥检察职能服务保障十大新兴产业发展的实施意见》，重点解决十大新兴产业中涉案企业"急难愁盼"问题，颇具特色和亮点。

在人们的印象中，检察院作为公检法系统，跟经济工作并没有多大关联。然而，安徽省检察院却主动立足检察职能，服务保障十大新兴产业"双招双引"。

这就是思维的转变！

这样的转变，在很多部门都有很好的展现。安徽省生态环境厅作为环境监管者，在安徽省政府对十大新兴产业"双招双引"工作进行部署后，积极转变思路，由过去的环境监管向环境监管与产业发展并重转变，并积极在系统内推行"管行业就要管产业"的观念，成为主动承担起新能源节能环保产业发展的牵头负责单位。

无论经济主管部门还是非经济主管部门，都把产业发展和"双招双引"作为分内事，这是思维的重大转变。其背后，是安徽发展的氛围形成了！

思维的转变，还体现在招商手法和招商步法的改变，"要把市场的逻辑作为底层逻辑，才能更好地招引资本、发挥市场的力量。"

如今，"用市场逻辑谋事、资本力量做事、平台思维成事"的理念，在安徽已深入人心。

对于这样的转变，很多外地客商感到惊讶，"安徽开始像一个经济大省了，有了发达地区想问题、做事情的样子"。

传统承接产业转移，更多的是"复制粘贴"。而新兴产业招引则完全不同，需要靠创新驱动，必然要求招商理念也要跟着改变。只有具备最前沿的理念，才能招引最高端的人才和最先进的产业集群。

在"双招双引"中,安徽创新市场思维、资本思维、平台思维、生态思维等。现在,这些新思维在一线实践中,各地运用得越来越纯熟。

合肥市用足用活资本力量,赋能"双招双引",就是一个典型样本。合肥市围绕"科创＋产业＋资本"三大支点,做大国有平台,形成"国资引领→项目落地→股权退出→循环发展"的产业投资运作模式;灵活运用基金这一投资利器,撬动社会资本,实现"四两拨千斤",打造了总规模超过1000亿元的"基金丛林",吸引了维信诺、蔚来汽车、欧菲光等多个龙头企业落地,推动了新兴产业蓬勃发展。

阜阳市以赛搭桥,探索"双招双引"新路径。在合肥、上海等地同时举办"青年创新创业大赛",以赛促招商,促进优质项目落户阜阳。

2021年,黄山市推进杭黄绿色产业园、上海湾谷斐迪园"反向飞地"等重大平台建设,新签约长三角区域项目233个,投资额266亿元、同比增长53%,占投资总额的77%。

在新思维引领下,安徽各地在实践中不断创新打法、手法和步法,取得了越来越多令人惊喜的成果。

思维一变天地宽。安徽发展的热潮到来了!

格局变了

善弈者谋势。

经过几十年的招商,各地都有一套自己的"招商经",招商模式和路径也数不胜数。但安徽不囿于传统招商手段和具体项目层面的争夺,而是先谋势。

自2018年11月,安徽全省域被纳入长三角一体化发展战略,擘画"三地一区"建设的战略定位以来,安徽发展迎来最大的"势"。

安徽作为长三角一体化发展和中部地区崛起两大国家战略唯一的叠加区域,枢纽地位无可替代。特别是全域加入长三角,与"优等生"共舞,发展的层次、对接的平台和交流的要素资源得到全面提升。在打造长三角强劲活跃增长极中，安徽凭借区位优势、空间优势和后发优势，从"洼地"变成"高地"的势头明显。

2021年前三季度，安徽生产总值突破3万亿元、位居全国第10位，同比增长10.2%、居全国第6位，比上半年前移1位。2021年上半年，居民人均可支配收入增长14.3%、居全国第3位。

安徽已是全国最具活力、发展速度最快的省份之一。特别是长三角一体化国家战略实施以来，安徽成为投资兴业的一方热土，企业家和专业投资机构，都看中了安徽发展的机遇和势头。2021年，超过3000家行业领军企业、投资机构和商协会组团到安徽考察。

站上"风口"就要乘势而上。安徽果断提出，把"双招双引"作为经济工作的"第一战场"。因为高质量投资是打造"三地一区"的关键支撑。通过"双招双引"，集聚全球优质资源，打造新兴产业聚集地，挺起安徽产业发展的"脊梁"，就是顺势而为、乘势而上的战略之举。

新兴产业代表着科技创新和产业升级的方向，决定着未来经济发展的制高点。以新一代信息技术、人工智能、新能源和智能网联汽车等为代表的十大新兴产业，正在安徽蓬勃兴起。人工智能策源地、新型显示之都、中国IC之都、新能源汽车之都等新兴产业地标，给安徽带来无限机遇和想象空间。

在这样的背景下，一场"1024开发者节"的人工智能行业盛会，带动了安徽整个人工智能产业链的发展，吸引全球人工智能优质资源加速向安徽靠拢，在人工智能赛道上率先实现"破局"。"在这里，听见了AI花开的声音。"科大讯飞董事长刘庆峰说。

十多年前就有经济学家预言，"明天的太阳将从安徽升起"。十多年后的今天，很多人猛然间意识到，预言成真的那一天真的来临了！

当机遇来临，企业家和投资者最先感知到。越来越多的投资者"用脚投票"，抢抓安徽机遇。而安徽也用热情与开放，拥抱企业和人才潮涌而来，"我们热忱期待社会各方面参与其中，共创共享安徽改革开放创新发展的红利。"

谋大势需要大格局。安徽"双招双引"靠的是什么？不是传统的拼优惠政策，而是比"待遇"更比"机遇"，比"真金"更比"真心"，比"财气"更比"大器"，让更多"英雄"在安徽有用武之地，成为安徽发展的"合伙人"。

这就是格局的变化！

用机遇吸引资本，用趋势聚集人才，共享安徽发展"红利"，让他们与安徽一起成长。这就是"双招双引"新打法背后的安徽格局。

（作者：吴明华；原载于《决策》2021 年第 10 期）

安徽"组局"

2021年11月18日，安徽干成了一件大事！

安徽"做东"，长三角和中部地区共9个省市携手，组了一个前所未有的"局"。

这是一个什么样的"局"，为什么由安徽来"组局"？

组什么"局"

要问是个什么样的"局"，首先得知道入"局"的"人"，好比请客吃饭，要先知道请的客人是谁。

安徽要请的这桌"客人"，个个都是"贵客"：既有中国经济发展的"优等生"上海、江苏、浙江，也有区域经济大省河南、湖北、湖南，还有全国能源、资源大省山西、江西，都在全国区域经济版图上发挥着重要作用。

更难得的是，还是以组团的方式，"戴"着长三角一体化发展或中部地区高质量发展国家战略的"帽子"来参加，各自迈出了重要的第一步。

这一步的背后，绝非偶然，而是各方在区域经济大棋盘层面上的通盘考虑。通俗点说，2021年11月18日，长三角和中部地区的13家国际商会负责人应邀到安徽合肥赴"局"，签订合作备忘录，不是随意就来的。

对长三角来说，中部地区是重要的战略纵深和市场腹地。

中部地区拥有全国10.7%的土地面积，承载了全国25.8%的人口，是全国劳务输出主要所在地，沪苏浙一半以上的外来人口和劳动力都来自中部。

第七次全国人口普查数据显示，在上海外来人口来源最多的10个省份中，有 5 个是中部省份。长三角的"优秀"，有他们的一份功劳。

不仅如此，中部地区是国家定位中的粮食生产基地、能源原材料基地、现代装备制造及高技术产业基地，更是早已嵌入了长三角的产业发展中。

对中部地区来说，长三角是迫切需要对接的发展高地和高能级平台。

作为我国经济发展最活跃、开放程度最高、创新能力最强的区域之一，长三角是包括中部地区在内的每一个区域发展都想要借的"势"。

借势长三角，能找到一个鲜活案例——安徽。

新时代十年来，安徽发展突飞猛进，被称为区域经济格局上的一匹"黑马"，究其背后的深层原因，最不可忽视的便是，安徽始终坚持借势长三角，全面融入长三角，搭上了长三角发展的快车。

实际上，中部地区也在一直努力地融入长三角，不仅大声疾呼建设通向长三角的高铁动脉，更在学习长三角上全力以赴、不遗余力。

2021 年 4 月，湖北"大手笔"选派了 62 名干部奔赴上海和浙江，开展为期 3 个月的跟班学习，并专门报道了学习见闻录、启示录，一经推出，引发强烈关注。

但这还不足以完全解释双方入"局"的动机，更大的战略考量源于新背景——以国内大循环为主体，构建国际国内双循环的新发展格局。

要构建新发展格局，关键在于"循环"，意味着资源要素必须"无问西东"，进行跨区域大流动，从而让优势资源"活起来"。

而长三角要成为全国最具影响力和带动力的强劲活跃增长极，建设世界第六大城市群，更加需要与中部地区融合，利用中部承东启西、连南接北的区位优势，进一步拓展经济腹地和流动空间。

这个空间有多大？

中部地区向北，是京津冀协同发展、黄河流域生态保护和高质量发展；向南，是粤港澳大湾区；向西，是成渝地区双城经济圈、西部陆海新通道；中间，是一条长江经济带，全国几大区域战略，可在中部地区实现互联互通。

这个格局下，长三角从中部获得的能量，可以用"爆棚"来形容。

同样，中部地区要加快高质量发展，就必须对接上长三角这辆强劲的"经济高速列车"，在与长三角融合互动中，嵌入全球产业链，增强发展能力。

两大国家战略融合，就是强强联手，"组局"即是推动区域经济加快发展的"王炸"。

如此特殊背景下的一次聚会，突显了不一般的意义，也更凝聚长三角与中部地区"你需要我，我需要你"的战略共识，最终这个"局"才迎来了双方的如约而至。

说到这里，这个"局"就浮出水面了，安徽组的是一个长三角与中部地区互利互惠、互动耦合的"局"。

但问题来了，"组局"的人是否就一定是安徽？

论经济实力，上海、江苏、浙江比安徽强得多，河南、湖北、湖南的全国排名也在安徽前面；论区位优势，江西也紧邻长三角。

那么，为什么是安徽？

为什么是安徽

不是说这些省份，不能当这个"组局"的人，而是安徽在长三角与中部地区战略互动的"局"中，可以发挥更大作用。

这并非安徽"自以为是"，而是基于安徽区位和使命的战略担当。

区域位置上，在长三角与中部共9个省市中，安徽是在承东启西的地方连南接北，在居中靠东的位置上通江达海，东与苏浙、西与豫鄂赣都无缝对接，使安徽在经济地理上，具有连接沪苏浙、辐射中西部"两个扇面"的功能。

正是因为这样的区位，才有了10多年前著名经济学家谢国忠那一句"明天的太阳将从安徽升起"的预言。如今，预言成真的时刻正在来临。

战略使命上，安徽是长三角一体化和中部地区高质量发展两大国家战略的唯一交集，在双循环中正好处在关键链接点上，是长三角与中部地区资源对接的最佳接口。

形象地说，就是安徽"一个省有两重身份"：长三角的中部成员，中部的长三角成员。

再回过头来看，沪苏浙尽管经济实力强悍，但都不是中部成员，且距离较远；中部河南、湖北、湖南虽然实力高出安徽一筹，但既不是长三角成员，也与长三角没有直接相连；江西虽与长三角山水相连，却同样不是长三角成员。

这样的战略使命，决定了长三角和中部地区都需要一个经济"隆起"的安徽，成为链接两大国家战略的"金腰带"。

事实也是如此。经过多年奋进，安徽正在从两大国家战略交汇处的"塌陷"走向"隆起"，转身成为区域经济大省和新兴工业大省，改变了外界一段时间以来对安徽的固有认知。

盘点过去10年区域经济的格局演变，安徽经济总量上升了3位，人均GDP提升了13位。而且，安徽还在不断进步。2021年前三季度，安徽经济总量达到31874.8亿元，稳居全国第十名。

这就是当下安徽呈现的态势：拉高标杆，敢于同先进比高下，敢于同自己过不去，不断增强"慢进是退、不进更是退"的紧迫感，展现更大作为：打造十大新兴产业，全面启动"亩均论英雄"改革，顶格推进"双招双引"，打造"三地一区"……

安徽正变得越来越"苗壮"，也更符合承担长三角与中部地区战略链接的要求。

特别是长三角城市群副中心城市合肥，不仅跻身"万亿俱乐部"，更是拥有交通区位优势，是两大国家战略的"双节点"，已成为长三角西进、中部地区东融的关键传动通道，可以迅速连通两大国家战略的经济命脉，从而互利互惠。

这就使得安徽能做长三角与中部地区战略互动的"超级链接"，可以组

"局"让九省市"同坐一桌，吃吃饭，叙叙情，谈谈生意！"对此，一位参与"组局"的中部省份商协会负责人说："看到了一个想干、能干、会干、干成的安徽新形象。"

"一小步"与"一大步"

"入局"的人有了，"组局"的人也定了，"局"就正式来了。

2021年11月18日，在2021世界制造业大会举办期间，长三角国际商会联盟与中部地区国际商会联盟正式签订合作备忘录，13家国际商会负责人聚首，建立常态化对接机制，两大国家战略的商会联盟首次"握手"。

别小看这两个区域性联盟，其背后的能量是巨大的。

国际商会代表的是商品展示交易、经贸洽谈、新品发布、技术与信息交流的国际合作平台，汇聚着全球优势资源，是密切政府、企业联系的桥梁和纽带。

一般来说，商会去哪儿，企业家会跟着到哪儿，是企业家投资的重要参考。因为商会联系和掌握行业领域市场资源，熟悉产业生态，更了解企业需要什么样的服务和政策环境，清楚行业的优势企业在哪里、创新团队在哪里、最新产品在哪里。

所以说，要建立市场化机制，商协会的作用无可替代。

而这两个联盟，安徽都是重要的发起者和参与者，这就给安徽"组局"创造了最好的素材。

从区域与区域之间的合作来看，以经济往来、信息交流切入合作往往最容易，也是最佳的选择路径。两个代表市场力量的商协会"攒局"坐一起，更能碰撞出激情与火花。

一旦有了这个"局"，就为长三角和中部地区互动搭建了大"舞台"，这是一个囊括中国经济极具活力、极富潜力区域的大联盟。

这也意味着，双方都将"登台唱戏"，可以在更大市场空间内配置资源，增强对资本、产业、企业的吸引力，让各类要素资源互动耦合，产生乘数效应。

长三角向西，以中部为战略纵深将如虎添翼，进一步坐实中国经济"发动机"的地位，加快构筑全球资源配置的亚太门户、打造支撑中国国家竞争力和影响力的世界级城市群。

中部地区向东，将借势长三角，像沿海城市一样，站在全球贸易和产业分工的前沿，从而汇集更多的金融、信息和人流。

这将是历史性的一次互动，对长三角和中部来说，既是标志性意义的一次"组局"，也是打开固有经济空间的一次"破局"。

万事开头难，关键是迈出第一步。这是长三角和中部地区两个联盟的"一小步"，却是两大国家战略融合互动的"一大步"。

"流量安徽"

一个"局"，犹如一个导火索，有了第一个这样的"局"，就会有第二个、第三个，未来还将有 N 个"局"。

正如安徽省第十一次党代会报告中提出的，打造连接长三角和中部地区的国际商协会联盟，还将打造资本市场平台、贸易中心、高能级展会等市场化要素对接平台。

目前，安徽正在运用上海张江和合肥两大综合性国家科学中心"两心共创"、合肥与武汉光谷等重大平台开放合作建设"科大硅谷"等一系列链接东西的新手法。

资本、贸易、会展、科技，这正是长三角的优势，也是中部地区的短板，两者在安徽相会，堪称完美。

由此，长三角与中部地区的要素流动将会畅通无阻，经济循环的链条与齿轮紧紧咬合在一起，安徽也必将成为各类要素资源和经济社会活动最频繁、最活跃的汇聚之地，塑造的是一个"流量安徽"的形象。

要知道，当代经济就是流量经济，首要是搭建汇流的平台，流量才能纷至沓来。

而平台就是"局"，秉承长三角一体化发展战略"大势"的安徽，则是一个更大、更开放的"局"。

在市场化的舞台上，多个"局"的叠加可以互通有无、取长补短、互动耦合，让每一个"局"中的人才、信息、产业、资源要素等进一步拓展放大，为安徽十大新兴产业"双招双引"找到更多更好的"合伙人"，由此将释放出倍增效应，成为安徽新一轮发展的"引爆点"。

这一突破也将给外界传递出安徽推进市场化改革的决心，强化对资本、产业和企业等各类要素资源的感召力。

安徽省领导指出，安徽有着朴实、厚道、包容的民风，安徽人有着成人达己的情怀。

2021年以来，已有超过3000家行业领军企业、投资机构和商会、协会组团到安徽考察，他们不仅看到了安徽链接中部和长三角的优势，更看到了安徽市场化的新打法。

这一新打法，也是前所未有的。

一个"局"，各有各的玩法；一场戏，各有各的唱法。安徽"组局"搭台只是第一步，能否叫好又叫座，要取决于局中或台上的人，企业家才是真正的主角。

但不管怎样，这个由安徽来组的"局"，搭的台，更像是一个"引子"，带来的将是区域发展的深层改变。

更难能可贵的是，这场由安徽组织的长三角与中部地区的"聚会"，将会是一个"365天永不落幕的合作约定"。

（作者：张道刚、王运宝、姚成二；原载于《决策》2021年第11期）

贰

『加入一个最牛班级』

最大机遇、最大势能、最大红利！

2018 年 11 月，长三角一体化发展上升为国家战略，安徽全省域被纳入长三角一体化，迎来全面融入长三角的历史新机遇。从"插班生"到"正式生"，安徽深刻改变了长三角的空间格局和发展状态。

借上长三角的"东风"，搭上一体化的"快车"，安徽主动靠上去、精准接上去、全力融进去，带来了区域形象、产业形象、人文形象的一连串重塑。

对外，安徽是长三角一体化的正式成员，是世界第六大城市群的重要组成部分，这已成为安徽提升区域发展战略的一张"王牌"。

对内，安徽是一个充满朝气、自信、充满紧迫感的刻苦努力追赶的"上进生"。紧扣一体化和高质量两个关键词，安徽主动东向"取经"，对标对表沪苏浙，在思想观念、工作作风、创新思路上都发生着"润物细无声"的改变，转化为蓬勃向上的新动能。

时光向前，安徽向上。"上进生"安徽站在长三角一体化的"新风口"上，努力争做长三角的"优等生"。

长三角很忙

2023 年 6 月 5 日，长三角地区主要领导座谈会在合肥召开，沪苏浙皖三省一市的党政主要领导会聚一堂，共商合作发展大计。

长三角一体化发展上升为国家战略 5 周年以来，兄弟省市的"串门"互访，各类论坛展会的轮番上演，各种产业链联盟相继成立……走进长三角，火热的氛围扑面而来。

三省一市聚在一起，协作的能量就越强，就越能搅动区域经济发展格局。

长三角的能量到底有多强？

长三角力量

提到长三角，可以说无人不知，这里是我国经济发展最活跃、开放程度最高、创新能力最强的区域之一。

首先看体量。2022 年，长三角以全国 4% 的土地面积、17% 的常住人口，贡献了约 24% 的经济总量和 25.3% 的社会消费品零售总额。

全国经济总量第一的"最牛地级市"苏州，在长三角；全国 24 个万亿元城市，长三角有 8 个；全国城市经济总量 TOP10 中，长三角有 4 个。

全国经济总量最大的县级市昆山，也在长三角，2022 年 GDP 突破 5000 亿元，比贵阳、兰州等省会城市还要高。全国百强县中，长三角坐拥"半壁江山"；全国 52 个"千亿县"，长三角有 31 个。

也正是庞大的体量，让长三角成为我国经济发展的压舱石、动力源，承担着率先形成新发展格局的重要使命。

说完体量，再来看"体质"。

长三角的"体质"很优秀，最能反映的便是科技创新能力。

长三角拥有上海张江、安徽合肥2个综合性国家科学中心，全国约1/4的"双一流"高校、国家重点实验室、国家工程研究中心。年研发经费支出和有效发明专利数均占全国1/3左右，上海、南京、杭州、合肥研发强度均超过3%。截至2022年年底，三省一市科创板挂牌上市236家硬科技企业，占全国比重达到47.1%。

丰富的科创资源，让长三角成为大数据、云计算、人工智能等新技术的高地，增强了长三角勇当科技和产业创新开路先锋的底气。

很多人可能不知道，华为手机业务虽然在粤港澳大湾区，但芯片研发却主要在长三角。有专家形象地将长三角比喻为中国参与世界产业比拼的"重要玩家"。

庞大的体量和优秀的"体质"，给了长三角强壮的体能，带来强大的辐射带动力，发挥着改革开放新高地的作用。

从全国来看，长三角处在沿海经济带与长江经济带的交汇点，陆海联动与外部世界连为一片，链接全球。因此，长三角经济发展的水平越高，对两大经济带和"一带一路"的拉动作用就越强。

在长三角一体化座谈会上，高频出现的"率先""先锋""高地"等关键词，就是长三角在构建新发展格局中的重要地位和责任担当的体现。

说完长三角的地位和作用，再来说说长三角的"四兄弟"。

越走越亲，越抱越紧

先说"龙头"上海，是中国经济最发达的城市之一，是全国经济、金融、贸易、航运和科技创新中心，在先进制造业领域具有雄厚的研发基础和产业化能力，能够为长三角配置全球资源提供服务和支撑。

有人把上海比作"大喉咙"——吞吐着资本、人力、信息、机会等优质要素资源，服务于整个长江经济带乃至全国，没有人能忽视这种大势。

其次说江苏，中国第二经济大省、第一大制造业强省，科教资源丰富、开放程度高,是全国重要科技产业创新中心和先进制造业基地。

再来说浙江,民营经济基础好,市场活力强,数字经济发展特色鲜明,是全国数字经济创新高地、对外开放重要枢纽和绿色发展新标杆。

最后说安徽,创新活跃强劲、制造特色鲜明、生态资源良好、内陆腹地广阔,特别是人工智能、新能源汽车等战略性新兴产业的集聚成势,形成了极具辨识度的产业地标。

2018 年,长三角一体化发展上升为国家战略以来,三省一市紧扣"一体化"和"高质量"两个关键词,相互赋能,越走越亲,越抱越紧。

从全国来看,在京津冀协同发展、粤港澳大湾区建设、黄河流域生态保护和高质量发展等重大区域战略中,叫"一体化"的只有长三角。

这是长三角的重要战略定位之一:打造区域一体化发展示范区,为全国区域一体化发展提供示范。

我们看到,长三角建立了三省一市协商沟通和联动合作常态化机制。

无论是官方的"三级联动",三省一市党政"一把手"互相"串门",轮流承办座谈会,还是民间的企业家联盟、产业链联盟,都建立了成熟的合作机制,为全国的区域经济合作提供示范。

我们看到,中新苏滁高新技术产业开发区、中新嘉善现代产业园等一大批省际产业合作园区在长三角建立,打破了行政壁垒,为共建合作园区提供了示范。

我们看到,全国首个跨省生态补偿机制试点——新安江流域生态补偿机制,已成为全国流域生态文明治理的样板;上海"一网通办"、浙江"最多跑一次"、江苏"不见面审批"、安徽"皖事通办"等制度创新,从长三角走向全国,成为各地数字政府建设的标杆和示范。

"最大的发展红利、最大的发展动能"

现在,安徽"流量"很高,"顶流安徽""风投合肥"等话题被外界津津乐道,也吸引了很多代表团前来考察学习。

安徽之所以能有今天的流量和话题，很大程度上都是得益于长三角一体化。

2018 年，长三角一体化发展上升为国家战略。安徽整体被纳入长三角，与中国经济最强、最发达的省份站在一起，带来身份和标签的改变，颠覆了外界对安徽的固有印象和认知。

特别是自 2020 年 8 月扎实推进长三角一体化发展座谈会召开以来，安徽吸引了前所未有的关注度，产生了从未有过的话题感。

正如安徽省委主要领导多次强调的："安徽借上长三角的'东风'、搭上一体化的'快车'，是最大的发展红利、最大的发展动能。"

两个"最大"集中体现为：安徽进入了以上海为龙头的高端要素资源、高能级市场主体、高层次人才的集聚和配置高地，成功嵌入全球产业链、参与高端供应链分工，迎来经济社会全方位、深层次的改变。

拿最直接的"钱"来说，仅 2022 年一年，沪苏浙在皖投资在建亿元以上项目 4371 个、实际到位资金超过 1 万亿元。

在全省域参与、全方位融入长三角一体化中，安徽的收获，绝不是单纯的经济数字可以体现的。

与此同时，安徽干事创业的方法也在发生改变。

企业家早餐会、产业链图谱、赛马机制、亩均论英雄改革等，很多新打法都透出沪苏浙的味道，以至于有人说："安徽越来越像一个经济大省，有了发达地区想问题、做事情的样子。"

更有一位专家比喻说："安徽加入长三角，好比一个成绩一般的学生，加入一个最牛班级，周围都是成绩很好的学生，不仅会带着他学，自己也会更加努力地学。"

善于乘大势，才能成大事。安徽的快速发展，就是把握住了长三角一体化发展的大势，乘势而上、顺势而为，进而实现在区域发展格局中的地位形象显著提升，在国家发展全局中的战略地位更加凸显。

在全国区域经济格局中，只有安徽"戴"着长三角一体化发展和中部地区高质量发展国家战略两顶"帽子"。这让安徽成为链接长三角与中部地区的枢纽，进一步放大了安徽独特的经济地理价值：连接南北、承东启西、通江达海的市场腹地和发展空间。

最直接的体现便是高铁，在八纵八横高铁网中，就有三纵三横经过安徽。一位区域经济专家说："无论是东来的、西去的，还是南来的、北往的，高铁都得过安徽。"这种独特的经济地理价值，让安徽在与沪苏浙协同推进长三角一体化高质量发展中，有了更多的担当和作为。

长三角向西，经过安徽，可以拓展经济腹地和流动空间，打造引领全国、面向全球的世界级城市群。中西部地区向东，通过安徽，加快承接长三角优质资源辐射扩散，获得发展红利。

当然，要激活安徽独特的经济地理价值，就要坚持上海龙头带动，携手苏浙，扬皖所长，主动靠上去、全力融进去，努力实现新的更大发展。

"只有一个更强大的安徽，才有能力为长三角、中部地区乃至长江经济带发展做成更多的事。"一位上海的智库专家说道。

（作者：姚成二、纪海涛；原载于《决策》2023年第5期）

"上进生"安徽

2023 年 6 月 5 日,长三角地区主要领导座谈会在安徽合肥召开。这是长三角一体化发展上升为国家战略 5 年来,第二次在安徽召开。

在长三角一体化的"江湖"中,流传一个说法,上海是"模范生",江苏是"尖子生",浙江是"优等生",那么安徽是什么?

"越来越有经济大省的样子"

《决策》记者曾参加过央视对话的一场节目录制,在访谈现场,主持人将长三角地区比喻为一个班级,并抛出问题:"在长三角沪苏浙皖中,安徽是什么样的?"安徽省政府主要领导概括说,安徽是一个充满朝气、充满自信、充满紧迫感的刻苦努力追赶的"新生"。

话音未落,录制现场响起一片掌声。

梳理长三角区域合作的纵向历程发现,在 20 多年的时间轴上,安徽一直在很努力地主动靠上去,也经历了合作身份的多次改变,直到 2018 年,安徽全省域纳入长三角一体化。

于是,就有了那句大家耳熟能详的话:从旁听生到插班生,再到正式生。

加入长三角一体化后,虽然安徽与沪苏浙的差距还很明显,但安徽一直很努力,5 年时间,"出落得越来越有风采"。

"上进生",就成为社会各界形容安徽时的高频词。为什么说安徽是"上进生"?

如果从官方话语中来寻找答案,安徽省第十一次党代会报告中,概括为四个前所未有：能级之变前所未有、位势之变前所未有、创新之变前所未有、风气之变前所未有。

在"安徽这十年"新闻发布中，又总结为四个跨越发展："总量居中、人均靠后"向"总量靠前、人均居中"跨越发展，科教大省向科技创新策源地跨越发展，传统农业大省向新兴产业聚集地跨越发展，内陆腹地向改革开放新高地的跨越发展。

不管是四个前所未有，还是四个跨越发展，反映出的安徽发展图景都是一样的，这就是安徽在追赶中努力缩小与沪苏浙的发展差距。

在全面融入长三角一体化的进程中，安徽的主要经济数据、综合交通体系、科技创新能力、新兴产业地标、对外开放形象，都发生了有深度、有力度的改变。一连串的经济数据和产业投资项目都是例证。

从安徽发生的很多变化中，重点剖析两个，不仅说明了安徽的积极上进，而且还将对安徽发展产生深层次推动。

首先来看人的变化，尤其是干部队伍。这是一个区域向上发展的关键力量。

2020年8月，扎实推进长三角一体化发展座谈会在合肥召开。会议提出，要探索建立同长三角一体化发展相适应的干部交流机制。

会后，安徽主动作为，选派优秀干部到沪苏浙的党政部门、开发园区、国有企业和街道社区跟班学习，一场东向"取经"在安徽省直机关和各市县全面展开。

一体化背景下，安徽干部赴沪苏浙进行沉浸式学习，沪苏浙干部到安徽交流任职成为一种常态。在互动中，安徽干部与沪苏浙的先进理念登高对接，把所学用到所干中，在思想观念、工作作风、创新思路上都发生着"润物细无声"的改变，转化为推动安徽向上的动能。

其次来看"基金丛林"和多层次资本市场建设。

放眼全国的区域经济会发现，经济发达地区都是资本市场高地。在省级层面，沪苏浙的上市公司数量位居全国前列；在地市层面，省会城市杭州、南京，经济大市苏州、宁波、无锡，都是资本市场上的劲旅；即便是县级市江阴，在 2022 年就以 58 家上市公司形成了"江阴板块"，被称为"58 同城"资本现象。

当安徽与沪苏浙的高手同台时，必须奋起直追，主动投身资本市场。特别是 2021 年 6 月以来，安徽围绕资本市场开展万名企业家培训，抢抓科创板机遇，推出"迎客松计划"。截至 2023 年 5 月，安徽在科创板上市公司 22 家，居全国第 6 位，仅次于江苏、上海、广东、北京、浙江等经济强省（市）。

与扩大上市同步的，是安徽创新思路，围绕新兴产业发展建立"基金丛林"。从合肥市到安徽全省，从新能源汽车到集成电路……基金招商被越来越多地运用到新兴产业项目中，众多产业项目被资本界称为"神操作"，吸引了投资界持续关注安徽。

在推动高质量发展中，一定不能只是简单地看上市公司增加的数字，其背后是一种推动发展的能力和思维方式。不管是科技成果转化、传统产业升级，还是新兴产业壮大，资本推动力都发挥着关键作用。

正因为安徽有了工作作风、运用资本能力上的一系列提升，来安徽投资的多位企业家评价说："安徽干事的思路、办事的方法，越来越有经济大省的样子了。"

这就是说，在全面融入长三角一体化的过程中，安徽的手法、步法、打法变了。得益于这些改变，安徽正把优势变成胜势，有力支撑着安徽上进。

"把优势转化成胜势"

如果用一个词来概括安徽东向发展的战略取向，那就是——坚贞不渝。经过多年坚持不懈的努力，安徽在长三角一体化中收益巨大。安徽省委主要领导强调说，"安徽主动靠上去、全力融进去，借上长三角的'东风'，搭上一体化的'快车'，是最大的发展红利、最大的发展动能"。

但动能不会自己来，红利更不会主动来，大家都在说的乘势而上、顺势而为，有两层含义：

一是有"势"，首先要有。安徽加入长三角一体化，这是安徽发展的最大机遇、最大势能、最大红利。

二是有"为"，在每每提起的乘势而上、顺势而为两个词语中，前后两个字"乘、上"与"顺、为"非常关键。在经济社会实践中，只有"为"，才能"上"，否则再大的"势"也会悄悄滑过去，空留遗憾。

很多人都知道一句话，叫作"天予不取，反受其咎"。这句充满智慧的话里，蕴含深刻道理，对一个人、一家企业来说是这样，对一个区域发展同样是如此。

实际上，还有一个外界经常提起的疑问：安徽的经济地理、科技创新、资源要素、文化底蕴等优势一直都在，为什么是最近几年才发生这么大的变化？

分析其中的原因有很多，但有一点不可忽视，就是安徽在长三角一体化发展中的主动作为。

这样的案例比比皆是，有两个堪称安徽积极上进的范本。

一是"抢"。在安徽东部毗邻苏浙的 7 个地市中，滁州市抢抓长三角一体化的积极性、主动性持续高涨。2020 年以来，滁州市党政代表团 10 次到南京推进合作事项，次数之多、频率之密，位居全省前列。

滁州与南京山水相连，只有越走越亲，才能越抱越紧，共同发展。滁州已连续多年保持安徽 16 个地市经济增速领先，总量挺进安徽"第三城"、全国经济百强市，成为 10 年来进位最快的地市之一。

另一个"抢"是 G60 科创走廊。熟悉发展过程的人都知道，G60 科创走廊一开始并不包括安徽，是在合肥、芜湖、宣城等地市积极争取下，才加入进去的。现在的 G60 科创走廊九市合作已经机制化，堪称长三角一体化的范例。

我们常说抢抓机遇，一个"抢"字，背后体现的是工作作风和工作状态，也是安徽上进的根本保证。

说完"抢"，再说说另一个字——"学"。

作为与沪苏浙山水相连的近邻，安徽学习沪苏浙持续不断。一体化背景下，安徽更是表现出了全面学和消化吸收再创新的主动性。

比如，安徽学习"亩均论英雄"改革后，在全国率先创新，推出了"亩均英雄贷"，引发企业家、金融圈和投资界的广泛关注。再比如，学习了"最多跑一次"等沪苏浙的好做法后，推出政务服务皖事通办，成为优化营商环境的有力举措。

科技创新、产业发展等，都是支撑安徽上进的力量。但从"抢机遇""学来用"中，更能看到安徽的上进之力越来越饱满。

经过 5 年一体化，优势转化为胜势后的安徽，正处于厚积薄发、动能强劲、大有可为的上升期、关键期。

大有可为的更进一步是大有作为，安徽怎样从"上进生"争做"优等生"？

"安徽的发展一定更有看头"

"五年，我们要走很长的路；五年，我们要做很多的事。过去的五年，安徽的发展的确令人鼓舞；未来的五年，安徽的发展一定更有看头！"2023 年 1 月，安徽省"两会"上，安徽省政府主要领导作《政府工作报告》时，说了这样一段深入人心的话。

2023 年 6 月 5 日，在安徽合肥召开的长三角地区主要领导座谈会及其系列会议，擘画出下一年，乃至未来三年、五年的路线图。作为中国式现代化"火车头"的长三角，按照"三级运作"工作机制，又发布了一系列合作事项。归结起来说，都是紧扣"高质量""一体化"两个关键词。

落到安徽，在长三角一体化的新征程上，将会怎么做？

2023 年 6 月 2 日，在与长三角企业家联盟代表工作会谈时，安徽省委主要领导指出，坚持上海龙头带动，学苏浙之长，扬安徽优势，主动靠上去、精准接上去、全力融进去，推动安徽经济社会发展不断开创新局面。

梳理发现，主要是着力发挥安徽创新活跃强劲、制造特色鲜明、生态资源良好、内陆腹地广阔、历史文化底蕴厚重等五个优势，做好五篇大文章。

怎样写好这些大文章？"以创新型省份建设为旗帜性抓手"，放在了首位。

创新是安徽发展的"金字招牌"，安徽将加快建设国家实验室、大科学装置等"国之重器"，加强量子信息、核聚变、深空探测等关键核心技术攻关，产生更多"从 0 到 1"的原创性成果。

产业兴则经济兴，区域竞争本质上是产业的竞争。安徽将做好科技成果转化，推动创新链、产业链、资金链、人才链深度融合，做大做强新能源汽车、光伏、新材料、集成电路、通用人工智能等新兴产业。

在发展十大新兴产业的同时，安徽将加快建设"大黄山"世界级休闲度假旅游目的地，全面提升现代化服务业水平。特别是围绕生态资源良好和深厚文化底蕴，深入挖掘、传承、活化徽文化，积极发展候鸟式、疗养式、田园式康养产业，大力推动"引客入皖"。

由此可见，安徽将加大力度建设文化强省，用活用好黄山、徽文化两个顶流 IP，并进一步衍生出更多的价值转换器。

随着长三角系列会议的召开，多位智库专家、企业家分析说，安徽的优势将越来越明显，怎样发挥好在长三角一体化中的独特优势，需要安徽创新思路、转变思维，尤其是在工作作风和营商环境上持续上进，真正把安徽打造成创新创业和人才集聚的高地，成为经济发展的福地，才能有更大的吸引力。

如今，"组团到安徽"已成为一种趋势，各界都看好安徽、投资安徽，安徽上进的支撑力也是越来越多、越来越强。

站在今天的时点上，无论是总结过去 5 年经验，还是展望未来 5 年发展，乘势而上、顺势而为都有了更深的含义。

当长三角一体化"最大的势"越来越强，安徽正以更好的"为"，去实现更大的"上"！

（作者：王运宝；原载于《决策》2023 年第 5 期）

安徽：我的长三角

"国家战略具有里程碑意义，将实现从'我与长三角'到'我的长三角'的转变。"长三角一体化上升为国家战略，一直以来渴望深度融入长三角的安徽，等待的就是这个时机。

2018年11月，安徽迎来了拥抱长三角的历史新机遇。"安徽从泛长三角一员到成为长三角正式成员，长三角一体化再上升为国家战略，对安徽高质量发展是一个千载难逢的重大历史性机遇，如果抓不住这个机遇，安徽今后的发展将会受到很大的影响。"多位区域经济专家分析认为。

国家战略下，长三角新一轮发展的机遇大潮再次翻涌。安徽面临什么样的历史性机遇？如何站上长三角更高质量一体化的新"风口"？

一张跨省执照背后的"机会窗口"

一张特殊的营业执照，再一次拉近了宣城和长三角的"距离"。

2018年9月28日，宣城智谷众创空间有限公司负责人在家门口，领到了由上海市松江区市场监管局核发的上海宣软信息科技有限公司营业执照。

这是宣城在全国率先发出的首张异地办理营业执照，标志着G60科创走廊九城"一网通办"正式运行。以前产业集群跨省市发展、企业跨省市投资审批办理遭遇的中梗阻难题，将得到一剂"解药"。

跨省市审批"中梗阻"打通的同时，宣城省界"咽喉"断头路也正在连接。在《长三角地区一体化发展三年行动计划（2018—2020年）》中，首批重点推进断头路项目便有3条高速公路涉及宣城，"老大难"问题摆到了一体化深入推进的台面上。

如果说三年行动计划是宣城机遇的前奏曲，那么上升到国家战略则是重头戏。国家战略下，宣城将破解多年想办而办不成的大事，想解决而解决不了的"卡脖子"难事。深层次的对接难点将在国家战略下破解，宣城全面融入长三角迈入实质性提速阶段。"过去，可以说是美丽的辐射，激情的对接；现在，可以说是美妙的蓝图，热烈的互动。"宣城一位干部说。

宣城的热烈互动，是安徽的一个缩影。在三年行动计划中，涉及安徽的需求达到 262 项，聚焦交通、能源、科创、产业、信息化、环保、公共服务等重点领域，这些都是安徽看得见、摸得着的发展机遇。

长三角一体化上升为国家战略，为安徽加快改革发展提供了全新视角、全新方位和全新平台，彻底改变了发展的外部环境，开辟了发展的广阔空间。

视野决定格局。国家战略下的长三角，将成为全球经济增长的中心和资源汇聚的枢纽，这为安徽直接参与国际产业分工合作、整合全球要素资源，提供了巨大动力和空间。

长三角进入更高层次一体化，安徽将跻身整合全球资源第一方阵，对提升安徽在长三角分工的层次和能级，打造高质量一体化发展安徽升级版，十分有利。

在安徽，家电、电子信息等产业早已嵌入全球产业链、价值链，直接参与全球竞争，未来将在广度和深度上不断拓展。在长三角高质量一体化发展中，这些领域的产业布局会优先考虑安徽，直接提升安徽产业分工协作的含金量和附加值。

更为重要的是，在长三角打造全球创新高地战略的目标下，安徽科技创新在自身比较优势上将乘上政策叠加的东风。眼下，合肥正大手笔建设滨湖科学城，与上海张江科学城一东一西，在长三角科技创新圈如"日月合璧"式"双城同创"，赢得抢占全球创新发展的战略制高点的先机。

机遇前所未有，行动时不我待。"国家战略机遇有一个窗口期，可能只有三五年，它不会很长。窗口现在打开了，但不是永远打开。"一位区域经济专家说。

打造长三角"政策洼地"

区域发展的实践表明，在关键时间节点上，如果"步步踩在点上"，区域发展就能乘势而上。

"安徽要从自身角度去考虑，寻找自己的比较优势和核心功能定位，放大并做强，可以在长三角取得不可替代和不可忽略的地位。"上海一位智库专家分析说。

地处长三角腹地，安徽的自然资源和人力资源丰富，在承接产业转移、物流成本等方面有近水楼台之利。但一直以来，安徽在产业路径选择上多为跟随性发展，资源优势并没有转换为产业发展的胜势。

"安徽要先知先觉，不能再等产业辐射到这儿来，现在一定要主动调整产业，建立新兴产业崛起的态势，由垂直分工转为水平分工合作。如果等着人家来，永远是落后。"安徽社科院一位专家说。

新兴产业抢先一步，发展就能赢得先机。"因为传统制造业想弯道超车已经不可能了，别人搞了那么多年，优势十分显著，但新兴产业大家处于同一起跑线上。"有专家分析说。安徽区域创新能力连续多年居全国第一方阵，新型显示、智能语音、机器人等产业近年来蓬勃发展，拥有一批高能级科技创新"金字"平台，在政策优势叠加下，新兴产业可以取得领跑。

作为新兴制造大省，安徽汽车、装备制造、家电等产业在全国都有一席之地，因此多位专家建议，安徽还是要在制造业上发力，因为这些都是安徽的"长板"，下一步要借助长三角的创新资源，提升产业发展，打造长三角先进高端制造业的集聚区。

产业发展，与营商环境直接相关，长三角一体化国家战略恰好为安徽提供了契机。安徽和长三角等高对接，最大的好处就是倒逼优化营商环境改革，建立高标准的发展环境和长效机制。

在沪苏浙的发展中，最鲜明的特质就是"自我改革"，上海"一网通办"、浙江"最多跑一次"、江苏"不见面审批"，成为全国体制机制创新的品牌和典范。

向阳花木易为春，这些长三角的成熟经验，安徽可以率先复制推广。安徽所要做的是深度优化营商环境，打造长三角"政策洼地"，成为长三角地区政策最佳、效率最高、要素流动最自由发展的区域。

"'脑容量'一定要无限大"

深度融入的当下，考量的不仅是一种能力，更是一种态度。

"安徽最大的机遇是由过去部分市县热衷，转变为全省全域性融入参与，可以带动皖北、皖西等地区。关键不能故步自封，停留在自己的一亩三分地，要走出去，主动去对接。"一位区域经济专家分析说。

但从目前来看，"推一推才动一动"的现象还不同程度存在。一组数据便是直接佐证。据了解，自长三角区域合作办公室成立以来，江苏市一级领导共有 28 批主动过来对接，浙江有 26 批，而安徽不到 10 批。以至于长三角区域合作办公室负责人说，"见安徽来的同志少了一些，见得最多的是江苏和浙江的同志"。

一体化发展，思想观念转变一定要走在前面。曾在上海松江区挂职的一位安徽郎溪县干部说："宣城和苏浙沪先进地区的差距，看似经济实力的差距，本质是思想观念、思维方式上的差距。"2017 年，宣城派出 55 名干部赴上海、浙江等地学习，既带回新理念，也带回了沉甸甸的项目，签约注册项目 38 个。

格局有多大，发展的舞台就有多大。在长三角一体化国家战略下，合作空间超乎想象的大，地方不能当旁观者，要有借台唱戏的意识。长三角一体化发展不能光低头发展，一定要看看外面的大势大局，再自我定位，事半功倍。

在融入长三角中，宣城市郎溪县创造了"向东看"的"郎溪现象"。立足新起点，郎溪东向发展也在谋划新布局。

一方面，郎溪正与广德、江苏溧阳积极推进苏皖合作示范区建设，打造长三角一体化高质量发展的样板区。另一方面，更高能级的长三角产业合作示范区也在郎溪浮出水面。示范区以产业高端化为目标，建设具有国际影响力的战略性新兴产业集群。一旦设立，将是长三角版的"雄安新区"，成为安徽新一轮发展的引爆点，搅动区域发展格局。

从安徽全省来看，当前宣城正以"对标沪苏浙，争当排头兵"为主题，围绕"怎么看""怎么办"，兴起全市思想观念再解放、改革创新再出发的活动热潮；马鞍山把加速融入、全面融入、深度融入南京都市圈作为当务之急和首要战略，在全市敲开了"深度融入南京都市圈"的思维激荡之门；滁州在全市开展"对接大江北、建设新滁州"大讨论，掀起了一场全面对接南京大江北的"头脑风暴"。

一场深度融入长三角的思想大解放正在安徽引起阵阵波澜。"安徽'肚量'虽然有限，但是'脑容量'一定要无限，跳出安徽看安徽，首先思想观念要与长三角先进理念等高对接。"浙江一位智库专家说。

（作者：姚成二；原载于《决策》2018 年第 12 期）

合肥的科创"朋友圈"

合肥再一次惊艳全国。

2019年4月24日，全国首座以创新为特色的主题型场馆"安徽创新馆"在合肥正式开馆，同步举办安徽科技创新成果转化交易会，成立G60科创走廊新能源和网联汽车产业联盟。

2019年3月28日，长三角G60科创走廊产业合作示范园（物联网）授牌暨签约仪式在合肥滨湖科学城举行，这是G60科创走廊第一家挂牌成立的产业合作示范园区，被视为"小长三角一体化示范区"。

"合肥将坚定信心、抓住机遇、乘势而上，依托G60科创走廊，加强与包括松江在内的各城市的深度协作，进一步激发'圈群'效应，壮大'聚合'力量，携手推动长三角一体化发展。"合肥市委主要领导在揭牌仪式上表示。

合肥打造"朋友圈"的强烈决心，跃然纸上。在长三角一体化进程中，科技创新如何实现协同，产业如何跨越关口、迈向高质量发展，合肥正通过构造"朋友圈"，在下一盘大棋。

小"朋友圈"的抱团

"90后"年轻人张星阳，来自合肥市肥西县投资促进中心，一年前的8月，他被调到位于上海临港松江科技城的G60科创走廊联席会议办公室工作。

同一时间，与张星阳一样来自合肥，在合肥市商务局工作多年的吴雅静，也来到这个长三角跨区域协调机构"报到"，担任商务组组长。两位素不相识的合肥人，因"长三角一体化"这一国家战略而成为同事，为搭建合肥与 G60 的"朋友圈"牵线搭桥。

众人拾柴火焰高。像张星阳这样肩负同一使命、从长三角 9 个地市，会聚到 G60 科创走廊联席会议办公室的，共有 28 人，他们组成了一支富有激情的实干"铁军"。从一个区的事，变成了涉及沪苏浙皖的区域大事；从一个城市的战略，上升为长三角高质量一体化发展战略，大家组成了一个 G60 科创长廊"朋友圈"。

"朋友圈"扩大了，如何做出能刷屏的内容？合肥亮出了自己的速度。

2018 年 9 月 1 日，G60 科创走廊推进工业互联网协同发展方案实施，共织一张"网"，与科创走廊内企业进行对接，跨区域共享各地政策。不到 20 天，合肥就在市政务中心开通 G60 通办窗口，发出了首张跨城市证照，赢得了"朋友圈"的纷纷点赞。

紧凑高效的速度印证着区域一体化的热度，也折射出 G60"朋友圈"的共同目标，集聚和整合九地市的创新资源和产业优势，完成长三角一体化重大任务的先行先试。

合肥更是主动对接，全面融入，先后加入 G60 科创走廊新材料产业技术创新联盟、机器人联盟，牵头成立新能源汽车和网联汽车产业联盟；来自中国科学技术大学、中国科学院合肥物质科学研究院等机构的 1746 件大型科学仪器设备，纳入开放共享名录；试点科技创新券互认互通，实现九城市"一网通办"合肥基层行政服务窗口全覆盖。

通过 G60 科创走廊九城市科创资源的跨区域流动，推动产业集群的抱团式创新，为合肥产业发展、科技创新带来生机和活力；对于企业来说，扩大了朋友圈，与产业链上下游企业之间的联系更加密切，这是进一步深化合作的基础。

G60 科创走廊新能源汽车和网联汽车产业联盟，便是体现一体化合作的生动实践。联盟将以"服务产业、服务企业"为核心，精准对接产业链、创新链、价值链上下游企业和单位，集聚国内外行业内最为优质的企业，合力打造行业品牌和标杆，建设国际一流的新能源和网联汽车产业高地。

G60"朋友圈"达成的共识，也在落地生根。12 个重大产业项目协同布局中，合肥占到四分之一。上海保隆新建合肥汽车电子产业基地项目；海尔数字科技（上海）与海尔家电供应商合肥航嘉、山鹰纸业签约；清华启迪科技城与合肥携手开展科技园区开发建设等，一系列合作项目纷纷牵手。

"在 312 国道形成的沪宁合产业轴中，合肥处在西端桥头堡位置，而新诞生的 G60 科创走廊'朋友圈'，给了合肥新的机遇，合肥正成为长三角产业轴和创新轴交汇融合之所在。"安徽省社科院的一位区域经济专家分析说。

小圈镶在大圈内，由 G60 科创走廊"朋友圈"放大到长三角"朋友圈"，合肥又发出了怎样的声音？

大"朋友圈"的联动

2019 年 3 月 21 日，上海与合肥再次"联姻"。中国银联支付创新产业基地正式落户合肥滨湖科学城，将打造长三角城市群西翼区域性金融创新中心。

这是合肥深度融入长三角"朋友圈"的直接红利。对上海与合肥来说，也是真正的双赢。合肥借力中国银联，助力金融产业升级，集聚全球支付行业优秀人才，嵌入全球金融体系，推动合肥打造全球科技创新高地；对上海来说，是金融业向中西部扩展的一大步。两个一大步叠加成合肥"朋友圈"的再次升华。

就在中国银联热潮尚未散去的几天后，合肥又迎来一个刷"圈"的好消息。

2019 年 3 月 30 日，合肥高新区百个亿元以上高质量发展项目集中开工。其中，阿里云创新中心、网易（合肥）数字经济创新发展基地、上海财经大学金融学院合肥高新区金融研究院等项目总投资超过百亿元。

两个"高光时刻"，让合肥大刷存在感。站在长三角的风口下，借此体现自身的科创聚合力，激发产业的集聚效应，是合肥打造"科创"朋友圈的战略目标。

崛起的"中国声谷"见证了澎湃的科创聚合力。作为全国首家定位于智能语音和人工智能领域的国家级产业基地、国家先进制造业集群培育试点，在工信部与安徽省政府共同推进下，积极引入人工智能国家队阿里巴巴、百度、腾讯，联手布局人工智能核心领域。

2018年，"中国声谷"实现产值超过650亿元，同比增长30%；入园企业达到433家，同比增长102%。合肥在智能语音和人工智能领域树起了"金字招牌"，在科创"朋友圈"打出了"名堂"。

海康威视董事长陈宗年也点赞了这条"朋友圈"。"合肥创新生态完备，创新氛围浓厚，创新成果卓越。"2019年2月，海康威视落户合肥高新区，将基于海康威视在全球领先的视觉感知技术，建设"海康威视合肥科技园"，打造以视觉感知为代表的人工智能产业新生态。

有来更有往，"朋友圈"也在提升合作共赢新模式。合肥与上海二维码乘地铁互联互通；中科大设立上海研究院量子中心，建设应用示范量子通信"京沪干线"；国轩高科在上海建设全球总部基地暨上海电气国轩研发基地；科大讯飞"人工智能＋医疗""人工智能＋政务""人工智能＋法院"的优势技术，正在长三角全方位"扎根"。

联动效应在"朋友圈"畅快流动，如自然婉转的乐章，不断塑造着合肥的创新"气质"。这气质犹如强大的磁场，吸引着各类资源要素向合肥集聚。

特别是人才的"强磁场效应"，引起强烈关注。在刚刚发布的2018年"魅力中国——外籍人才眼中最具有吸引力的中国城市"评选中，合肥继2017年以"黑马"身份入选榜单后，再次跻身第三，紧随上海、北京之后。

光学科学家吴周令从"硅谷"回来，第一站便选择了合肥。2012年，他创办了合肥知常光电科技有限公司，从事高端光机电一体化仪器自主研发；2年后，又与上海理工大学庄松林院士在合肥创办利弗莫尔仪器科技有限公司。吴周令深有感触地说："合肥这个'家'的磁场越来越强，这将成为未来合肥科创'朋友圈'不断升级的核心支撑。"

"合肥要有做'群主'的决心和智慧"

在长三角,上海正全力构建上海大都市圈,打造具有全球影响力的世界级"朋友圈";南京也紧锣密鼓地举全市之力建设具有全球影响力的创新名城,主动扩大国际"朋友圈";杭州更是冲在创新前沿,雄心勃勃地建设环杭州湾"最铁朋友圈"。

苏浙各地市也借地缘优势,纷纷摩拳擦掌,已将主动融入"朋友圈"作为最重要的发展方略,并对周边城市的一举一动高度灵敏,随时捕捉机遇,盘算着各自的发展计划。

新一轮"朋友圈"的塑造与扩容,也揭示了当下要素配置和产业布局的重大转变,从过去注重一城一地内部配置,转向跨城、跨省配置。这对合肥来说,既是机遇,也是挑战。

"长三角一体化国家战略、强调区域联动联通的语境下,谁能够拓宽产业发展的地域视界,谁就能获得更好的发展。合肥若不能超前谋划,打造以己主导的'朋友圈',就意味着将失去一个巨大机遇,乃至让发展此消彼长。"一位区域经济专家分析认为。

目前来看,合肥打造"朋友圈"已经有了实质性进展,一些重大合作项目纷纷落地,也建立了一些合作机制,为未来一体化发展奠定了基础。但在区域经济专家看来,还存在很大的升级空间。

首先,从"朋友圈"的高度看来,有巨大合作提升空间。合肥最关键的是找到核心的合作伙伴,也就是在创新发展、产业成长过程中,产业关联度、紧密度最高的朋友。这个"朋友"便是上海、杭州和南京,要打造核心城市科创"朋友圈"。

创新是合肥最鲜明的特征,也是合肥最大的优势。以合肥综合性国家科学中心、上海综合性科创中心、南京创新名城、杭州数字创新中心为核心,携手开展科学探索和原始创新,由分散重复向协同创新转变,可以发挥产业创新策源地功能，成为长三角产业科技创新的引爆点。

虽然长三角的四大核心城市科创主攻方向不同，但在研发中存在大量的中间技术和共性技术，合作空间非常大。城市竞争已从传统产业时代的"竞合"关系，转变为创新发展时代的"合竞"关系，尤其是新旧动能转换关键时间节点上，合肥更要增加合作思维，升级"朋友圈"的高度。

其次，从"朋友圈"的宽度看来，具备大有可为的条件。"朋友圈"一定要树立一个旗帜，标明旗帜的主题，主攻哪个方向和哪个领域，在这个领域有实力就有号召力。

合肥的优势产业，除了人工智能，量子通信、新一代显示、集成电路等领域同样走在前列；而作为国内颇具影响力的汽车、家电、装备制造业大市，雄厚的产业积淀也让合肥有底气从跟跑并跑向并跑领跑转变。合肥也具备做"群主"的实力，要抢先下好"画圈拉群"的"先手棋"。

第三，从"朋友圈"的深度来看，未来大有潜力可挖。从 2008 年安徽省领导首次参加长三角地区主要领导人座谈会算起，合肥参与长三角一体化已有 11 年。11 年来，合肥在区域定位上从长三角的配角变成了主角。

在这个融入的持续进程中，合肥摒弃了观望的客体心态，树立了长三角意识，以主角身份、创新长板，主动体现自身的担当与责任，这是未来合肥提升"朋友圈"深度的根本。

对此，中国科学技术大学一位专家认为，"合肥要有做'群主'的决心和智慧，以'主角身份、主体心态、主动作为'，让'朋友圈'再上新台阶，'圈群效应'也会更加明显"。

（作者：姚成二；原载于《决策》2019 年第 5 期）

为什么去跟班学习

干部交流,本是组织工作中一件再平常不过的事,但加上"长三角一体化"的定语,便有了更深刻的内涵和更立体的深意。"要探索建立同长三角一体化发展相适应的干部交流机制。"2020年8月20日,扎实推进长三角一体化发展座谈会在合肥召开,为长三角干部交流工作指明了航向。

与沪苏浙互派干部"双向挂职"、赴沪苏浙跟班学习"千人选派计划"……一系列力度空前的干部交流工作正在安徽有序拉开帷幕。安徽积极推动和参与长三角一体化干部交流的背后,蕴藏着哪些深层考量?

创造"安徽震撼"的关键力量

"要深刻认识安徽进入阶梯递进、厚积薄发的积势蓄能期,进入优势集聚、机遇彰显的战略叠加期,进入跨越赶超、爬坡过坎的时间窗口期。"2021年3月,安徽省委主要领导在安徽省委理论学习中心组学习会上强调,"再接再厉完全可以再造'安徽震撼',松劲歇脚就可能留下'安徽遗憾'"。

从自身发展和周边区域经济格局来看,安徽正处在最佳的机遇窗口期,各项发展要素条件皆已具备。

先从安徽发展的"历史方位"看。"十三五"期间,安徽交出了一份写着"奋进"的成绩单。2021年3月的安徽省委理论学习中心组会议,用"五个历史性转变"做了高度凝练的概括。放在全国的区域经济格局中,安徽实现了由"总量居中、人均靠后"到"总量靠前、人均居中"的历史性转变。科技创新实现由"跟跑并跑"向"并跑领跑"的历史性转变,安徽区域创新能力居全国第8位,连续9年位居全国第一方阵。代表区域竞争力的城市,也实现了由"自我发展"向"组团合作"的历史性转变。2020年，省会合肥经济总量首次突破万亿元大关，跻身全国城市20强。

"十四五"开局后的2021年上半年，安徽省经济总量突破2万亿元、位居全国第10位，增长12.9%、居全国第七位，居民人均可支配收入增长14.3%、居全国第3位。2021年8月10日召开的安徽省委十届十三次全会上，"全年经济总量跻身全国第一方阵"被明确为重要目标。

再从安徽的区域格局来看，作为长三角一体化和中部地区高质量发展两大国家战略叠加的唯一省份，安徽可以建设成为链接长三角与中部地区的资源要素集聚和流通平台。特别是2018年11月长三角一体化上升为国家战略，30多年来矢志不渝"眼睛向东看，目标跟东比，身子往东靠，步伐朝东迈"的安徽，终于迎来国家层面的身份认同，从长三角的"旁听生、插班生"转变为"正式生"。

"身份"的改变，让安徽站在了时代的风口上。

安徽能不能在"十四五"期间创造"安徽震撼"，关键就在于能否牢牢把握长三角一体化、"三地一区"建设这个最大的"势"，顺势而为、乘势而上，发展成为新兴工业大省、经济大省。

但如何将长三角一体化的"势"转化为跨越式发展的"能"，最重要的转换器是人，关键力量是具有市场逻辑、资本意识、开放思维、法治观念的领导干部队伍。可以说，抓住"关键少数"就是激活最大力量，但更要正视安徽与沪苏浙的干部在理念和思维上还存在差距，尚未实现与长三角一体化的等高对接。

因此，选派安徽干部赴沪苏浙跟班学习，同时让沪苏浙干部交流到安徽，不仅是为了锻造出一支创造"安徽震撼"的干部队伍，也是长三角一体化等高对接的现实需要。

一体化等高对接的需要

客观而言，在长三角这个区域经济发展的"实验班"中，升级为"正式生"

的安徽与沪苏浙"优等生"之间，还存在明显差距。从表面上看，体现在经济总量、产业层次、人均水平以及基础设施等"硬指标"上，根源则是在思想观念、思维视野、发展能力等"软实力"上，而"软实力"的决定性因素正是领导干部的理念、格局与执行能力。

以企业家落户最看重的营商环境为例，地方干部能不能听懂企业家说什么，能为企业家做什么，无疑是判断一地营商环境的重要指标，而这需要专业的对话能力和服务能力。正如安徽省领导指出的，"要读懂企业、读懂企业家"。

怎样才能读懂？派出去学习沪苏浙如何跟企业打交道，就是一条见效快的优质路径。"最多跑一次""只说 YES，不说 NO""负责思维而不是避责思维"，对于这一系列营造最佳营商环境的创新型做法，"只看材料是学不到真谛的，只有'沉浸式'亲身体悟，才能学得真切"。一位在浙江体悟实训后的安徽地方领导深有感触地说。

2021 年 4 月，安徽省党政代表团赴沪苏浙学习考察，全方位、全领域、全维度"学先进、抓对接、促一体"，在总结交流会上，安徽省委领导连说了五个"强烈震撼"。安徽发展已经取得显著成绩，但与沪苏浙相比落差依然不小，必须对照先进找差距，"要破除思想上的因循守旧，破除工作上的小进即满，破除能力上的本领恐慌，破除章法上的简单粗放，破除作风上的假大虚浮"。

因此，安徽全面融入长三角一体化，打造具有"长三角属性"的发展生态，急需补上"软实力"的短板。其中，最关键的一环就是提升领导干部等高对话的能力。正如多位在上海学习的干部总结出的感受："发展中的问题，面上是营商环境，根子还是干部思想观念和工作作风。"

从这个视角来看，安徽以"走出去"的开放思维和"引进来"的开放姿态东向求学取经，就是全面对标对表高质量发展的"优等生"，通过多层次、立体化的交流互动，学习沪苏浙的先进经验，从而缩小"硬实力"和"软环境"两方面的差距，真正实现等高对接，达到长三角"实验班"的高质量一体化。

提升干部能力的"硬核"举措

2021年4月，安徽省党政代表团领导在赴沪苏浙考察学习总结交流会上强调，要聚焦"发现人才、培育人才、使用人才"，完善干部双向挂职、人才交流机制，扎实推动人才链接。

2021年以来，安徽以前所未有的规模，选派干部到经济发达地区和改革开放最前沿感受氛围，到关键岗位和平台上接受历练，这一"硬核"举措正是发现、培育、使用人才，扎实推动人才链接的生动实践。

首先是提升发展格局理念的需要。安徽一干部到长三角绿色一体化发展示范区挂职后，对于"理念上的差距是最大的差距，理念上的短板是最大的短板"有了更深的体悟。"在面对问题时是'往里收'还是'往外走'，差别非常大"。遇到困难首先想着回头去找不能做的依据和理由肯定做不好，但是如果换一种思路，想办法去找能解决问题的依据和路径，哪怕达不到100%的预期，但顺着破题的方向推下去，结果大不一样。

其次是创新手法、步法、打法的需要。"要破除章法上的简单粗放，学习沪苏浙的科学方法、有效打法、管用办法，争做匠心独运的践行者"，在安徽省党政代表团赴沪苏浙学习考察总结交流会上，安徽省委领导再次强调了方式方法的重要性。

与沪苏浙相比，安徽经济发展质量和效益低的主要原因，在于市场化程度低，突出表现在运用市场的逻辑、资本的力量解决问题的能力不强。2021年6月24日，安徽启动万家企业资本市场培训专项行动，此后短短一个多月，累计培训企业近5000家，完成年度预期目标任务的50%，7600多人参加多层次资本市场培训。不仅企业家要培训，领导干部的资本意识和运用能力更要培训，从这个角度看，直接派他们到经济发达地区接受市场洗礼，也是资本市场培训专项行动的一种延伸。

第三是全方位推进十大新兴产业"双招双引"的有力抓手。围绕"三地一区"建设，安徽从年初即开始着手编制十大新兴产业"双招双引"工作方案，打通了从"是什么"到"干什么、怎么干"的实践逻辑,绘制出清晰的路线图、施工图。

从省级层面到市县党委政府,顶格倾听、顶格推进、顶格协调的工作机制正在建立起来。在推进新兴产业的工作专班制下,干部交流互动不仅仅是学习,当好"学生",同时也是在安徽与沪苏浙之间当好"联络员、宣传员",搭建起合作的"直通高架桥",引进优质要素资源和金融资本。

更重要的是,通过交流学习,选派干部像一枚枚精挑细选的种子,经历洗礼后变成一棵棵带着新理念的芽子,最后就能长成一片生机勃勃的林子。

我们相信,"取经"沪苏浙后,他们必将用新的观念思维、工作方法,发挥"酵母"的作用,激活身边更多的人,由此引发的连锁式改变,将会优化安徽的发展生态,蓄积成创造"安徽震撼"的澎湃能量。

(作者:王运宝、付倩倩;原载于《决策》2021 年第 8 期)

东行沪苏浙，取回了什么经

"不走出去，眼前就是世界；走出去，世界就在眼前。"这是黄山交通投资集团负责人赴上海体悟实训后的一句感悟。

一起赴沪苏浙学习的，还有来自安徽多个市县区的干部与企业家。"这三个月，一路走，一路看，一路学，一路想。通过比学看齐，学思践悟，消化转化，学在了心里，悟在了脑子里，成果丰硕，启迪深远。"宣城市文旅局一位干部在回安徽的车上写下这样一段话，这段话里有意犹未尽的不舍，有满载而归的收获，更有先发地区先进理论冲击后的改变。

变，是这场东行的意义；用，才是这次学习的最终目的。以思想破冰引领发展突围，安徽干部以求学之心，取经之志，一路向东，接受了一次思想大解放的深度洗礼。

发展观：人才但求所用

"九山半水半分田"，这不仅是浙江龙泉市的形态特征，也是池州石台县的自然禀赋写照。同处山区，发展的步伐却差了好几年，2020年龙泉的经济总量是石台的5倍之多。为了探寻龙泉走在前列的内在逻辑，石台县派出干部来到龙泉市科技局下属的产业创新服务中心跟班学习。

创新，成为他们学到的第一课。早在20世纪末，一批龙泉人从生产汽车配件的家庭作坊起步，逐步集聚了一批汽车空调制造企业，但这些企业长期停留在低端水平，难以形成规模。山区发展工业之难，非亲历者不能知，但不甘落后的龙泉人敢于迎难而上，开始反思如何把传统产业真正打造成地方支柱产业。

激活发展潜力,唯有改革创新。龙泉通过借助高校科研院所,组建成立了汽车空调产业技术创新服务平台,将检测中心、研发中心、人才中心、科技服务中心、产品展示中心和院士专家工作站等功能整合为一体,成为产业发展的坚强支撑,实现了制造在龙泉、检测在龙泉、标准在龙泉。龙泉产业技术创新服务平台更成为全国汽车空调行业检测项目最多、检测范围最广、专业能力最强的第三方检测机构,得到全球40多个国家和地区的认可。

安徽石台县干部在跟班学习中发现,"闯"是无中生有,"创"是有中生优,是敢于跳出传统,凤凰涅槃的一种勇气,"龙泉不仅闯出了一条工业发展的新路,更是拿出敢于仰望星空的胆略,在产业规划中,力争将汽车空调产业打造成为'单项世界冠军',让龙泉标准成为世界标准"。

"要做就做第一"的站位与格局观,已深入沪苏浙干部的血脉之中。"黄山不缺发展要素,缺的是创新突破",黄山市歙县一位曾两次在浙江挂职的县领导对浙江并不陌生,但这次跟班学习使他第一次全面而深入地了解杭州,"浙江人做就做第一,第二就不叫创新,他们身上有着奋斗拼搏的劲儿"。

同样来自黄山市的一位干部,用"尽全力摘桃子"形容沪苏浙的干部:"他们做事情的定位就是围绕突破性、创新性、引领性以及个性化的工作,在他们基因当中就是要做标杆示范,走在改革的前列。"

思路决定出路,发展之破局从人开始。转变人才观,打破传统的人才引进方式,或将是安徽发展破题的一个支点。

为了引进人才,安徽各地出台了大量的一揽子政策,但人才引进的力度和成效仍与地方发展的实际需求有差距。在一体化的新背景下,能不能找到一条新思路?在杭州学习的黄山市干部一直在思考这个问题。通过学习浙江多个市县的先进经验发现,杭州人才不来黄山,黄山可以主动到杭州,通过人才"反向飞地",借势沪苏浙的人才资源。

从"我到黄山工作",转变成"我为黄山工作",在空间上进行更大的转变,打破地理上的壁垒,以此推动黄山的高质量发展,将成为可能。为此,黄山在与歙县相邻的杭州临安建立人才中心,让人才为黄山所用。

资源观：创新价值转化器

理念快人一步,发展才能高人一筹,高是眼界与格局,更是系统与全面。发展思路的转变,是走出去的安徽干部打破的又一道藩篱。

让安徽人引以为傲的黄山,如今却似乎失去对很多"80后""90后"的吸引力,"在我们以为景区应用灯光秀就是最时尚的设计时,却忽略了这种做法很多景区已应用了多年。在我们以为黄山文旅资源丰富,'酒香不怕巷子深'时,却发现越来越多的年轻人已经去文旅资源远不如黄山的景区,宅在酒店玩桌游"。黄山市一位干部在跟班学习后,说出了发展之"痛"。

跳出去看黄山,用什么样的思路将资源转化成资产,成为安徽干部学习中的一个重要关注点。长期一直从事"三农"工作的黄山市农业农村局负责人跟班学习期间,开始尝试跳出"三农"看"三农","农业必须接二连三,三产融合的实质就是跳出农业看农业",他用黄山的茶叶资源打了个比方,茶叶是黄山自带的流量之一,我们不仅仅要做茶叶,还要做成"茶业",要可说茶文化,可看茶旅游,可吃茶食品,可用茶产品,可喝茶饮品。

从茶叶到茶业,一字之差,思维方式不仅要跳出产业,也要跨出系统。浙江丽水市委主要领导与安徽学习干部第一次见面时强调,"工作要有系统协调统筹观念"。"两山"转换是丽水区域最强IP和发展的最强抓手,各地各部门都围绕这一既定指向拓展点状思维,连成线,扩成面,立体化开展工作。

在丽水,专班推进是实现这种发展方法转变的一项有效举措。为适应高速发展的需要,专班制应运而生。构建跨部门、跨领域、跨层级的协同高效运转机制,丽水围绕重大项目推进,按照职能有机统一的大部门思路,梳理整合发改委、资源规划、财政(国资)、金融办、监管办、司法局、住建局、智慧新城等8个市政府综合部门的相同相近职能,组建协调服务重大项目的"大项目统筹办、大财政金融办、大监管服务办、大建设调度办"的"四大办"，保障项目方案最优、主体最优，实现工程优质、干部优秀。

通过专班制解决问题，就能把问题弄懂弄透，所有人聚焦到一件事上，星星之火可以燎原。专班制改变了安徽跟班学习干部的工作思路，"专班制不仅培养了帅，更培养了将，培养了工兵型干部，整个工作从顶层设计到具体措施，都更系统，也更加高效"。

从点状思维转变成面状思维，从单一转变成系统，一个立体但却高度统一的工作思路给安徽干部带来醍醐灌顶之感，如何结合安徽的发展，在分散中找到凝聚点，并围绕这个点融合扩张成横纵面，找到零散资源变成发展资产的转化器，这是留给安徽干部的"必答题"。

治理观：制度保障比人治更重要

淮北与上海，一南一北，却有着千丝万缕的联系，淮北的城市规划以及煤炭产业规划都是上海做的。淮北市相山区一位干部到上海市闵行区跟班学习后，更是给她的工作和理念带来了巨大改变。

第一个改变是更深刻地感知到"制治"的重要性。在基层的实际工作中，人的作用有时比较突显，有一个能力突出的干部带领，部门工作往往会有一个非常明显的提升。随着跟班学习持续深入后发现，在上海，个人在一个机构里的个性展现并不明显，在整体运转中发挥的作用并不是决定性的。

究其根本原因，在于上海完善的机制。"上海更多强调的是发挥'制治'的作用，人员的短期调整变动对于整体的工作影响不大，一个成熟的机制，可以保证工作的有效运转，而再加上一个能干的领导，工作效果就是锦上添花。"

如何才能弱化人的影响力，体现整体的制度优势？上海的"制治"理念给了很大的启发，相山区这个干部在向区领导汇报学习心得后，结合相山区情，开始着手制定相山区的招商引资全流程制度，提出项目联审制，成立了联席会议，由投资促进局牵头，经信局、发改委、司法局、税务局、财政局、科技局，还有所在地的载体单位，共同参与到一个项目的联审中，所有项目在谈之前，会召开一个联审会议，进行预审，由各个部门专业负责本部门的审核，对项目全流程进行综合分析，做实项目的准入审核与落地。"有了这个制度后，我这次在省直单位挂职就轻松很多，也放心很多，所有的事情按照制度执行就可以了"，这位淮北市干部深有感触地说，"有制度保障，任何人都可以解决企业的问题，弱化了人的作用，领导在与不在都一样。"

第二个改变是载体单位、投资促进局与企业三者间的关系。在招商引资工作中，投资促进局是"媒人"，给载体单位和企业牵线搭桥。"媒人"难做，是招商干部共同的"无奈"，出了问题，载体单位找招商干部诉苦，企业也找招商干部诉苦。

通过跟班学习，以及与上海的相关领导交流时，他们给了很多建设性的建议。综合这些建议之后，相山区建立了项目落地载体服务机制，由区委督查考核办在全程作为总监督部门，涉及的相关服务部门都配合载体单位，项目发展到哪一个阶段，哪个服务部门就必须跟进。"谁的孩子谁抱走，招商部门只做统筹工作，把制度设计好后，和部门协调，并起到督促作用。"通过尝试发现，现在的落地服务更好了，"把所有的服务部门都调动起来，在一个大框架里细分脉络，让每个部门各司其职，既能更好地服务企业落地，也减轻了招商部门的负担"。

理念之变，改变的是干部的视野和格局；思路之变，改变的是干部的逻辑和方法；治理之变，改变的是干部的思维和观念。走出去的安徽干部，沉浸到先发地区的治理实践之中，在润物细无声中发生着"化学反应"。任何一种细微的改变，在量变的集聚下，放在区域发展中，都将会带动安徽发展生态质的改变。

这种种变化正伴随着安徽力度空前的干部交流工作持续积蓄。在常态化、立体化的干部交流中，个体量变带来的生态质变必将产生全方位裂变，创造出值得期待的"安徽震撼"。

（作者：安蔚；原载于《决策》2021 年第 8 期）

苏浙干部是怎样突破常规的

"这个文件说不行，那个文件说行，按照后一个办；改革有幅度，有上限，有下限，根据实际情况照上限办；没有红头文件，先试点，实践后总结提升，进一步影响上级政策。"在江苏省宜兴市太华镇跟班学习期间，安徽省广德市四合乡乡长对江苏干部活用政策的印象深刻。

太华镇与四合乡，是同处苏皖省际毗邻区的两个山区乡镇，人口相近、面积相当，20世纪八九十年代都是本地数一数二的工业乡镇，如今发展却呈现出不同景象。

人口集聚度是检验经济发展水平的重要指标。太华镇和四合乡户籍人口数量相似，分别为2.6万和2.2万，但常驻人口却较为悬殊，截至2020年，分别为4.1万人和1.4万人。

自20世纪80年代开始，太华镇持之以恒引导山民下山进城。由于行动较早，政府成功抓住了土地政策红利。

目前，全镇居民住房从传统自建房逐渐过渡到有不动产权证的商品房，大多集中在集镇、中心村和重要道路沿线，因为集聚度高，公共服务设施建设也得到提升。

在耕地红线和生态红线的限制下，要推动人口集聚，缺少建设用地怎么办？

太华镇灵活运用政策，充分利用低丘缓坡土地空间资源，为山民下山安置提供场地，引导农民集聚。

在面临"促发展"和"保红线"的双重压力下，太华镇的探索和尝试走出了一条正面效应最大化的路径。

"江苏的干部不是机械片面地照搬照抄政策，而是善于研究政策、吃透政策，谋划工作不在乎是否有可以遵循的案例，而是法无禁止即可为。"来自四合乡的这位乡长说道。

"在原则范围内灵活执行政策，不仅有利于推动现实工作，而且也为新政策新规定的产生提供了宝贵经验。这启发我们要勇于创新，摒弃习惯性等待的路径依赖。"在江苏溧阳跟班学习的一位安徽干部也深有感悟。

变"行不通"为"行得通"，不仅需要"活"的思路，更要有"钻"的劲头、"争"的意识，这在浙江干部身上体现得淋漓尽致。

2018年，浙江丽水开展国家公园创建工作。在2015年国家公园体制试点方案中，浙江的钱江源国家公园为体制试点区之一，丽水并不在首批名单中。

为跻身国家公园之列，丽水市主要领导先后多次赴中央深改办和国家林草局，争取多方支持。2019年1月，国家林草局将丽水确定为全国唯一的国家公园设立标准试验区，率先开展设立标准的试验检验。

2019年7月，国家公园中期评估专家组对浙江钱江源国家公园的创建给予高度评价和肯定，同时也指出"试点区面积小，且代表性不足"的问题。

浙江立足现实，创造性地提出"一园两区"建设思路，在钱江源国家公园体制试点基础上，与丽水凤阳山、百山祖创建区域整合成一个国家公园。方案得到国家林草局的同意。

这样既解决了原钱江源国家公园建设的面积不足问题，也为丽水带来了创建国家公园的历史机遇。2020年，钱江源—百山祖国家公园试点结束并成功完成验收。

"百山祖国家公园的创建生动体现了浙江锐意创新、改革赋能的精神。浙江的干部落实工作，没有办法可以想办法，没有方案可以出方案，把应该办而又'行不通'的工作变成'行得通'。"来自黄山市农业农村局的一位干部在丽水体悟实训时深有体会。

在跟班学习过程中，淮北相山区招商局的一位干部也有同感。"浙江的干部普遍有一种'狼性文化',他们不墨守成规、循规蹈矩,而是敢于突破常规去谋划,实质上就是解放思想、实事求是,一切从实际出发。"

沪苏浙是经济最具活力的土地,安徽的跟班学习干部不仅为眼前的发展成就感到震撼,更对当地干部身上创与闯的锐气深为触动。

"同一件事务,按这个政策行得通,按那个政策却行不通。"不少干部表示,日常工作中时常遇到这类困惑又头痛的事。江苏、浙江干部在实践中用"活"政策,破解了痛点,让来自安徽的干部有了深刻的体会。

"最大的差距是思维的差距,最大的短板是能力的短板",跟班学习的安徽干部纷纷表示,等高对接沪苏浙首先要做到专业化能力的等高对接,要认真研究政策、吃透政策,加深对政策的理解,在工作中勇于创新、大胆尝试。

在学习报告中,他们生动地记录下自己的所思所悟:

"相比沪苏浙,我们缺少一些创与闯的锐气。工作中的创新做法常被问及是否有制度依据,在制度设计中又去想是否有案例支撑。长期形成了'因循'的思维,成为阻碍创新的拦路虎。"

"只注意和强调政策不允许做什么,而忽视了应该做什么。要用足、用好、用活政策,才能真正做到将政策'吃干榨尽'。"

"在工作中过于束手束脚,认为束缚起来是一种安全,放开手脚就会露出破绽,其实是一种'避责思维'。"

"政策不仅有原则性而且具有灵活性,基层在贯彻执行时,就必须因时、因地制宜,同本地区、本部门实际结合起来。"

一位长期关注公共管理领域创新的专家认为,把握政策灵活执行的边界,关键在于找准政策的目的性。这就需要深入、全面地研究政策本质,从而指导和促进自己的工作,最大限度地发挥政策的红利。

对标对表沪苏浙,安徽取回的"真经",很有"干货"。

(作者:胡磊;原载于《决策》2021年第8期)

上海的世界眼光给安徽干部什么启发

上海，长三角的"龙头"，中国经济最重要的引擎，在改革开放最前沿先行先试，在"高质量一体化"中，为其他地区提供了宝贵经验。

安徽，长三角的"上进生"，在深度融入长三角一体化中，需对接用好上海的高能级要素，努力争当"优等生"。派出干部赴上海学习，从"上海智慧"中寻找发展的"破题之钥"，对安徽具有重大意义。

风从海上来，潮涌长三角。安徽干部"取经"上海，首先就是扑面而来的上海作风。

上海作风

接到前往长三角创意经济合作专业委员会（下文简称长三角创意委）跟班学习的通知后，来自安徽黄山的干部满心期待。此前，黄山市与长三角创意委签署合作协议，力图通过创意经济赋能产业发展。带着吸纳先进理念、思考创意思路、务实推进合作的学习目标，跟班学习干部一行还未及动身，就体会到了对方细致高效的工作作风。

为确保跟班学习效果，长三角创意委为来自安徽的选派干部量身定制了《体悟实训安排方案》，围绕实训目标、实训管理、实训措施等方面科学安排学习计划，并设置了线上考核、实训周记录等一系列制度，处处彰显了精细、精准和精心的作风。

一个细节让大家感触颇深，欢迎跟班学习干部的餐叙被"用心良苦"地安排在上海的一条创意街区。大家围绕着"创意经济"这个跟班学习的主题，一边吃一边聊，既交流了感情也碰撞了思想。

"上海之所以成为'龙头'的关键，就在于超前谋划、精雕细琢、追求品质，将任何事情都按照精品的标准打造。"在长三角绿色一体化发展示范区挂职的安徽干部参与修改完善跨域规划统筹使用建设用地机动指标这项制度时，结合上海城市规划和建设的精细化管理实例不断打磨，从中也悟出了上海的"精细化"密码。

上海作风另一个直观的表现在于务实。"我挂职岗位的'带教老师'给文字材料定了个标准，小学三年级的学生能看懂就行，这样基层干部拿到就知道怎么干。"在闵行区吴泾镇挂职的一位安徽干部观察到，上海的干部写文字材料简洁平实、直奔主题，真正做到捞足干货。

具体到日常工作，则分工明确、职责清晰，即使是需要全体协作的事务，也都做到责任到人且设有 AB 岗，有清晰的时间表和路线图。

上海节奏

到"青吴嘉"长三角绿色生态一体化示范区挂职的第一天，安徽的干部就被一个醒目的工作倒计时牌震撼到了，"能直观地感受到一种自我加压的紧迫感"。

"上海是创意的、矛盾的、瞬息万变的，它伫立于时代的风口，随时准备着连接世界，随时准备着改变和革新。"在长三角创意委，短短一下午时间，六场围绕创新创意的主题演讲让来自安徽的跟班学习干部受益匪浅。

这些演讲不仅内容聚焦精准，而且时间控制十分精确，每场半小时，绝不拖沓。教室门口，每位讲师都有专业服务团队，为在场听众答疑解惑。

在这里，跟班学习干部亲身体验了参与式、沉浸协同式教学，了解到文化旅游产业可以通过"无中生有"来创造价值，学习到如何用国潮时尚设计元素展示非遗文化。

一个个创意的新理念，不断激荡着跟班学习干部的思维。"这不禁让我们感到本领恐慌，我们自认为先进的、创新的想法或是产业可能很快就会在这里被时代的浪潮淹没，被新的创意和产业替代。"安徽的干部说道。

上海节奏不仅体现在瞬息万变的高效率，更体现在只争朝夕的干事创业状态。

初到上海，来自淮南市的选派干部第一感觉就是，这里的干部都是"跑"着做工作、"争"着促发展。到企业走访、宣传政策，辅导企业做好高新技术企业认定工作，从进入会议室到了解问题、提出解决办法，只用了不到10分钟时间。企业负责人感慨："泡茶的水还没烧开，就帮助我们解决了问题！"

"接到问题不过夜"是上海干部对自己工作的要求。新冠疫情发生后，很多企业生产经营面临压力，上海及时出台援企纾困政策，当地干部主动深入企业了解情况，发现问题及时帮助解决。

上海视野

来到上海跟班学习，来自宣城市的干部见识到上海的"大手笔"。在寸土寸金的上海松江区，地方政府拿出50亩土地，与上海中医药大学合作开发中医药产业项目。项目立足于中医药事业的传承，补齐国内相关领域的短板。"上海始终以超前的眼光谋发展、议发展，无论是经济发展，还是社会管理，都始终保持领跑全国的锐气。"

为了给未来发展留下战略空间，上海市在2040总体规划中，划出200平方公里"留白区"，应对未来经济发展和人口变化的不确定性，彰显了大都市的高远视野。

上海的视野也为长三角一体化发展开了一扇"天窗"。淀山湖畔，长三角绿色一体化发展示范区正着力对标北美、日本等发达地区，打造"世界级生态湖区"。

正在这里挂职的安徽干部感慨道："国际化视野是这座大都市最鲜明的标签，更重要的是带着这种理念和思维去努力的不是一个人，而是一群人的时候，这就会形成一种导向，就好像一个优秀的班级，大家都在努力考研，氛围是不一样的。"

"格局决定视野，视野成就城市，这就好比一个人站在三楼和站在二十楼，看到的是完全不同的风景。"安徽的干部如是说。

（作者：胡磊；原载于《决策》2021年第8期）

安徽从浙江数字化思维中学什么

当下，数字正在重塑世界！数字化时代，浙江又先人一步。

2021 年以来，浙江全面启动数字化改革，用数字化技术、数字化思维、数字化认知，对经济社会各领域进行全方位、系统性重塑。在"一号工程"和"一把手"亲自推动下，浙江全省干部都投身于数字化浪潮中："用数据说话、靠数据决策、依数据执行"，正成为许多浙江干部的新习惯。

从浙江的先行实践来看，数字化时代，与其说是技术的升级，不如说是思维方式的升级。数字化不仅仅是一场技术变革，更是一场思维革命！

浙江干部的数字化思维是怎样炼成的？安徽又能从中学到什么？

"最大的问题在人"

"听说省领导的讲话，不少基层干部听不懂！"2021 年年初，浙江全省数字化改革大会召开后，浙江一位基层干部说。

尽管浙江是互联网经济最发达的省份，但改革之初同样面临很大困难。数字化改革是运用数字化技术、数字化思维解决传统思维、传统模式解决不了的问题。

然而，一些基层干部平时大多接触文字综合、扶贫济困、抢险救灾等具体工作，对"数字化"有畏难情绪，认为学习难度太大，"一看到系统集成、数据中台、软件系统等专业词汇，就头皮发麻"。

"最大的问题在人。"数字化改革对干部提出了很高的要求，包括科技素养、数字思维、法律知识，甚至一定的编程能力，等等。"这是一个巨大的挑战,但如果浙江都做不起来,还有谁能做?"浙江的干部说。

一个地方的发展,不仅取决于能力的天花板,更取决于思想认识的天花板。浙江全面推进数字化改革,突破口就是打破思想认识上的天花板。

为强力推动改革,浙江全省上下普遍实行专班制。其中,浙江省市场监管局集中了一支30人的"突击队",既有市场监管系统的员工,也有交警、互联网技术员,各工种"协同作战"。

专班成立后,主动加班是工作常态,很多次哪怕已是深夜,团队还在召开"头脑风暴"会议。

有一次,在讨论其中一项具体指标时,团队争论得面红耳赤。从上班争到下班,从白天一直讨论到了晚上。最后,还是在凌晨两点钟的浙政钉群里,专班团队才达成了一致。

专班的办公场地是由展览馆临时改造的,由于没有窗户,大家都形象地称这里为"改革窑洞"。就是在这个简陋的办公室里,专班用短短两个月就上线了"浙江 e 行在线"应用系统,实现了电动车安全监管的数字化,为全国电动自行车综合治理提供了"浙江样板"。

2021 年,"改革窑洞"中又走出了"浙冷链""浙江公平在线""浙江知识产权在线"等 11 个数字化应用系统,实现了市场监管核心业务全面数字化。

"这些应用系统都是在'窑洞'里一次次碰撞、优化中不断推进的。"专班干部说。2020 年以来,这样的"头脑风暴"在浙江很多地方上演。

宁波市党政机关整体智治系统工作专班刚刚成立时,几乎天天进行"头脑风暴"。党政机关整体智治是数字化改革的一个重点,也是难点,要发挥牵头引领的核心作用,这对专班提出了更高要求。

当第一批应用场景收集上报时,200 多个场景就像一座大山一样堆在专班面前。五花八门,有的只是将原有信息化系统进行了简单包装;有的把一般业务问题当成了重大需求;还有的单位怀着满腔热情,却又不知该如何下手。

怎么干？往什么方向干？专班在不断的头脑风暴和思想碰撞中，方向渐渐明晰。

其中，专班干部厚厚几大本笔记本令人印象深刻，里面记满了各类数字化专业术语、政策精神、走访调研、讨论汇报等。从首次接触数字化概念时的一脸茫然，到现在对应用场景的精准点评；从对数字化工作的一头雾水，到对政策文件的精准解读，短短一年时间，专班干部就从舞文弄墨的材料达人蜕变为数字化工作的行家里手。

最终，专班在梳理总结了212个场景的建设方案后，从近百万字的资料海洋里，提炼出了涵盖五大类20项指标的《宁波市党政机关整体智治场景应用评价标准》，被当地干部亲切称为改革的《操作手册》。

"什么样的场景能上，什么样的场景不能上，对照标准一目了然。"宁波多位干部表示，标准的出台，不仅化解了场景谋划中方向不明、切口不准的难题，更为高质量建设数字化应用系统奠定了坚实基础。

"数字化改革提升了干部塑造变革的能力。"浙江干部说。

技术可以"外包"，改革不能"外包"

在浙江，"头脑风暴"并不局限于专班内，温州、宁波、台州等地把"头脑风暴"上升到了全市层面，建立了常态化的干部路演制度。

温州是浙江较早开展数字化改革项目路演的地区之一，市级已开展两场路演。

在路演现场，都是各部门"一把手"亲自上台，15分钟时间，不念汇报材料、不讲空话套话，介绍改革需求，分析场景建设，谈改革突破，其间还要接受现场评议。各领域数字化改革项目是否管用、实用，逐一亮晒比拼。

一张讲台，一台笔记本电脑，一块大屏幕，"一把手"站台演示、讲解，"以前，大家习惯于拿着纸质文件汇报。路演这种形式，确实更见真章"。

能否更好地解决社会需求，能否在更大范围内推广应用，能否尽量节省开发成本，这是路演中必须清楚回答的问题。

温州金融综合服务平台在路演前后，多次听取企业和金融机构的意见。小微企业、金融机构都谈到，双方在对接过程中，最缺乏的是有效的信用评价机制。从这一需求出发，温州金融综合服务平台运用大数据、人工智能等技术，归集企业相关的不动产、税务、政策补助等信息，对企业进行信用画像。数据，成为温州企业融资的"信用担保人"和"风险控制人"。

在路演中，干部转变了思维，推动了各部门从"部门思维"向"用户思维"转变。

路演不是"一把手"上台"自说自话"，而是要接受台前幕后的评议，接受用户的反馈。"特别是现场观众以'挑刺'的心态来观摩，这种形式让路演者不得不把流于形式的功能筛除掉。"温州干部说。

比如，温州的台风预警码应用，在路演中就被指出了一些问题。"目前，应用与人民群众的实际需求还有一定差距，特别是与老百姓生活密切相关的水、电、气等预警信息还未整合接入。"现场有评委直截了当地指出不足之处。

在市级层面的支持下，温州市气象局立即与相关部门接洽，整合水、电、气，以及学生停课、工地停工等相关数据，方便市民"一站式"获取"防台风、抗台风"信息。不到一个月的时间，升级后的"台风预警码应用"在抗击台风中发挥了重要作用。

"数字化改革不能简单理解为建系统、搞应用，不能只是立个项、给笔钱，建个门户、上个系统就万事大吉。"在浙江干部看来，数字化的核心是改革，是制度重塑、流程再造，"技术可以'外包'，但改革不能'外包'！"

定期比拼的路演，倒逼各部门"一把手"定期研究数字化改革的重点问题，强行入轨数字化改革的跑道。

"路演不是一场'脱口秀'，而是'一把手'的考场。"温州干部说，关键要看是否有经得起检验的"硬核"成果。

在环保督查中，温州市有1万多条河道需要巡查，目前月均需解决的各类问题有100多个，涉及生态环境、水利、自然资源和规划等部门。

"能不能通过数字化改革，整合多部门力量，快速推动涉水问题的解决？"为此，温州市生态环境局谋划了美丽水乡"云管家"应用，归集了生态环境、水利、自然资源和规划等部门数据，实现了涉水数据全面共享。通过算法支持，美丽水乡"云管家"还具备大数据智能分析、治水督办协同等功能。数字化"智慧治水"，让温州水环境治理的决策更科学、执法更精准、督办更高效。

通过路演，温州市一批数字化改革的"硬核"应用成果先后落地。如温州"海上综合智治""金融综合服务平台"等，在浙江乃至全国都具有影响力。

数字化是"革命的工具"，不是"工具的革命"

数字化技术和应用是工具性的，而思维方式升级、体制机制重塑才是革命性的。在专家看来，数字化应该是"革命的工具"，而不是"工具的革命"，"改革关乎数字化的成败，浙江已经在正确道路上迈出了第一步"。

在数字化改革中，浙江干部有一个"二八定律"，即领导干部要花80%的力气用来思考、研究，分析需求、谋划场景、再造流程，再花20%的力气来开发系统，推动解决技术问题。

但要完成这80%的工作，对领导干部在日常政务中获取数据、分析数据、运用数据的能力提出了很高的要求。

在杭州余杭区，很多干部案头都有一本必读书——《数据中台：让数据用起来》。"数据中台"是数字化领域的常用词，指的是在信息化程度较高的企业里，用以汇聚整合数据，为生产、销售服务的平台。

在数字化时代，政府越来越多承担数据中台的枢纽角色。面对海量数据，政府能否发挥整合能力，担起数据中台的作用？这考验着干部的数字化思维和能力。

如今在余杭，如果在人行道等区域违章停车，车主会收到一条温馨短信，内容除了要求 10 分钟内驶离，还提供了最近的停车场位置及停车情况。若未驶离，车主将收到一张电子违停通告单。这是余杭城管主导搭建的"智慧城管"系统。

一条不到 50 字的短信背后，涉及数据中台发出的一系列复杂指令，就像人的大脑一样，调动起交管的车牌数据库、电信部门的手机号码库、市政的停车场数据库。通过算法整合，发到车主的手机中。数据中台的建立，是城市运行管理体制机制和流程的再造。

大数据的创新运用，要与政府、企业、群众的实际需求发生匹配，形成场景化才有意义。而每一个场景化应用，都涉及不同数据库的调用整合。"通俗地讲就像搭积木，让不同的数据模块拼接在一起，产生适合不同场景的应用。"杭州余杭区干部说。

循着"搭积木"的思路，2021 年 8 月，余杭在浙江率先上线"数字资源超市"。在这个超市里，可以找到云资源、算法和服务、数据产品资源、应用软件等"特殊商品"，从而更加高效地整合数据。

用户可通过积木式的模块组装，实现各类应用的打造，避免了各部门再重复建设、资源浪费。上线以来，"数字资源超市"已为余杭数字化项目建设节省资金约 6800 万元，项目建设周期平均缩短了 60 个工作日。

从余杭的经验来看，一个智慧的数据中台，并不是靠几个优秀的程序员就能完成，需要多学科参与、多业务协同其中。

"先有想法，再找办法，最后才是算法。"这就是浙江干部的数字化思维。

所谓的想法，在专家看来，就是对数据价值的不断挖掘和开发，这需要领导干部培养数据思维和能力。要提升对数字的敏感度，对本区域人口、资源等数据保持高度敏锐性，能主动从数据角度理解政务行为、感知社会变化。同时，增强数据能力，培养数据定位与获取能力、数据分析与解读能力，以及数据决策与反思能力。

"只有掌握数字化技术、数字化思维、数字化能力，才不会在数字化的时代洪流中陷入被动局面。"浙江一位干部深有感触地说。

（作者：吴明华；原载于《决策》2022 年第 5 期）

叁

『听见花开的声音』

创新是安徽的"金色名片"。

"中国声谷"塑造人工智能创新生态，量子通信传输从科幻走向现实，"人造太阳"持续刷新世界纪录……当一系列前沿科技成果涌现之时，科技成果转化释放出巨大吸引力，于是就有了"半个高铁车厢，都是去合肥的投资人"。

科技创新如火，金融资本如风，火借风势，风助火威。以合肥为原点，"科创＋资本"双轮驱动，已成为安徽全省域推动高质量发展的"关键一招"。

科创与资本，从来都是机遇与风险共舞的过程。

1970年，安徽举全省之力，接收中科大南迁合肥。几代人聚首在科技创新的火把下，开始了一场甘坐冷板凳的沉默长跑。经过数十年厚积薄发，安徽科技创新已跻身全国第一方阵，曾经的农业大省，如今充盈着科技创新的气质。

金融资本助力科创向产业转化的"惊险一跃"，倒逼政府"跳下河与企业一起游泳"，正因为有这样的魄力，创造出了地方产业投资的"安徽模式"，进而带动了"基金丛林"的生长。在投资圈流传一句话"到安徽去投资兴业"，这已成为一种趋势和现象。

今天的安徽，创新的想象从未停歇，上市的锣声持续敲响。科创与资本的化学反应，让我们在安徽听到了花开的声音。

"安徽，是我们该去的地方！"

安徽，人气越来越旺！

"半个高铁车厢，都是去合肥的投资人。"一位投资人感叹。

"干部沟通的效率很高，懂我们的创意和需求，可以在同一频道上对话，整个过程感到很舒服，我们都愿意来。"一位科创企业家说。

"每年都来赶'科技大集'，每次都有新感受、新收获。"一位科技工作者说。

这不禁引人发问：安徽的科技创新究竟是怎样的，为何会引发大家这样的评价？

当下的安徽，科技创新很"燃"很"硬核"：2022年区域创新能力跃居全国第7位、连续11年位列全国第一方阵；创新环境由2021年的全国第12位跃升至全国第3位，涌现出很多标识性的科创地标，成为各地党政代表团和投资考察团的热门"打卡地"。

为什么大家都这样说：安徽，是我们该去的地方！

从"火种"到"燎原"

要回答这个问题，我们从最近一个刷爆朋友圈的数字——403秒说起。

2023年4月12日晚21时，中国科学院合肥物质科学研究院传来一条振奋人心的消息，全超导托卡马克核聚变实验装置EAST创造了新的世界纪录，成功实现稳态高约束模式等离子体运行403秒。

你不太懂？没事，只要知道很厉害就行。

喜欢科幻的朋友都会知道，在电影《钢铁侠》中，就出现过托卡马克，那是一个磁笼子，只需要 1 千克气体就能在宇宙里飞行许多年。还有在电影《流浪地球》中，也提到用 1 万个重核聚变发动机推着地球去往另一个星系，用的也是托卡马克装置。

全超导托卡马克核聚变实验装置，俗称"人造太阳"，被寄托了未来终极能源的美好愿景。巨大的潜力，让它备受关注，成为安徽科技创新的"人气担当"。

如今的安徽，备受关注的不止有核聚变技术。量子通信、动态存储芯片、超薄玻璃等领域实现了并跑领跑，重大科技成果"多点开花"，同样令世界瞩目。

多年的历史积淀，让安徽的科创实力不容小觑。但鲜为人知的是，在这背后，是安徽坐足"冷板凳"瞄准创新的长跑之路。

如果把安徽的创新发展视作一盘棋局，安徽的开局绝非旗开得胜，甚至算不上"良好"。

真正让安徽踏入创新之局的，是 1970 年安徽举全省之力接收中科大"举家南迁"至合肥，这段深厚无比的校城情缘，让无数后人津津乐道。

中科大的到来就像"火种"，点燃了安徽科技创新的决心与信心。

经过 30 年积淀，进入新世纪以来，安徽科技创新更是呈现"燎原之势"。

2004 年，合肥被批准为全国第一个"科技创新型试点城市"；2008 年，安徽启动建设合芜蚌自主创新综合配套改革试验区；2010 年，合肥又被列为首批国家创新型试点城市之一；2017 年合肥获批综合性国家科学中心，标志着安徽在全国创新大格局中占据重要地位，成为代表国家参与全球科技竞争与合作的重要力量。

这也让众多省份和城市坐不住了：为什么又是安徽？ 为什么又是合肥？

论经济实力，安徽不及沿海多个经济大省；论科教资源，安徽不如江苏、湖北等科教大省；论科技创新活跃度，深圳、杭州等城市都在合肥之上。安徽为什么能脱颖而出？ 合肥为什么能成功获批？

其中的因素有很多，但有一条关键因子不可或缺，便是坐落在安徽的大科学装置。

大科学装置是催生原始创新和尖端科研成果的国之重器，也是综合性国家科学中心的标志和重要基石。当许多省份在谋划进入大科学装置竞赛时，安徽已形成大科学装置群。

早在 1983 年，安徽就获批建设国家同步辐射实验室，这是全国第一个国家实验室，实验室拥有的同步辐射光源是现今国内高校中唯一一台大科学装置和国家级实验研究平台。

而同步辐射光源，只是安徽一系列大科学装置群的一个。安徽共布局了 12 个，目前已建成 3 个。

一项大科学装置，动辄投入几亿元、几十亿元，一建就是 10 年、20 年，关键是建成之后，大多只能做前沿基础科学研究，很难有经济回报，而安徽和合肥并不是经济大省大市，是什么动力让安徽这样去做？

只要是"值钱"的，就要舍得"花钱"

放眼全国，安徽不是最有钱的，但安徽可能是最舍得在科创领域花钱的省份之一，且从未犹豫过，从一组数据中就可以看出：

2017 年，合肥获批综合性国家科学中心后，按照省市两级 1∶2 的比例，每年拿出 200 亿元、连续 5 年拿出 1000 亿元，投入合肥综合性国家科学中心建设；仅量子信息科学实验室，就投了 100 亿元。

2021 年，安徽 R&D 经费投入超过 1000 亿元，在全国排名第 11 位，投入强度达到 2.34%。合肥投入强度保持 3.5% 左右，位居全国省会城市前列。

2022 年，安徽科技支出 508.4 亿元，居全国第 4 位。2022 年，合肥科技支出攀升至 245.7 亿元，较上年增长 41.1%

如此"撒钱"的背后，是安徽对科创的笃定：认准的事，就要一届接着一届干，即便"家底"薄，"勒紧裤带"也绝不穷科技，"对于科技创新的事，不能盯着'赚钱'，也不能图'省钱'，只要是'值钱'的，就要舍得'花钱'。"

"这些投入，或许不能改变安徽的现在，但在未来的某一天，一定会改变安徽的未来。"在历经几十年的科技"马拉松"后，安徽创新的硬核重器，终于厚积薄发。

一方面，依托大科学装置集群，安徽全力推进量子信息科学国家实验室建设，启动建设量子信息与量子科技创新研究院、天地一体化信息网络合肥中心、离子医学中心、大基因中心等重大创新平台。

另一方面，以国家实验室、合肥综合性国家科学中心为引领，安徽建成认知智能实验室等"国字号"创新平台216家，省实验室、技术创新中心34家，在全国率先组建4家创新联合体，催生出墨子号、九章、祖冲之号、托卡马克等一批从"0到1"的原始创新成果。

如今，这些领域成为各地党政代表考察团的热门"打卡地"。2023年2月、3月，江西省、江苏省党政代表团在安徽考察时，对安徽大气魄推动科技创新留下了深刻印象。

这种大气魄体现在哪？概括来说，就是安徽干科技创新，没有瞻前顾后、缩手缩脚，而是敢为人先、大胆投入，一年接着一年干，一项接着一项做。

但科技创新的关键，不仅是产出成果，更在于用好成果。

在实验室做科研、做技术是一回事，形成量产的产品又是另一回事。从科研到生产之间，还隔着从1到N的"死亡谷"。安徽是靠什么跨越"死亡谷"这惊险一跳的？

"科创+产业"的火花

过去，安徽大院大所的很多研究成果，要么"束之高阁"，要么"远走他乡"，科研与产业"两张皮"造成科研成果"墙内开花墙外香"，以至于长期流传着一句话："科大在天，我们在地，中间是空气。"

"原始创新成果没有产业化，就好比捧着金饭碗讨饭吃。"实践证明，科学技术只有转化成产品、赋能给产业，才能更好发挥其价值。

而安徽真正意义上的科技创新发展，正是从破解"两张皮"开始的，特别是围绕"谁来转""怎么转""往哪转"等问题发力，为科技成果转化提供了广阔空间。

新型研发机构便是重要渠道之一。安徽以中科大系、中电科系（16所、38所等院所）、本地系（合肥工业大学、安徽大学等）、外地系（清华大学、哈尔滨工业大学等）四架马车，设立了中科大先进技术研究院、合工大智能制造研究院、清华大学合肥公共安全研究院等130多家新型研发机构，让科学家研判技术前景、让企业发现市场需求、让市场验证技术价值，打通了科技创新到产业转化的"最后一公里"。

更大的空间，是安徽在新一轮科技革命和产业变革中，抓住了国家大力发展新兴产业的战略大势，"科创＋产业"融合发力，迅速走上跨越式发展之路。

2008年以来，引进京东方，"无中生有"打造新型显示产业；抢抓新能源汽车风口，引进蔚来、大众、比亚迪，"有中生新"打造新能源汽车产业集群；精心呵护科大讯飞、国盾量子等"四新"经济，"由弱变强"打造人工智能产业地标。

这些新兴产业集群异军突起，不仅培育出具有爆发式增长潜力的新兴产业和未来产业，更破解了"缺芯少屏"之痛，攻克"卡脖子"瓶颈，形成了一批具有鲜明辨识度的安徽现象级产业景象。

同时，国家政策又助推一把。2022年1月，科技部支持安徽建设合芜蚌国家科技成果转移转化示范区，探索科技成果转化机制和模式，培育具有核心竞争力的创新型领军企业。

"科创＋产业"同频共振，安徽持续健全"沿途下蛋"机制，突出企业创新主体作用，把产业发展建立在科技支撑上，塑造更多依靠创新驱动的引领型产业，努力以产业链升级牵引核心技术攻关，以科技创新的突破带动产业发展。

目前，安徽拥有国家企业技术中心96家、总数居全国第五位，2022年平均每天净增国家级高新技术企业近 11 家，总量超过 1.5 万家，过去五年战略性新兴产业产值年均增长 18.2%、占规模以上工业比重由 24.7% 提高到 41.6%。

截至 2023 年 4 月，安徽科创板上市公司达到 20 家，居全国第七位。2022 年新增国家级专精特新"小巨人"企业 256 家，总数居全国第七位。曾经的农业大省安徽，正在向新兴工业大省、科技强省蜕变，安徽在区域发展格局中的地位形象显著提升，在国家发展全局中的战略地位更加凸显，正以"科"气满满的新形象，让安徽在新赛道上跑出创新发展的加速度，更是让人嗅到了未来的气息。

逐梦未来，就得需要源源不断地把创新成果更多转化为产业成果，这离不开一个关键保障，就是"钱"。

"科创 + 资本"的裂变

尽管安徽可能是最舍得在科创领域花钱的，但仅仅依靠财政资金，力量是有限的，而且科技成果转化风险大、周期长，社会资本往往不敢投、不愿投。

怎么办？安徽创新手法、步法、打法，用市场的逻辑谋事，用资本的力量干事。

在全国，安徽率先打造了全链条科技金融服务体系，建立从科技成果转化到企业孵化，再到高新技术企业培育的科技融资担保体系，在全国唯一实现了省市县三级"全覆盖"，目前成员达到 134 家。

2022 年，安徽为科技型企业提供担保贷款 220 多亿元；新增设立 2 亿元科技企业贷款风险补偿资金池，截至 2022 年年底，纳入资金池补偿范围的贷款金额达 234.97 亿元。

创新始于技术，成于资本，安徽深谙其道。通过加速构建"基金丛林"，以基金撬动社会资本，培育和招引优质项目，促进资本招商和科技成果产业化。

2022 年 7 月,安徽发布新兴产业引导基金组建方案,明确省级财政出资 500 亿元设立省新兴产业引导基金,在引导基金下设三大基金群 16 支母基金,即主题基金群、功能基金群、天使基金群。

三大基金群的赛道主题十分明确,聚焦安徽产业发展和科技成果转化。

就在 4 个月后的 2022 年 11 月,安徽收获重磅政策红利,国家八部门联手重磅推出全国第一个跨省市的科创金融改革试验区方案,这标志着合肥将与上海、南京、杭州、嘉兴携手为长三角乃至全国科创金融改革破题,更意味着为安徽科创精准发力乃至高质量发展提供了更加广阔的空间和崭新赛道。

但更受外界关注、更加引人瞩目的是《"科大硅谷"建设实施方案》出炉,直接拉满全省"科创 + 资本"的"氛围感"。

方案提出了 22 项高含金量政策,诸如鼓励科技成果就地转化,加大"高精尖缺"人才补贴力度。2023 年 4 月,科大硅谷引导基金已注册成立,总规模 300 亿元,首期注册规模 15 亿元,重点关注在科大硅谷创办的科技创新能力突出的中小微科技型企业。

未来,科大硅谷将打造总规模 2000 亿元以上的"基金丛林";对运营科大硅谷母基金的团队,给予最高 50% 的风险容忍度;鼓励"投早投小",对投资科大硅谷早期小型科企按实际投资额的 10% 给予奖励,一时间成为科创投资圈最火热的话题。

"现在,投资人最常去的地方就是安徽,很多人更是奔着科大硅谷去的。"多位企业家说。

为什么大家都奔着科大硅谷去?不仅仅因为这里有投资机会,更关键的是这里有良好的创新生态,有令人憧憬且能感知到的未来。

为什么要到安徽去

"十多年后,第二故乡的变化着实惊艳了我,未来的科大硅谷一定更有

叁 『听见花开的声音』

看头。"

"我们的风投创投要做到既能锦上添花，更能雪中送炭。"

"'火热的科技，最长的一天'，我想以此为主题推出科大硅谷爆款传播产品。"

2023 年 2 月，一场以"厚植创新生态，感召五洲英才"为主题的科大硅谷全球校友和知名投资人座谈会在合肥举行，安徽向全球释放了强大的感召力。这种感召力有多强？

2023 年 2 月，合肥市发布《支持"科大硅谷"建设若干政策》，旋即吸引了全球各类人才。

"要招 30 名管理等各领域人才，全球 2000 多人报名，有的甚至从美国硅谷等地赶来应聘。"

2023 年 3 月，科大硅谷发布全球合伙人招募公告，不到半月，就有来自美国、日本等国家和地区的近 200 个团队报名申请。

这样的大手笔和大视野，不仅在安徽科创史上是空前的，更凸显了安徽打造科大硅谷的决心和雄心：以最优生态集聚最高端的资源，努力打造科技体制改革的"试验田"和高科技企业成长的"高产田"。

都说深圳的"6 个 90%"成就了创新之都，杭州创新"新四军"生生不息，成功的关键便是深圳、杭州都营造了优质的创新创业生态。而当下，以科大硅谷为代表，安徽将创新型省份建设作为高质量发展的旗帜性抓手，像打造一流营商环境一样全力打造一流创新环境、研发环境、人才环境，目标就是打造一流创新生态。

在合肥，专门成立市委科创委，将科创从部门工作上升为全局工作，推动全市形成"大科技"格局。

在安徽，中国科大科技商学院、首家政企联合打造的羚羊工业互联网平台、全国首座以创新为主题的安徽创新馆、场景创新促进中心、每周 1 次的"双创汇"等安徽硬核型创新动作层出不穷。

尤为值得一提的是中国科大科技商学院，放眼国内外高校，名字为"科技商学院"的，都不多见。

这也成为中国科大科技商学院的一个鲜明指向——培养科技产业组织人才，即"懂科技、懂产业、懂资本、懂市场、懂管理"的"五懂"人才，促进科技产业创新发展。

这些平台，从科技创新供需两端架设桥梁，帮企业找技术，帮技术找市场，好比"衣服拉链"一样，将供需双方紧紧结合在一起，促进创新链、产业链、资金链、人才链深度融合，锻造了一批"懂科技、懂资本、懂产业"的干部队伍，进一步优化了全社会支持创新创业的生态，安徽科创的品牌感召力和资源集聚力正在日益显现。

各路企业家投资人"组团"到安徽；全国首个国际先进技术应用推进中心在科大硅谷挂牌；1024 全球开发者节，千万人同时在线。2022 年，安徽新增人才 84 万，总量突破 1100 万，入选国家级计划 1300 余人，居全国第 8 位；2022 年，有近 3900 家国家级高新技术企业在安徽诞生；4 月 24 日，2023 年"中国航天日"主场活动启幕，50 多位院士齐聚科创之城合肥。

如今，企业、资本、人才、创意等科创资源要素汇聚安徽，让安徽的科创氛围就像"大集市"一样热闹。大家感叹："安徽，是我们该去的地方！"

（作者：张道刚、姚成二、许盼丽；原载于《决策》2023 年第 5 期）

创新长跑的演进逻辑

2018 年 10 月 9 日，合肥滨湖科学城揭牌成立仪式在合肥滨湖新区隆重举行。"'科学'两个字，对于合肥这座科教名城、创新高地来说，是一个核心要素，现在又加上一个'城'字后，对于合肥发展以及创新主体、市场主体的重大意义，很快就将显现出来。"一位科技工作者感慨道。

回望合肥的创新发展路径发现，不同时期有不同的关键词：从科教兴市到工业立市，从自主创新示范区到创新高地，从新型研究院到综合性国家科学中心……放在合肥创新发展的历史纵深来看，滨湖科学城并非突然间的横空出世，而是合肥十多年坚持创新发展后收获的一个战略性大平台。

那么，合肥滨湖科学城的来龙去脉是怎样的？从科教兴市到滨湖科学城，走过了怎样的历程？

"两张皮"的困局与突破

曾经的合肥，被评价为"一流的科研，二流的城市"，由于长期面临科研与经济"两张皮"，合肥曾深切感受到科研成果"墙内开花墙外香"的尴尬。

合肥真正意义上的创新发展，正是从破解"两张皮"开始的。

作为全国四大科教基地之一，多年来合肥城市发展的主战略一直是"科教兴市"，但由于工业化水平不高、工业投入相对不足等原因，直接导致合肥产业集群水平低的短板。由于缺少产业支撑，很多科研成果无法在合肥本地转化。

一个经常被引用的例子，是 VCD 机的命运。20 世纪 90 年代，合肥研发出世界上第一台 VCD 机，但由于缺少产业配套，这一开创性成果在当时的合肥只是昙花一现。与此形成鲜明对照的是，这项成果却在其他地区催生出一大批 VCD 生产企业蓬勃发展。

合肥还有一句流传甚广的"自嘲"："科大在天，我们在地，中间是空气。"同样是由于合肥的产业短板，中科大的科研优势未能转化为促进合肥大发展的现实生产力。

无论是世界上第一台 VCD 机的命运，还是中科大与合肥的"分隔"，背后都是合肥"一流的科研，二流的城市"的隐痛。面对发展之痛，怎样破解？

转变从 2004 年开始。是年，合肥成为首个"国家科技创新型试点市"。时间推进到 2005 年 8 月，时任合肥市委主要领导在试点市建设动员大会上强调说："试点市建设的实质，就是以科技创新推进结构调整和经济增长方式转变，增强经济综合竞争力，努力做大做强内源性经济，实现跨越式发展。"此时的合肥，要跨越式发展，首要是补齐产业短板，尤其是提升工业化水平，才能让科技创新试点市的招牌真正带来发展红利。

于是在 2005 年，合肥鲜明地提出"工业立市"战略，合肥的决策者特别强调说，合肥最大的问题是发展不足，当务之急是加大投入，特别是加大工业投入。

这一转变与当时合肥的发展阶段相契合。"按照经济规律，只有工业化达到一定程度时，科研与产业才能相融合，所以合肥在战略上要有所侧重。"当时一位专家认为，工业立市为科研转化提供产业支撑，是"两条腿一起走"。没有产业，合肥的科研仍然是科研，是科教城市，但不会是创新创业城市，依然是"两张皮"；有产业，有科教，两者深度融合，才称得上是创新型城市。

当时的合肥，以建设创新型试点市为契机，在高新技术产业发展和创新型企业的培育上发力。财力虽不雄厚，却连续多年安排数亿元科技创新专项基金培育创新型企业。今天我们耳熟能详的合肥高科技企业，有一大批是那个时候播下的种子。

合肥工业发展的上扬曲线，也雄辩地证明了破解"两张皮"后的实际效果。统计数据显示，2006 年开始，合肥工业经济迈入快车道，工业增加值连续十年增速超过两位数，2010 年突破 1000 亿元，2014 年突破 2000 亿元。其中，2011 年规模以上高新技术产业增加值 733.6 亿元，占当年规上工业增加值的 49.2%；到 2014 年，高新技术产业增加值占规上工业增加值的比重提高到 53.4%。

由此可见，合肥工业增长与高新技术要素实现了同步加速集聚，迈向了创新发展的 2.0 时代。合肥是怎样做到的呢？

自主创新试验区的求索

2008 年，时任合肥市政府主要领导接受采访时表示："合肥作为首个科技创新型试点市，就是要以提升创新能力为主线，集中力量实施技术创新、知识创新、产业创新等综合创新工程，逐步建成国际著名的科学城。"

由此可见，早在 10 年前，合肥就有了建设科学城的目标，这是合肥目光长远的战略决策。此后的合肥发展，正是走了一条"综合创新"之路。

合肥另一项颇具雄心的战略是，强化产学研合作机制，建设科技创新公共服务平台，促进科技成果就地转化，高新技术产业开始成为合肥发展的重要增长极。

合肥市科技局的一份报告认为，到 2008 年合芜蚌自主创新试验区启动建设时，合肥初步形成了一套推动创新型城市建设的政策支持体系，初步建立了服务创新的平台和推动以企业创新为重点的高新产业发展新机制。

当时，在宏观背景上，自主创新上升为国家战略。同时，安徽也迫切需要追赶发展，而安徽最大的优势是科教和创新。为此，2009 年，安徽省下大决心，自费建设合芜蚌自主创新试验区。多方争取后，国家同意比照北京中关村、上海张江、武汉东湖的政策，形成"3+1"自主创新试验区格局。7 年后的 2016 年 6 月，升级为合芜蚌国家自主创新示范区。这是合肥进入创新发展 3.0 时代的标志。

合芜蚌自主创新试验区启动建设后，合肥把握机遇，进一步整合创新资源，把科技创新、科产融合推向了更高层次。合肥创新发展也得到国家认可，2010年，合肥创新试点升级，获批为国家创新型城市。

"化学反应"

在合肥工业大学，有一句话广为流传："论文写在产品上，研究做在工程中，成果转化在企业里。"把这句话放在城市发展的语境中，就是合肥创新发展的又一撒手锏——"校城互动"。

以中科大先进技术研究院、合工大智能制造研究院、清华大学合肥公共安全研究院等为代表的"新型研究院模式"，是合肥创新发展的招牌动作。这个模式源于2012年5月时任合肥市委主要领导在中科大的一场演讲。

2012年，跨入"3000亿元俱乐部"的合肥，制定了"新跨越、进十强"和打造全国乃至全球有影响力的现代产业基地的战略目标。但要真正实现目标，合肥比以往任何时候都需要创新的支撑。于是，合肥市领导提出，要走好创新发展之路，迫切需要把科教资源转化为现实生产力，迫切需要知名大学的有力支撑。今后一个时期，是新技术大规模孕育突破、新产业大规模催生培植的"黄金期"，对合肥市和中科大而言，充满着合作空间。

2012年10月，中科大先研院挂牌成立，政产学研用体制机制改革大幕由此拉开。此后5年，合肥与省内外高校、院所相继成立了10多家新型研究院。这些新型研究院集聚了大批创新资源，在科技体制机制创新、科技成果转化方面都起到了积极的探索和推动作用，成为合肥市乃至安徽省的创新引擎。

与一线城市相比，合肥虽然在创新发展上不算早，但中期发力比较强，尤其是与大院大所的合作，下了很大决心，眼光很长远。而且合作领域非常宽，形成了一个完整的合作体系。通过不断探索，合肥形成了一系列可操作的院所合作模式，尤为重要的是，这些模式是经过实践、可落地的，对大院大所形成了很强的吸引力。

在谈合作的时候，合肥市一开始就把这些合作模式和成功案例摆在桌面上，很有感召力。从经济条件上来讲，合肥并不强，但是合肥有完整的支持思路、政策环境、产业基础、人才优势，以及前期成果的示范效应。

随着一大批院所和创新资源的聚集、扎堆，产生化学反应，量变引起质变，合肥的创新发展进入全国第一方阵。

到 2017 年，从产业与科创相互促进，到校城合作、新型研究院模式，再到创新导向的体制机制改革，各类创新要素和平台载体优势积聚在一起，形成一股强大的合力。再加上雄厚的国家实验室和大科学装置，合肥在城市角逐中胜出，成为继上海之后，第二个获批的综合性国家科学中心。从另一面来看，国家科学中心的获批，也是对合肥创新发展的认可。

顺势而生

国家科学中心获批之前，合肥已成功拿到多个国家级平台和战略。合肥成为集国家创新型试点城市、国家系统推进全面创新改革试验区、国家自主创新示范区、综合性国家科学中心、中国制造 2025 试点示范城市五大国字号创新品牌于一身的唯一城市。这标志着合肥迈进创新发展的 4.0 时代。

在这个新阶段，五大国字号创新品牌中，国家科学中心的含金量相对更高。2017 年 9 月，安徽省印发的《合肥综合性国家科学中心实施方案（2017—2020 年）》中明确提出，合肥将建设滨湖科学城。

滨湖科学城的建设，表面上看是国家科学中心建设的延伸，但有着更为深远的考量和战略意义。

安徽省委主要领导表示，建设滨湖科学城是全面落实国家科技创新整体布局、推进合肥综合性国家科学中心建设的重大支撑，是集聚安徽高端创新资源、推进"四个一"创新主平台和"一室一中心"建设、打造创新型省份的重大抓手。

从合肥市自身发展来看，由高速增长转向高质量发展阶段，科技创新深刻决定着一座城市的前途命运，滨湖科学城是新时期合肥以创新引领高质量发展的大手笔动作。

首先,滨湖科学城是合肥创新发展从分到统的必然要求。

合肥创新发展虽然取得显著成效,但多分散在不同层面中,科学中心是原始创新,合芜蚌是产业创新,全创改是制度创新。现在合肥亟须集成系统地推进创新,以达到 1 + 1 > 2 的效果。

其次,滨湖科学城体现了对创新认知的提升。现在更注重培育创新圈和创新生态,在滨湖科学城,全部资源围绕创新展开布局,是一个创新策源地的生态体系建设。

再次,滨湖科学城是产业发展与创新集聚的双向契合。通过近十年坚持创新驱动,坚定不移推进新兴产业发展,合肥实现科技创新、产业创新、制度创新的多点齐飞,产业与科技深度融合。这就要求城市在更高水平上推进产业升级,而今天的产业离不开科创的引领,滨湖科学城于是应运而生。滨湖科学城是城市集聚高端要素、在更高层面整合创新资源的必然要求。

从这个角度上说,滨湖科学城顺应了合肥创新发展的大潮,成为吸引高端要素的强磁铁,是各类主体愉快创新、愉快创业的乐土。八百里巢湖之滨,一股科学劲风,正在鼓起合肥高质量创新发展的风帆。

(作者:夏自钊;原载于《决策》2018 年第 11 期)

创新与产业的辩证法

"合肥这个地方是'养人'的,祝大家创新愉快!"

合肥以科教资源著称,与创新有不解之缘。乘火车抵达合肥站时,列车广播对合肥的介绍至今未变:"合肥是我国四大科教基地之一,是包公故里……"英国《自然》杂志在2012、2013年连续两年发布报告称,合肥的基础科研实力位居全国第三,仅次于北京、上海。

然而,曾经的科教优势并没有转化成城市竞争力,仅仅停留在"名片"上。如何发挥科教资源优势推动整体经济转型发展,是合肥一直在探索的重要命题。从全国唯一的国家科技创新型试点市,到"大湖名城,创新高地"的提出,合肥正在把创新打造成一个闪亮的城市品牌,更希望创新成为合肥立于不败之地的核心竞争力。

看似寻常最奇崛,成如容易却艰辛。合肥的创新探索之路经历了哪些崎岖?又突破了哪些瓶颈?创新基因是如何融入城市"血液"中的?

"引爆点"与平台经济

2013年9月,一批宁波籍企业家来合肥考察后,颇为感慨。让他们感到意外的是,合肥已经培育出多个新兴产业;让他们心生羡慕的是,合肥有如此雄厚的科研创新实力。

然而,曾几何时,合肥的名片仅仅是一张"科教基地",尽管坐拥中科大、合工大等名校以及众多国家级科研院所,却没有拿得出手的优势产业。科教资源不转化,就如同"捧着金饭碗要饭"。

过去产学研合作很难,存在资源碎片化、创新孤岛和科研成果转化最后一公里等难题。政府和高校的关系，无非是给点钱给点项目，其他没有什么好的方式。"痛点"在于各种体制的导向不一样，政府的导向、教育体制的导向、研究机构的导向、企业的导向难以融合，要打破困局，必须走协同创新的路子。

打造协同创新平台，合肥首先想到的是中国科技大学的资源。合肥与中科大，一个是全国唯一的科技创新型试点市，一个是享誉全球的高等学府。二者相得益彰，一拍即合。

2011年12月，首届合肥市与中科大市校联席会上，提出"大城名校"战略，双方第一次设想市校共建"科教创新园"。2012年4月，市校联合向科技部、教育部和中科院汇报规划，得到认同和支持。以"省院合作、市校共建"的原则共同推动建立，安徽省省长和中国科学院院长，共同担纲先研院建设领导小组组长。

中科大先研院的建设，可谓饱含各方寻求创新发展的决心。

中科大先研院既不是大学，也不是孵化器或产业园，而是介于企业、大学和产业园之间的"混合体"，是"无编制、无预算、无级别"的"三无单位"。而先研院正是希望用这种"混合体"，来打破政产学研互不相通的现状，以一种全新的机制体制，打通科技成果转化"最后一公里"。

所有研发创新单元一律契约化进入，协议约定技术开发成果。成果产出后，按协议约定评估成果价值，符合条件的迅速作价入股转变成资本运行。同时，将工程硕士培养与创新应用开发需求直接对接。在这一发展思路下，科技成果转化速度与效果大幅提升。

在先研院的建院宗旨里，有一条是"对接区域发展战略"。在合肥市政府有关负责人看来，建设中科大先研院，是着眼于合肥十年、二十年乃至更长时期的发展，希望其成为合肥新一轮转型发展的"引爆点"。那么，先研院能否承担起这个使命？

经过3年多发展，先研院推动了创新资源的进一步汇聚，成为引领合肥创新发展的"爆点"。截至2016年4月，已与英特尔、微软、阿里巴巴等知名企业共建了 36 个联合研发中心和实验室。集研究所、大学、企业孵化等多种功能为一体，创新种子汇聚成"智慧森林"，累计孵化企业达到 140 家，注册资本 6 亿元。

与此同时，通过先研院的带动，其他创新单元之间相互协作，加速了创新生态系统的扩大与完善。继中科大先研院之后，合肥先后成立了合工大智能制造技术研究院、中国科学院技术创新工程院、清华大学合肥公共安全研究院、安徽北大未名生物经济研究院等诸多创新平台。

高端协同创新平台是合肥推动创新的"牛鼻子"。研究院平台突破了科研成果产业化的"隐形藩篱"，推动产学研合作由短期、松散、单项向长期、系统、实体转变。今后，这些高端协同创新平台将成为合肥乃至安徽省未来新兴产业的制高点，正在加速形成优质的产业生态和创业生态。"这是源发性创新，而不是过去的加工制造生产基地。源在合肥，就可以在源的基础上不断提升、不断转化，这个非常关键。"一位区域经济专家分析认为。

"创新叠加效应"

在创新路径选择上，合肥市决策者极为务实。

合肥市科技局的调研报告分析说："合肥跳出了就科技创新抓科技创新的传统模式，坚持把培育发展战略性新兴产业作为创新型城市建设的突破口，以科技创新为动力促进产业转型升级，推进新型工业化进程。"这就是产业与创新相互促进的辩证关系。

现在合肥形成的局面是，一方面，众多创新平台紧扣合肥产业发展现实需求，创新平台自身延伸出相关新兴产业；另一方面，本土已培育出的新兴产业又与创新平台强强联手，再产生新的新兴产业，形成"创新叠加效应。"

比如，中科大先研院锁定微电子、健康医疗、新能源、新材料、量子信息等研究领域，涵盖合肥八大战略性新兴产业的半壁江山；清华大学合肥公共安全研究院结合公共安全产业园建设，初步形成"研究院 + 联盟 + 基金 + 园区"的公共安全产业推进体系。

从长远看，战略性新兴产业为合肥打造世界级产业集群奠定了坚实基础。合肥在一定程度上已经占据了新一轮产业革命的前沿，抓住了新一轮产业革命的先机，赢得了新一轮区域竞争的主动权。

在合肥的"十三五"规划中，创建综合性国家科学中心与产业创新中心并列提出，按照创新与产业融合推进的规划，国家量子中心、超导核聚变工程、空地一体化网络、联合微电子中心、中俄超导质子研究中心、分布式智慧新能源集成创新平台等六大中心，将与六大协同创新平台共同发力，形成创新活水和产业源头。

六大中心建设对国家综合性科学中心建设将会产生很大的推动，这些平台不仅发挥技术引领的作用，也将带动一大批产业。六大中心建成后，合肥在全国的科技地位和产业优势，会有很大提升，由此进入全国第一方阵。

过去，坊间喜欢将合肥与深圳做对比，调侃合肥的创新都在实验室里，而深圳的创新主体是企业。然而，最新一组数据颠覆了这种认知。2015 年，合肥国家高新技术企业增长到 1056 户，在省会城市中的位次由第 12 位上升到第 7 位；国家级企业技术中心 34 个，数量居全国省会城市第 1 位。

同时，合肥市的研发机构数、研发投入额、研发人员数、授权专利量中，企业占比均超过 70%，合肥市将其概括为"4 个 70%"，这与深圳同在一个水平上。

10 年来，合肥坚持企业是技术创新的主体，引导和支持创新要素向企业集聚，形成"1+3+5"政策体系，"真金白银"支持高新技术企业，给实现梦想的土壤持续提供养分。为发挥创新基金的引导作用，合肥建立基金风险容忍和尽职免责机制，天使投资基金风险容忍度提高至 30%，这一数字在全国范围内也是遥遥领先。

大科技、大创新

在科大讯飞的产品展示厅里，每个人都会感受到智能语音的魅力：对着电视说出想看的电影名称，屏幕马上就开始播放；开车在外一声令下，车载系统就能代发短信、代拨电话；出国不用带翻译，下载一个灵犀语音助手，多种语言可以同声传译；对着机器人说话下指令，就可以直接控制空调、窗帘、加湿器等数百款智能家电。

智能语音产业的"扩散效应"，让传统家电产品插上了智慧的翅膀，也成为合肥创新的一个真实写照。

作为创新的起点，2004 年，合肥被国家列为全国唯一的"国家科技创新型试点市"，彼时这是一项难得的荣誉，更是一道全新的考题。

试点无先例可循，但要试就要动真格。合肥市首先从破除科技体制机制的沉疴入手，打破长期以来科技"养在深闺人未识"的积弊，明确提出科技必须面向经济一线。

在科技管理体制上，合肥在全国率先打破科技资源配置"政出多门"的积弊，将科技创新从部门工作上升到市级层面，专门成立合肥市自主创新领导小组，建立高层面、跨部门的科技管理体系，统筹协调各部门开展创新工作。每年将创新型城市建设目标任务分解到全市 25 个相关部门，作为党政领导和部门重点考核内容，实现科技资源配置从部门"小科技"向全市综合"大科技"转变。

那么，"大科技"的"大"体现在哪些方面呢？

首先，合肥把科技创新定位于经济社会发展引擎，将科技创新的职能定位从多元化科技向经济建设主战场转变。其次，在管理上把科技部门作为经济类职能部门，科技工作从"虚"到"实"。第三，合肥改革了科技计划体制，从单纯的抓项目科技向抓产业科技转变。同时，在工作方式上转变理念，从管理科技向服务科技转变。

更重要的是，合肥跳出科技看创新，合肥过去 10 年的快速发展，根本上是通过体制机制改革激活了城市的人力资源和创新要素。首先是通过改革激活了公务员队伍，激发出干部队伍干事创业的激情，倒逼式提升他们的发展能力。其次是治理者的素质和能力提升后，城市对企业家和各类人才的吸引力就会倍增，从而吸引创新创业要素的集聚。

但制度改革不是凭空而来的，其源头和前提是解放思想，直面差距和短板，务实分析，找到对策。安徽省政府发展研究中心一份名为《合肥创新实践经验与启示》的调研报告中指出："合肥在对自身历史现状和比较优势的深刻认识中，对自身在区域发展格局中的定位客观分析的基础上，清醒地认识到，因循守旧、亦步亦趋没有出路，唯有坚持解放思想，改革创新，敢字当头，敢走新路，敢破难题，才能实现后发赶超。"

过去10年，合肥将创新渗透进城市经济社会发展的各个方面，实践表明，后发地区实现跨越赶超，必须以理念创新引领发展实践，在与时俱进的发展实践中不断拓宽发展思路，创新发展举措，激发发展活力。这也是合肥的一个显著特点。

（作者：夏自钊；原载于《决策》2016年第5期）

"三链融合"的合肥方略

2018 年 11 月 1 日，英国《自然》增刊《2018 自然指数—科研城市》发布的最新排名显示，合肥入选全球科研城市 50 强，排名第 27 位。中国科学院和美国等多国大学联合推出的一份研究报告还显示，合肥入围全球发展最快的城市 20 强，位列第 12 位。

在发展速度的背后，合肥经济的高科技含量和高质量更是迎来外界点赞。从 2004 年建设创新型试点市开始，合肥在创新之路上奋起直追，努力实现变道超车：从当初平凡无奇的小"县城"，到"大湖名城，创新高地"，再到如今的长三角世界级城市群副中心、综合性国家科学中心，后发型省会合肥是凭什么厚积薄发的？

政策资金链：真金白银的撬动效应

2018 年 7 月，合肥若森智能科技有限公司总经理桂万如收到了合肥高新区发放的 8 万元合创券额度。这家由中科大先研院孵化的小微企业，初创刚刚一年多时间，8 万元无疑减轻了他们的创业压力。

合肥高新区作为合肥滨湖科学城的核心承载地之一，其首创的合创券是合肥深化科创体制改革的一个缩影。回望合肥的创新发展历程，在科技成果转化取得丰硕成果、高新技术产业蓬勃发展的同时，合肥进行了一系列领先全国的体制机制创新，前瞻的制度供给，成为合肥创新发展的"催化剂"。

首先，科技成果产业化，资金的支持不可或缺，钱从哪里来？

2014 年 5 月，合肥在全国率先改革科技投入体制，转变政府支持方式，构建形成了以创新为核心的"1+3+5"政策体系。该政策体系的创新体现在，对分散在各部门的产业扶持政策和资金进行整合，杜绝了"撒胡椒面"和"九龙治水"的弊病，形成了统一规范的政策体系。经逐年修订完善，"1+3+5"政策体系的成熟度、知晓度不断提升，已成为推动合肥创新发展的重要抓手。

除了政府的资金投入，合肥还充分发挥政府"有形之手"和市场"无形之手"的作用，为"最后一公里"搭建桥梁，重点解决成果转化融资难问题。

通过采取"母基金"的运作模式，合肥围绕优势主导产业和战略性新兴产业，重点支持初创期企业科技成果转化，目前引导基金总规模达447亿元，其中社会资本出资368.3亿元，放大倍数为1∶4.7，在省会城市中位居前列。近年来，合肥每年凝练一批重大科技攻关项目，瞄准"最后一公里"难点，集中资金重点支持。

合肥市科创政策和体制创新，还体现在政策统筹和有效衔接上，在政策"合力"上下功夫。2015年，安徽省成为系统推进全面创新改革试验省后，合肥市出台相应的实施方案，重点围绕政府管理、企业创新、源头创新、人才集聚、金融服务等方面加强改革探索。细数合肥的改革"靶点"，无一不是创新发展的关键环节。

同时，在安徽省层面，也出台了力度颇大的政策。2017年年底，安徽省决定设立总规模为300亿元的"三重一创"产业发展母基金，专设规模为100亿元的量子科学产业发展基金，这是金融科技对量子科学的一次强力助推。

真金白银的资金支持，为合肥的基础科研注入源源不断的动力，量子信息科学国家实验室、超导核聚变中心、合肥离子医学中心等7大中心，中科大先进技术研究院、清华大学合肥公共安全研究院、中国科学院技术创新工程院等新型研发机构，以及与北航、哈工大、广州能源所、工信部电子所等合作共建的一批重大创新平台，正在实现从无到有、从小到大的嬗变。舞台已搭好，谁是创新大戏的主角？

人才创新链：最活跃的"集团军"

2008 年以来是合肥高速发展的十年。在这十年里，人称"哈佛八剑客"的 8 名博士，先后从美国来到合肥科学岛，组成中科院强磁场科学中心的核心科研团队。如今，"国之重器"稳态强磁场真正成了吸引人才的强磁场。如此多高端人才放弃海外优越条件来到合肥，合肥的吸引力到底是什么？

多年来，合肥市一直坚定不移地实施人才优先战略，已经成为一方"养人"沃土。通过深化体制机制改革，构建协同创新平台，合肥从全球集聚创新要素。同时，优化人才资源配置，推动创新才智充分涌流，真正把滨湖科学城打造成近者悦、远者来的一方天地。

在滨湖科学城的人才集团军中，首先是高端的领军型人才。

2016 年 1 月，清华大学合肥公共安全研究院正式运行，梁光华回到了合肥。作为一名合肥人，浓厚的创新氛围让他对清华在合肥发展充满信心。而且，合肥近几年的科研投入很大，早在 2009 年，就把公共安全产业作为战略性新兴产业，这在全国是最早的，这是清华选择合肥的重要原因之一。

而研发与产业从来都是不可分割的，否则研发就永远停留在论文里。因此，好的企业管理者，成为两者之间的"桥梁"，在留住高科技研发人才的同时，合肥主动"引凤入巢"，吸引企业家资源。这是滨湖科学城建设的第二支人才主力军。

姚和平是安徽安利新材料科技股份有限公司董事长，1987 年，他回到合肥，那时的安利是安徽省第一家中外合资企业，由于缺少管理型人才，经合肥市委组织部推荐，姚和平进入安利。30 年的商场沉浮，姚和平带领安利闯过了一个又一个难关。如今的安利，已跻身中国驰名商标行列，成为国家火炬计划重点高新技术企业和安徽省创新型企业，建有国家级企业技术中心。

如果说高端研发人才和企业家是大树，那么一大批专业技术人员就是合肥这方沃土上的丛林。这是第三支人才集团军。

据统计，合肥高校拥有在校生 60 多万人，各类专业技术人才近百万人，每万人中专业技术人员数位居全国前列。对于人才，合肥一直求贤若渴。围绕产业转型，在《安徽省人才工作 10 条》的基础上，量身定制了《合肥市人才工作 20 条》，以"亲才"之态，有针对性地招才引智，三类人才共同构成了合肥的创新人才链，成为合肥建设滨湖科学城的最活跃因子。他们的创新创业，带给合肥的最大效应是产业发展。

产业价值链：跨越发展的第一支撑力

2009 年，因产业结构调整，京东方谋划建设液晶 6 代线，却被多地婉拒。合肥市决策者力排众议，引入京东方，并做出了一个现在看来依然需要足够远见和魄力的决定：市财政拿出 150 亿元，以参股形式全力支持京东方发展。

京东方没有让合肥失望。它的到来，集聚并带动了上下游 100 多家企业落户，新型平板显示产业的航母，从合肥新站高新区起航。2015 年，合肥平板显示产业营业收入突破千亿元，形成了"从沙子到整机"的完整产业链。如今，合肥成为全球唯一拥有 6 代线、8.5 代线和 10.5 代线三条高世代线的城市。

通过一个大项目，带动一个产业，构建一条产业链，打造一个产业集群，合肥形成了"满园春色"的产业景致。在招引大项目的同时，合肥本地科创资源的转化，也上演着产业奇迹。其中，由科研之花收获产业之果的典型案例，是智能语音产业。

作为合肥滨湖科学城创业创新的一个范本，从 1999 年开始，智能语音产业见证了合肥创新发展的全过程。2006 年，这家合肥的企业震惊了国际语音界，在国际语音合成大赛上，科大讯飞夺冠。此后 12 年间，科大讯飞 12 次夺魁，也从一个大学生创业企业，成为亚太地区最大的智能语音和人工智能上市公司。

在智能语音领域，合肥有话语权。中国声谷作为工信部与安徽省政府

111

共建的部省重点合作项目，是全国首个定位于人工智能领域的国家级产业基地。截至目前，科大讯飞、华米科技、新华三、金山软件、神州泰岳等近400家企业入驻中国声谷，形成了从基础理论研究、平台支撑、技术研发到智能产品应用一条完整的人工智能产业链。2018年1—9月，中国声谷实现产值480亿元，增长29.5%，在建产业化项目479项，总投资114亿元，增长35%，人工智能企业数量同比增长两倍。

在一批支柱产业和龙头企业纷纷崛起的同时，合肥市政府充分发挥"有形之手"的作用，在科创资源、产业资源、企业资源、人才资源之间穿针引线，努力搭建产业技术创新平台。

合肥以龙头企业为主体，联合高校院所，建设了平板显示、新能源汽车、公共安全、集成电路、轨道交通、机器人等22家产业技术创新战略联盟。与此同时，合肥在企业研发平台建设上也迎来丰收。截至目前，合肥拥有重点实验室、工程（技术）研究中心、企业技术中心等各类研发机构超过1300家。

在科技型龙头企业、产业技术创新战略联盟和众多企业研发平台的带动下，新型显示、智能语音、新能源汽车、集成电路、生物医药、机器人、量子通信……一批战略性新兴产业，开始打上"合肥造"的烙印。2017年，合肥高新技术企业增长309户，总量达1666户，居省会城市第7位，发明专利申请量达32828件，居第4位，发明专利授权量4917件，居第7位。全市高新技术产业增加值增长12.8%，发明专利拥有量增长28.16%，技术合同交易额增长19.9%。

产业、人才、平台、政策"四位一体"，让创新成为合肥的城市气质和独特基因。这也是合肥之所以能够建设滨湖科学城的最大底气所在。

（作者：安蔚；原载于《决策》2018年第11期）

"科大系"做对了什么

"高学历、高智商、高成长，有梦想、有激情、有冲劲。"

"坐得住冷板凳，下得了苦功夫，有十年磨一剑的决心。"

"干的项目很'硬核'，有前景，能赚钱，既有爆发力，也有耐力。"

这是政府官员和投资人，对"科大系"在安徽创新创业的真实感受。

在安徽，以中国科学技术大学形成的"科大系"是一块响当当的招牌，甚至已经成为人工智能、量子科技等领域的金名片，涌现出科大讯飞、科大国创、科大智能、国盾量子等多家上市明星公司，形成了极具辨识度的产业地标。

这是"科大系"创造的"硬核"成绩，为安徽特别是合肥的快速崛起增添了几分传奇色彩，也为安徽打造"科大硅谷"增加了底气和信心。

人们欣喜地看到"科大系"在安徽创造的"科大现象"，更热衷于探寻背后的密码，"科大系"究竟是怎么做到的？

院士的一次报告会

要回答"科大系"为什么能做到，首先要从一个"科大系"学生在安徽创业的故事说起。

当然，外界都知道"科大系"在安徽创业的标杆性人物——刘庆峰，他一手创立了科大讯飞，成为全国在校大学生创业首家上市公司，随之而来的创业故事铺天盖地，大家耳熟能详，不再赘述。

这里来说一位 90 后"科大系"贺羽的创业故事。

相较于刘庆峰，贺羽创业时的年龄更小，第一次创业时还未成年。更神奇的是，贺羽创业的动机竟源自他的导师、中科院院士杜江峰的一次报告会。

当时，贺羽在中科大念大二，杜江峰在一次报告中讲到，他们去国外买仪器，对方要价几百万元，等他好不容易把钱筹齐了再去买，对方却在现场涨价。后来，这台仪器出现了故障，等零件从国外运回来修好，又花了足足半年。

台下听报告的贺羽被这几句话击中了。"当天晚上我就夜不能寐，第二天我找到杜老师，跟他说，这个事我一定要干。"

于是，贺羽开始了第一次创业，从教学类仪器入手。然而理想很丰满，现实很骨感，用贺羽自己的话说，"完全失败了"。

贺羽很不甘心，很快尝试了第二次，并尝到了一些"甜头"。到了博士阶段，贺羽进入中科院微观磁共振重点实验室参与科研工作，实验室在大型科学仪器、关键核心器件的研制领域深耕二十余年，多项技术、产品取得重大突破。

2016 年年底，在学校和实验室的支持下，贺羽在合肥创办了国仪量子公司，主攻量子精密测量。这一次，贺羽准备很充分，他坦言："已经把所有的坑都走了一遍，此前的所有经历都是为了这一次做准备。"国仪量子公司发展迅速，很快便获得了资本的青睐。

也是在 2016 年，在中科大读硕士的韩东成，与同学范超联手创立了东超科技有限公司，凭借自主研发的空中成像技术，很快声名鹊起。

国仪量子与东超科技，代表了"科大系"创业的两种不同类型。一个是师生联合创业型。这一类的典型，还有潘建伟带领学生彭承志等人创办的国盾量子，郭光灿与学生韩正甫、郭国平等人成立的问天量子和本源量子。郭光灿、杜江峰、潘建伟三人在业界有个响亮的称号："中科大量子 GDP"。

另一个是学生创业型。这一类型不仅有在读或毕业大学生，也有在外闯荡一番回到安徽创业的，最知名的当属华米科技创始人黄汪，更有海外归国的"科大系"，仅在合肥高新区，就先后落户欧普康视、纯源镀膜、硕金医疗等"科大系"海创企业 80 余家。

除了这两种类型，"科大系"创业还有两类也具有代表性。一类是院士高层次人才团队创业，比如由谢毅院士领衔，知名专家、教授、博士组成的高科技团队孵化的面向节能领域的高科技企业——安徽科昂新材料科技有限公司。

另一类是科大教师创业，典型的是由中科大激光显示研究团队与合肥高新产业投资集团联合成立的合肥全色光显科技有限公司。

四种主要类型，组成了"科大系"在安徽的创业"军团"。据不完全统计，仅在合肥的"科大系"企业就有近 300 家，一大批企业掌握了核心科技，其中的科大讯飞、科大国盾、华米科技等企业，更是成为各自领域的佼佼者。

"不鸣则已，一鸣惊人"，这就是"科大系"的实力和魅力所在。更让人期待的是，在外界眼中，"科大系"不仅强在当下，更能赢在未来，未来将汇聚起一股"洪荒之力"。

很多投资人就看到了这一趋势和现象，并大胆预言："未来三年，随着'科大系'企业的不断发力，安徽上市公司还会有一个迅速的拉高。"

一些"科大系"校友惊讶地发现，他们的企业在资本市场上被"疯狂追捧"。

为什么这么说？

资本看中的是什么

都说创业是一场苦旅，苦就苦在会遇到很多的难题，还要一一解决这些难题，这是一个经济多方面要素相互衔接、耦合的复杂过程。

这里面涉及的因素很多，但重点是如何借助资本的力量。

正所谓"钱不是万能的，但没有钱是万万不能的"。如果有了资本加持，能够"烧钱"，创业公司更加容易激发潜力和动力，更快占领市场，获得成功。

纵观世界上著名的大企业、大公司，都是在某个时期以某种方式甚至自始至终是通过资本运营发展起来的。

就拿"科大系"企业来说，科大讯飞从注册资本 300 万元到市值 1000 多亿元，从鲜为人知的学校实验室，到亚太地区最大的智能语音与人工智能上市公司，就非常有代表性地说明了资本的力量。

国仪量子公司成立至今，已累计完成数轮融资，获得近 10 亿元资本加持，汇聚了讯飞创投、科大国创、高瓴创投、同创伟业、博时创新、火花创投、国风投基金、中国科学院资本、IDG 资本、合肥产投、松禾资本、前海母基金等一众知名企业和投资机构。

东超科技也备受资本青睐，刚刚完成了由鼎元资本独家投资的 1 亿元 Pre B 轮融资，这也是东超科技公司成立以来的第五轮融资，累计获得近 2 亿元。

资本都是逐利的，在投资上都会用脚投票，为何对"科大系"企业如此青睐？直白点说，企业为什么能从投资人手里拿到钱？

长期关注并支持"科大系"企业的国元证券股份有限公司，给出了现身说法。

在安徽，国元证券堪称投资界的一张靓丽名片，资本市场上 150 多家安徽上市公司中，有一半以上由国元证券提供投资业务支持。

科大讯飞、科大国盾、科大国创、科大智能……一大批"科大系"企业，都离不开国元证券的"资本推手"。

他们看中了"科大系"企业什么？

国元证券股份有限公司负责人分享了三个心得：看人，看技术，看行业前景。

先看人。投资界有一条铁律：投资就是投人。因为创业者是否靠谱，是初创企业能否成功的决定性因素。有的投资人就认为，"人是核心竞争力，什么事都靠人做，'科大系'自身有加成，典型的高智商，有梦想，有坚定的意识，有拼劲，遇到困难会迎难而上"。

再看技术。一个企业有没有自己的核心技术，是未来能否做大做强的关键，也是资本市场颇为看中的重点，而"硬核科技"恰好是"科大系"的鲜明特征。

这与中科大的一种独特气质——能坐冷板凳相关。

很多人可能不知道，现在很火的人工智能、量子技术，其实放在 10 年前、15 年前，都是很冷的项目，但这么多年中科大人一直在坚持，才会有如今的厚积薄发。

合肥中科国金瀚海科技管理有限公司负责人认为："衡量一个企业的大小不在于产值，而是在于产业上的深度。科大人数理化强，坐得住冷板凳，创新的技术十分硬核，创业不仅积极响应国家科技创新战略，一些企业更是代表了技术前沿。"比如，东超掌握了可交互空中成像技术，国仪量子拥有量子精密测量核心技术。

最后看行业前景。有投资人认为，一个好的赛道，一是成长空间大，如果一个行业未来产值只有十亿元，那就只能容下几家企业，没有成长性；二是行业属性好，如果一个行业未来产值达到一千亿元，就能容下十几家乃至上百家企业，发展的天花板很高。通俗点说就是"长长的雪坡，厚厚的雪"。

以国仪量子主攻的高端科学仪器行业来看，据估算，全球科学仪器的市场规模可达数千亿美元，科学仪器行业已经孕育出多家"世界 500 强"。

而我国高端仪器主要依赖进口，每年购买国外科研仪器设备的投入在 400 亿美元以上，成为被"卡脖子"的代表性行业之一，市场空间巨大。

回过头来看，成功的"科大系"上市公司，都有"人靠谱，技术硬核，行业前景好"的共同特点，进一步助推了被资本市场追捧的热度。

这就是"科大系"的成长力和爆发力。有投资人说，"科大系"企业的发展势头，就像一团向上的火焰。

如果在这个时候，再添"一把火"，又会是一个怎样的景象？

再添"一把火"

这把"火"正在被点燃。

安徽省明确，"十四五"期间，要将"科大硅谷"打造成战略性新兴产业集聚地的示范工程，到 2025 年，"科大硅谷"汇聚中国科学技术大学和国内外高校院所校友等各类优秀人才超过 10 万名。

要实现这样的目标，就离不开"科大系"的鼎力相助。

中国科大作为国内唯一的一所理学全部是 A 或 A+ 学科的高校，培养的人才遍布国内外，在中国资本圈流行一种说法，科创板上市企业一半都有科大基因。

以当前最火的 AI 行业来看，科大人创办的企业占到半壁江山，外界熟悉的商汤科技创始人汤晓鸥、云从科技创始人周曦、寒武纪创始人陈云霁和陈天石、云知声创始人黄伟，都毕业于中科大。

这些企业都不在安徽，试想一下，如果这一批"科大系"企业能投资落户安徽，安徽又将变成什么景象？

不妨看看浙江，在浙江经济发展中，"浙大系"已成为浙江创新创业的一张"金字招牌"。

2017 年，浙江大学曾调查了 2597 位浙大创业者相关数据信息，其中包括上市公司现任董事长、总经理级别 419 位浙大系企业家，共掌控 393 家上市公司（含 A 股、海外、新三板），总市值 65856.41 亿元。

更让外界惊讶的是，在上市公司中地域分布上，浙江占比高达 62.76%，成为浙江经济高质量发展的重要内在驱动力。

回过头来看，"科大硅谷"的这一目标，就是要留住中科大的毕业人才、吸引在外中科大人才回归创业，让安徽的"科大现象"更加璀璨地绽放。

道理很简单，但安徽想要诞生下一个"硅谷"，就必须把"科大系"创业的舞台搭建好，毕竟创业从来都不是一蹴而就的事情。特别是与沪苏浙的创业环境相比，安徽还存在一定的差距。

实际上，这些年，安徽一直在营造良好的创新创业生态环境。具体到"科大系"上，无论是中科大还是安徽，都是用心良苦、诚意满满。

在中科大，为了鼓励学生创新创业，2020 年中科大在国内高校中首创了"学生创新创业基金"，并组建学生团队负责基金管理，铸造学生创新创业的灵魂。

让学生自己管钱、自主选择投资项目，会不会徇私舞弊？

答案是否定的。围绕双创基金，中科大组建两支学生管理团队，相互"较劲"和"攀比"，让学生从"创业者"和"投资人"的不同视角，加深对创新创业理念的领悟。

在"科大系"创业主阵地合肥高新区，不仅提供青创基金、天使投、VC、担保等多维科技金融服务，更创新推出"科大校友创业贷"，备受好评。

为感召更多"科大系"在安徽创新创业，安徽拿出了超过5亿元的资金支持，让更多的人进入"创业的漏斗"，提升最后触底的概念。

投资界有句话，绝大部分都会十投九空，但只要有一个项目成功，就能赚得盆满钵满。

不仅于此，安徽还大手笔启动建设中国科大科技商学院，培养专业化复合型人才。

毕竟，人不可能十全十美，对于数理化强的"科大系"而言，显得尤为重要。

创业中，不少人遇到一个突出问题，就是缺少专业化的科技中介服务和经纪人队伍，缺少一大批懂科技、懂产业、懂资本、懂市场的科技产业组织人才。

可以说，专业化复合型人才将补上从科创到产业的中间人才断层，为"科大系"创新创业助上一臂之力。

最让"科人系"振奋和鼓舞的，还是安徽"新春第一会"提出的"一改两为五做到"，向全省发出了改作风、办实事、优环境的动员令，并开展"新春访万企、助力解难题"活动。

"省委春节上班第一天就在全省部署改作风、办实事、优环境工作，可见安徽对打造一流营商环境的决心和魄力。"参加接访活动的贺羽，更加坚定了做大做强企业的信心。

　　"'水大鱼大'，随着安徽'三地一区'的打造，科大的发展，'科大硅谷'的建设，'科大系'在安徽创新创业，已经迈入最好的时代。"一位"科大系"企业负责人兴奋地说。

（作者：姚成二；原载于《决策》2022年第4期）

安徽在下一盘大棋

2021 年 7 月 16 日，芜湖私募股权投资大会召开，这是安徽省 16 个地市中首次召开的私募股权大会，来自沪深股市专业人士、私募基金经理人、企业家和地方政府领导等齐聚一堂。芜湖首开先河的背后，是安徽正在全省展开的一场专项行动：计划用 1 年时间，在全省范围内开展一次大规模、系统性的资本市场业务培训，培训 1 万家企业。

万家企业资本市场培训专项行动的启动仪式在 2021 年 6 月 24 日举行，安徽省委书记批示，安徽省长亲自讲授第一课。时间仅过去了短短一个月，已有 60 多场各类活动在安徽各地展开，这场专项行动对安徽的深层影响，正在逐步显现。

透过一场培训，我们跳出安徽看安徽，更能观察到其背后的深意。

放大坐标看安徽

从区域经济看，资本市场的活跃度很大程度上决定着区域经济的发展活力。对标沪苏浙，安徽在多层次资本市场的总量、结构和氛围等方面，存在短板。

上市公司代表一个区域和城市的核心竞争力，首先从上市企业总量来看，截至 2021 年 7 月中旬，沪苏浙分别有 A 股上市公司 363 家、521 家、561 家，安徽为 135 家，安徽分别是沪苏浙的 37.2%、25.8%、23.9%。新三板挂牌企业沪苏浙分别为 560 家、900 家、653 家，安徽为 267 家，仅占沪苏浙的 47.7%、26.7%、40.9%。

不仅总量少，安徽企业的上市节奏也偏慢。根据安徽省金融监管部门发布的统计数据，安徽在审企业分别仅是沪苏浙的 40%、23%、26%；在辅导企业分别是沪苏浙的 29%、20% 和 21%，还不到三分之一。

其次从资本汇集能力来看，据安徽证监局统计，截至 2021 年 6 月底，私募基金管理人沪苏浙分别有 4603 家、1177 家、2881 家，而安徽仅有 223 家，仅相当于上海的 4.8%，浙江的 7.7%，居全国第 18 位、中部第 4 位；安徽备案私募基金产品只有 916 只，居全国第 14 位，管理私募基金规模 3026.3 亿元，居全国第 10 位。

再融资规模代表着一个地方的多层次资本市场运用能力。先看再融资总量，2020 年，安徽上市公司再融资规模仅占全国的 2.25%，低于上市公司的全国占比（3.21%），也低于安徽省地区生产总值（GDP）的全国占比（3.82%）。

再从单个企业的再融资额来看，据安徽上市公司蓝皮书研究团队的梳理，截至 2020 年年底，安徽有 30 家上市公司再融资额高于平均值，较 2019 年新增 6 家；排除 20 家新上市公司，有 55 家上市公司再融资额低于 10 亿元，有 32 家从未进行过再融资。从 2016—2020 年的近五年再融资总额上，排除 20 家新上市公司，多达 58 家上市公司五年间未进行过再融资。

最后从 2020 年度新增再融资表现看，共有 7 家上市公司进行了再融资，再融资总额为 94.4 亿元，其中国元证券再融资额为 54.3 亿元，占比超过一半。由此可见，安徽上市公司直接融资呈现两极分化现象，多数上市公司的再融资能力较弱，安徽资本市场融资功能未得到充分发挥。这直接体现在安徽的证券化率较低上，2020 年，安徽省证券化率 51%，而沪苏浙分别达到 210.11%、60.99% 和 103.62%。

三个"1% 之痛"

8559 家，这是安徽省科技厅发布的 2020 年安徽省高新技术企业数量，安徽居全国第 10 位。但如果深入高新技术企业的内部结构来分析，其中的上市公司只有 85 家，占全省高新技术企业的比重仅为 0.99%，不足 1%。

这在一定程度上造成安徽在科创板、创业板上市的企业总数低于沪苏浙。截至2021年7月，安徽在科创板上市公司13家，而同期沪苏浙分别是43家、58家、25家，安徽不仅低于上海、江苏，而且只是浙江的一半。

另一个"1%"，体现在上市公司的区域结构中。

先从安徽省内区域来看，上市挂牌资源主要集中在合肥、芜湖等城市，皖北、皖西地区资本市场发展薄弱。在阜阳、亳州、宿州三个皖北大市中，宿州因1家上市公司退市，目前为零；阜阳、亳州分别仅有1家上市企业，占全省的比重不到1%，这与阜阳、亳州、宿州的市域面积总量、人口总量占全省的比重差距明显。皖北地区的蚌埠、阜阳、宿州、亳州、淮南、淮北等6个地市合在一起，上市公司仅有13家，占比不到安徽省135家的10%！尤其是在县域层面，皖北县域至今没有实现零的突破，包括具有一定特色产业集群的县域，多年来都没有产生一家上市公司。安徽上市企业最多的县域是宁国，诞生了7家上市公司。

再从全国上市公司500强的区域布局来看，安徽同样不占优势。截至2021年6月30日，上市企业500强中，北京100家、广东72家、上海63家、浙江38家、江苏24家、山东、福建各14家，安徽只有9家，与同在长三角的沪苏浙差距明显。从500强上市公司头部企业的城市分布来看，据21世纪数据新闻实验室统计，截至2021年6月30日，万亿元级市值公司已达13家，千亿元级市值公司达到254家。在13家万亿级市值公司中，上海、杭州各有1家。在千亿元级市值公司中，同在长三角的上海25家、杭州7家、南京4家、宁波4家、无锡3家，而合肥、芜湖分别只有2家，占比不到千亿元级市值上市企业总数的1%。

再换一个角度，从长三角主要城市分布来看，截至2021年6月，合肥有A股上市公司62家，同期的杭州是179家、苏州159家、南京98家、宁波100家、无锡96家，不仅数量都在合肥之上，且市值都突破1.2万亿元，均高于合肥。其中，无锡市下辖的江阴有32家上市公司，而合肥市下辖的县域中，最多的是庐江县3家，仅为江阴的十分之一。

在长三角主要城市中，最活跃的是杭州。截至 2021 年 7 月，杭州有 A 股上市公司 179 家，2017 年是杭州企业上市最多的一年，有 26 家上市；2021 年仅在前 7 个月，就有 18 家上市，有望再创年度新高。而且，杭州上市公司市值突破 8 万亿元，在长三角仅次于突破 12 万亿元的上海，排名全国第 4，处于第一方阵。

唤醒资本意识

从长三角和安徽省内两个视角分析都发现，上市公司区域分布不均衡的背后，是安徽企业家和领导干部的资本意识和运用能力不强。

一位县领导概括为"不想、不愿、不会、不能"，造成对资本市场的认识不足，运用多层次资本市场的能力不强，直接影响到资本驱动各类要素互动耦合的投融资生态没有建立起来，进而造成技术、市场、企业、资本四个要素无法形成良性闭环。正如安徽省政府主要领导在首期资本市场培训班上指出的，不会充分利用资本市场，"企业发展就像没有翅膀，飞不起来"。

怎么办？用培训唤醒资本意识的专项行动，已在安徽启动。

2021 年 6 月 24 日，安徽省政府主要领导在培训开班式上强调："万家企业资本市场培训，是全面提升政府和企业利用资本市场的意识和能力，促进企业与金融资本加强互动，促进资本市场要素在安徽加速整合的有力抓手。"

国内知名创业投资机构基石资本创始人、董事长张维的一番话，说出了培训的重要意义："省委书记批示、省长出席并讲话，省级党委、政府对资本市场业务培训工作如此重视，从全国看也不多见。这传递了安徽坚定'用市场的逻辑谋事、用资本的力量干事'的信号和决心，展示了安徽'全面提升政府和企业利用资本市场的意识和能力'的切实举措，反映安徽务实推进高质量发展的良好形象，我们对安徽资本市场发展和自身在安徽的发展充满信心！"

培训启动后，全省市县政府和省直部门迅速行动，形成了浓厚氛围，16

个地市均举办了培训活动，有的达到了11场；培训场次密集，短短1个多月累计开展60场，日均2场；而且，培训活动类型多样，结合企业对接多层次资本市场所处不同阶段，共举办基础培训27场，专项培训28场，深度培训3场，冲刺培训2场，累计培训企业超过4600家。安徽省地方金融监管局建立培训企业库，入库企业超过13000家。同时，建立专家师资库和培训课程库，目前已汇聚30多位师资，入库课件超过100门。

但改变观念意识不能一蹴而就。复旦大学中国风险投资研究中心负责人等多位资本市场研究专家分析认为："从沪苏浙的发展经验来看，发展利用多层次资本市场是一个系统工程，改变观念树立金融思维，建立资本生态，需要3~5年的时间。"

可贵的是，安徽已经出发。再远的路，只要坚持前行终能到达。

皖江之畔，正在建设安徽省域副中心城市的芜湖，不仅用私募投资大会推动企业家和领导干部资本意识的提升，还持续开展了一项别具一格的活动——政企"畅聊早餐会"。截至2021年7月24日，已连续进行了16场，芜湖市委书记、市长与67位企业家面对面品尝特色美食、畅谈"双招双引"和资本力量与平台思维。如今，这已成为芜湖市的一张"新名片"。

一堂课是一个专项行动的起点，一场早餐会是一座城市深层改变的开始。当所有力量叠加在一起时，释放出的乘数效应，就是资本市场"安徽板块"的磅礴动能。

（作者：王运宝；原载于《决策》2021年第7期）

安徽是如何导入"资本思维"的

一场发展利用多层次资本市场的火热浪潮，席卷江淮大地。

"让懂资本、用资本成为全省干部的鲜明特质。"2021年5月以来，从召开省政府专题会议、启动全省万家企业资本市场业务培训专项行动，到2021清华五道口金融发展论坛，一系列密集布局，不仅凸显了安徽雷厉风行的实干作风，更展现了安徽抢抓机遇、利用资本市场推动新一轮发展的强烈决心。

在安徽省委、省政府强力推动下，各地各有关部门积极行动，仅仅一个多月，就开展了60多场培训和论坛活动。各类企业和金融机构热烈响应，一大批专家智库、资本大咖和产业精英风云汇聚。全省推动高质量资本市场建设"其势已成"，安徽乘势而上实现新的更大发展"其时已至"。

造势与谋事

思想是行动的先导。安徽发展利用资本市场不足，首先是领导干部和企业家运用资本市场的意识和能力不足。特别是普遍存在利用资本市场"不愿、不想、不会、不能"的问题，培训是重要的破解手段。

尤其是在资本市场这个市场化程度很高的领域，政府之手很难直接干预。通过培训引导企业积极参与和利用资本市场，是政府之手发挥作用的最佳切入点。

2021年6月24日，安徽启动全省万家企业资本市场业务培训专项行动，省长亲自出席并讲话。与此同时，安徽省地方金融监督管理局印发《万家企业资本市场业务培训专项行动方案》，明确要求按照"政府牵头、平台组织、机构主办、各方参与"的思路，在全省开展多层次资本市场业务培训；集中用 1 年左右时间，重点培训 1 万家企业，后续逐步覆盖全部符合条件的企业。

随后各地迅速跟进，纷纷举办资本市场业务培训，全省 16 个地市和部分县区已先后举办了资本市场培训。省市县三级培训，再加上相关部门的专项培训，如此大规模、系统性的业务培训，在全国均属罕见。

"培训不仅让我们对资本市场有了深入的理解，更坚定了企业走向资本市场的信心。"在很多参与培训的企业家看来，培训是一场"及时雨"，点燃了企业迈向资本市场的热情。

另一方面，资本市场的活跃度与发展氛围密切相关。通过论坛活动的造势，可以营造资本市场浓厚的发展氛围。

2021 年 7 月 16 日，芜湖市首次举办了私募股权投资大会。同日，新材料行业的股权投融资大会在蚌埠举行。一南一北，两地同时举办投资大会绝非巧合。对于全省来说，这两场活动只是"开胃菜"，一场更大的布局与行动即将展开。

除芜湖、蚌埠之外，"还会看到安徽的每一个地市都在围绕主导产业召开风投、创投或产投的论坛"。安徽省地方金融监管局相关负责人透露："将引导全省地方金融局系统，在返投比例、容忍度、招商奖励、投资进度奖励、注册地奖励等政策上，全面向长三角等发达地区看齐学习；探索开展合格境外有限合伙人（QFLP）试点，集聚更多跨境资本；我们还将组织全球科创资本峰会，积极争取永久会址落地安徽。"

造势与谋事同样重要。高层次论坛、峰会此起彼伏，将极大吸引全球投资机构和资本大咖的目光，营造资本市场发展的火热氛围。

"错过浦东、错过深圳，现在决不能错过安徽。"2021 年 7 月 29 日，安徽省政府与衡宽国际集团有限公司董事局主席吴苏一行举行工作会谈。企业家纷纷表示，决不错过安徽的"十四五"，将全面对接安徽战略优势和发展所需，加大投资布局力度，大力引荐优质项目和团队落户安徽。

发展利用资本市场，政策引导是必不可少的一环。省级层面，正在研究制定《安徽发展利用多层次资本市场推动打造"三地一区"行动方案》。

中国证监会安徽监管局有关负责人表示："资本市场牵一发而动全身。通过系统性地整体推进，可以有效指导各地各部门协同推进、形成合力，避免各自为战的局面。"

从地市层面看，芜湖市连续出台加快发展政府投资基金和促进私募基金业健康发展两份重磅意见，加大政府投资基金投入和私募基金业政策支持力度。合肥市也出台政策，从鼓励扩大间接融资与直接融资双向发力，推动金融业更高质量发展。马鞍山市大幅度提高企业上市奖补力度，并成立由市长任组长的推进企业上市挂牌工作领导小组。铜陵市全力推动企业上市"攀登计划"，出台了一系列上市扶持政策。

无论是业务培训引领、论坛活动造势，还是政策支持，发展利用多层次资本市场的安徽行动，均呈现出大规模、体系化的鲜明特征。可以预期，这种全局在胸、系统推进的全新"打法"，将在短时间内全面提升安徽资本市场的发展层级，为安徽发展提供更加有力的金融支撑。

"乘数效应"

"未来 10~15 年是科技和金融相结合的黄金时代。"2021 清华五道口金融发展论坛上，中金公司董事黄海洲一针见血地指出了资本市场的发展大势。

创新始于技术，成于资本。科技和资本犹如车之双轮、鸟之两翼。没有资本的助力，科技成果很难得到很好的转化；没有技术的突破，资本就失去了重要的投资方向。科技与资本的碰撞结合，将产生强烈的化学反应。

安徽是科创大省，科创是安徽最重要的战略优势。发展利用资本市场，安徽不是一哄而上搞"大呼隆"，关键在于促进资本与技术等关键资源要素的互动耦合，放大"乘数效应"。

以高新技术产业为底色的合肥高新区，就是这种"乘数效应"的典型样本。2021 年上半年，全省 9 家企业登陆资本市场，合肥高新区独占 3 家，而且全部是科创板。截至目前，合肥高新区在科创板上市企业数达到 7 家，占合肥市的 60%。

自设立科创板和注册制改革以来，合肥高新区紧抓机遇，以具备新科技、千万利润、亿元营收等特征的企业为重点，通过培训、辅导，尤其是解决关键性问题为着力点，强力推动企业股改进程。

2021 年 7 月 21 日，长三角资本市场服务基地服务科创板两周年总结会暨合肥分中心助力企业上市专题培训会在合肥高新区举办。培训会上，不仅深度解读科技企业股权激励的搭建和筹划，还发布了股改上市政策 3.0 版本，政策覆盖高成长企业从股改规范到发行上市及上市后再融资的各个阶段。

"合肥高新区坚持把培育企业上市作为深化金融服务、推动科技创新、加速转型升级的重要举措。通过与资本市场各参与方的深度合作，持续推进创新创业企业解放思想、提升格局，主动冲出舒适区，借助资本力量，破茧化蝶。"合肥高新区管委会负责人表示。

在省级层面，安徽创新馆就是专门为要素对接而搭建的平台。2021 年 4 月 26 日，2021 中国（安徽）科技创新成果转化交易会在安徽创新馆举行。这样的大型展会，在安徽创新馆已是常态。截至目前，安徽创新馆已经举办 120 多场成果对接活动，为全省 6000 多家企业提供相关服务，完成科技成果投资项目 46 个，引进各类机构 25 家。

"每场对接会、每个路演现场，都有企业和科研院所集聚的焦点，或寻找创新技术，或提供解决方案，或介绍投资信息。我们希望各类资源在全球范围内得到更充分的流动。"安徽创新馆相关负责人说，该馆探索建立"科技金融产品超市"，提供天使投资、股权融资、知识产权质押等服务，着力破解科技型中小企业融资难问题。

除了这些已有平台，安徽正在谋划打造更大的平台。围绕打造"三个平台"放大培训工作效应，通过培训积极搭建学习交流、投资链接、政商对话的平台，促进资本市场各种资源要素互动耦合、实现价值倍增。

在未来1年时间里，安徽将邀请1万家企业负责人参加培训，并逐步覆盖全省所有上市后备企业、高新技术企业、"专精特新"示范企业等。可以预见，这将会成为一个巨大的双向投资交流平台。在这个平台上，可以是项目找资本、资本找项目，各类资源相互碰撞，成为投资的"素材"，从而实现上下游金融链条高效顺畅地衔接。

在科技和资本结合的"黄金时代"，安徽提前布局多层次、立体化的要素对接平台，无疑是下了一盘"先手棋"，将助力安徽科创乃至区域发展的腾飞。

"资本思维"

发展利用多层次资本市场的安徽行动，正在如火如荼地展开。行动不会是一阵"风"，而是一项长期性、持续性的工作。

对于接下来深层次的培训与行动，上海社会科学院经济研究所一位专家建议，安徽要彻底转变观念。在他看来，后发地区市场化程度不高，资本市场发育不足，关键还是观念方面的差距，"市场化理念一定要深入人心，深入到各个市场主体日常的经济行为中。有了这样的基础，政府再出台相应的政策，推动市场化发展和利用资本市场的举措，会很顺"。

尤其是要学会"资本思维"，要从小农经济过渡到工业产品思维，再升级到资本思维，"工业产品思维只是把好产品卖出去，而资本思维是通过资本扩张，把市场做大"。

对于"资本思维"，界首市有关负责人深有体会："熟练运用资本，首先要正确区分资本思维和市场思维。资本思维主要关注企业值不值钱，看企业未来成长空间有多大；市场思维则关注企业赚不赚钱，看企业当前盈利能力有多强。利用资本市场，我们的思维模式要跟着转变。"

为了帮助当地干部和企业家建立"资本思维"，近年来界首市组织企业到上交所交流、到上市公司参观、到中国经济论坛交流，接触资本市场大鳄、知名专家学者、上市公司总裁等，并通过他们对接各种优质资源。界首市还在上海创新建立了界首（上海）离岸科创中心，搭建企业在上海融资的平台。

界首市有关负责人建议，进入资本市场要做到敢接触、愿尝试、肯钻研，"要讲好产业故事，找准企业定位，提升项目内涵，熟悉资本市场"。

"领导干部和企业家还要提升运用资本力量的能力。"有关部门建议，要熟练运用金融工具，比如中央近年来出台的住房租赁资产证券化、基础设施证券投资基金，以及科创债、双创债、绿色债等金融政策，还有期货、债券等金融工具，"要把资本市场这些金融工具、融资的手段，植入到经济发展和企业经营中去"。熟练运用金融工具，是"资本思维"的重要体现，也是培训的重要内容。

（作者：吴明华；原载于《决策》2021年第7期）

基金招商新攻势

100 亿元的新兴产业发展基金设立了；

60 亿元的人工智能主题基金揭牌了；

50 亿元的碳中和基金诞生了；

50 亿元的工业互联网基金成立了；

……

当下的安徽，母基金正呈现爆发态势。仅 2022 年以来，安徽就已搭建了由财政出资和国有企业出资、总规模不少于 3000 亿元的省级政府性股权投资基金体系。

如此罕见的大手笔在创投圈内热议，有力感召了投资人来安徽。截至 2022 年 8 月底，省外基金管理人在安徽注册基金达 2285 亿元，省外基金在安徽投资超 1000 亿元。

"母基金强，则创投聚；创投活跃，则产业兴"。2022 年前三季度，共有 90 只基金服务安徽项目招引，落地项目 146 个、总投资 1444 亿元，其中基金投资 148 亿元，撬动社会资本在安徽产业投资近 10 倍。

为什么是安徽？

打好主动仗

要回答这个问题，先从一场揭牌仪式说起。

2022 年 10 月，安徽省国资系统"新兴产业发展基金、产业转型升级基金、碳中和基金、工业互联网基金、新型基础设施建设基金、混合所有制改革基金、战略投资基金"等 7 只基金公司正式成立，并举行集中揭牌仪式。

这是安徽省历史上第一次同时落地 7 只基金，也是创投圈罕见的大手笔。

7 只基金中，前 6 只为母基金，1 只为直投基金，基金总规模超过 400 亿元，并主导或参与设立若干只子基金，吸引社会资本 600 亿元以上，形成总规模 1000 亿元以上的基金集群。

在此之前，安徽刚刚设立新兴产业发展基金，注册规模 100 亿元，计划撬动社会资本 200 亿元，打造新兴产业"基金丛林"。

更让创投圈震撼的是，2022 年以来，安徽母基金以平均每月设立一只的速度成立，屡屡引爆创投圈。

安徽频频亮出大动作，绝非偶然，而是直面当前招商引资的"利器"——政府引导基金。

这在安徽省内，就能找到典型案例。

最近十年来，被网友戏称为"赌城"的合肥，凭借"押宝"京东方、千亿资金"投注"长鑫存储、"接盘"蔚来汽车等一系列"神操作"，不仅引来产业项目，还培育出三个国家级战略性新兴产业集群，以"最牛风投城市"的标签引发外界强烈关注。

一时间，各种解读文章铺天盖地，大家耳熟能详，这里不再赘述，但无论是从什么角度来解读，都揭示了一个不争的事实：设立政府引导基金，再用基金撬动社会资本，从而引入产业发展，是行之有效的招商方法。

若跳出安徽来看，2022 年以来，这股滚滚袭来的母基金热潮，异常火爆。

放眼长三角，上海、江苏和浙江历来是创投圈活跃的常客，三省早已在基金招商上尝到了甜头，并持续紧锣密鼓地加快设立步伐，苏州、杭州等城市的操盘手法，更是被其他省市"抄作业"。

南望珠三角，广东在基金招商上深耕已久，2022 年 8 月，一起签约设立了总规模达 900 亿元的"广东战略性产业促进发展基金"和"广东上市公司高质量发展基金"。

经济特区深圳，更是堪称"元老级玩家"，深圳市政府投资引导基金是国内设立最早、规模最大、资金实际到位的引导基金之一，已成为政府引导基金招商的标杆。

北眺京津冀，北京一直是母基金活跃的热土，不仅多个国家级母基金在此落地，同时各区的引导基金、市场化母基金均蓬勃发展。2022 年以来，天津、河北也设立了多只母基金。

远望中西部，河南、湖北、湖南、四川等省份也是火力全开，出手动辄百亿元，多则过千亿。2022 年 6 月，河南整合设立 1500 亿元规模的新兴产业投资引导基金，引发投资圈热议。

从东到西，从南到北，很多省市纷纷入局，母基金一时间成了炙手可热的"弄潮儿"。据不完全统计，2022 年以来，全国有近 100 只大大小小的母基金诞生，其中至少有一半规模在百亿元以上，用"井喷"一词来形容也不为过。

可以说，在当前招商引资的群雄逐鹿中，母基金就是关键的一步"先手棋"，只有抢先一步，才能走出"妙手"，在招商比拼中实现突围，进而促进产业发展，打造产业集群。

"安徽不仅要跟上，还要抢占先手，打好主动仗。"在这一波母基金热潮中，外界发现，安徽不仅发起了一轮又一轮的基金招商新攻势，更是不断创新手法、步法、打法，持续强力推进。

拉满"氛围感"

"申报的机构特别多，而且以外省为主。"

2022 年 11 月，安徽省"三重一创"产业发展二期基金发布了遴选 2022 年度子基金管理机构的公告，很多省外基金管理机构了解后，慕名而来，其中不乏百强以及头部机构。

这只基金注册资本 125 亿元，目标是打造省级重大新兴产业投资功能基金平台、塑造赋能产业培育和企业招引的重要工具、树立全国政府性产业投资基金标杆。

值得关注的是，这还只是安徽功能基金群中的一只，与其同步打造的，是安徽一整套新兴产业引导基金体系。

2022年6月，安徽发布了新兴产业引导基金组建方案，明确省级财政出资500亿元设立省新兴产业引导基金，在引导基金下设三大基金群16只母基金，即主题基金群、功能基金群、天使基金群。

所谓主题基金群，就是围绕新一代信息技术、新能源汽车和智能网联汽车、人工智能等十大新兴产业，以"一产业一基金"的模式，为安徽新兴产业发展提供资本支撑。

所谓功能基金群，就是重点发挥战略性、政策性导向作用，按产业发展现实要求，除省"三重一创"产业发展基金二期外，还延续设立了省中小企业（专精特新）发展基金二期。

所谓天使基金群，就是重点服务于"投早、投小、投科技"的发展目标，按企业早期发展生命周期，设立4个天使基金，即雏鹰计划专项基金、新型研发机构专项基金、省科技成果转化引导基金、省级种子投资基金，填补了安徽天使基金投资"小而美"项目的空白。

三大基金群的赛道主题十分明确，聚焦安徽产业发展和科技成果转化，由此形成"从大到小"的三次产业高质量协同发展基金体系。

与以往不同，安徽在财政资金杠杆撬动作用上，创新了手法、步法、打法。

各基金群分别以"母子基金"架构运营，变"发起设立"为"参股设立"，母基金以参股形式支持子基金运营，通过逐层撬动社会化资本，最终形成总规模不低于2000亿元的新兴产业引导基金体系。

同时，再加上千亿元级的国有资本股权投资基金集群，安徽3000亿元的省级政府性股权投资基金体系跃然纸上。

而在备受基金机构关注的返投上，安徽创新传统返投模式，不仅将返投比例降低至1.0~1.2，同步放宽返投认定标准，还增加对投资失败的容忍度,最高可达 80%,解决了市场化投资的后顾之忧。

这一套打法迅速拉满了安徽全省的"氛围感",各地各级各类型"母基金"遍地开花。

在合肥,2022 年初设立了总规模 200 亿元的政府引导母基金,目前母基金首批 7 只参股基金总规模达 218 亿元,母基金出资 30.5 亿元,资金放大近 7 倍,在洽谈基金 44 只、计划总规模超千亿元。

在阜阳,2022 年 6 月,总规模 100 亿元的阜阳市电子信息及光电显示产业投资基金成立,这是目前阜阳市规模最大的基金。

在肥西县,2022 年 2 月,更是一月之内连设三只基金,包括 100 亿元的政府投资母基金、40 亿元的新能源汽车产业投资基金、40 亿元的高端智能制造产业投资基金,引发资本市场强烈关注。

在基金招商新打法的助力下,安徽取得了越来越多的惊喜成果,打开了"双招双引"的广阔空间。

2022 年 6 月,合肥用政府引导母基金 900 万元,成功撬动了 60 亿元河北金力新能源科技股份有限公司隔膜研发合肥基地项目落地肥西县。

一只基金就是一个平台、一个"生态圈",进一步提升了安徽招商的感召力和竞争力。截至 2022 年 8 月底,省外基金管理人在安徽注册基金达 2285 亿元,省外基金在安徽投资超 1000 亿元。

当然,影响这些基金落地、招引项目落地的因素还有很多,比如安徽的产业优势、科技创新底蕴、良好营商环境等,但有一点是肯定的,基金招商为安徽带来的并不仅仅是金钱和项目,更重要的是市场逻辑、资本力量的意识、观念以及氛围。

这在安徽干部队伍的身上,体现得格外明显。

"气氛营造起来了"

"起初有些干部犯难,但半年过去,不少人找到了战法,学会了用基金招商的打法,成效明显。"安徽一位县领导说。

"安徽招商干部很专业,说话在一个频道上。"一位基金管理人说。

"安徽要推进长三角一体化发展,缩短与江苏、浙江之间的差距,只能依靠速度实现赶超。伴随着政府产业基金不断迭代升级,我们政府主管部门对基金的运行规律、制度环境越来越熟悉,出台的运营与监管政策也更加契合行业发展实际,基金服务双招双引的氛围越来越浓厚。"安徽省高新技术产业投资有限公司负责人说。

2022年以来,安徽干部在基金招商一线干中学、学中干,不仅丰富了招商知识和技巧,也更新了理念,更加善于用市场的逻辑谋事、用资本的力量干事,推动有效市场和有为政府更好结合。

对于企业家而言,他们的眼睛是雪亮的,要让他们心动,也得抓住关键的人。如今在安徽,不仅是从事招商引资的干部队伍在变,其他部门的干部队伍和企业家也都在变。

这不得不提安徽持续在下的一盘"大棋"。

2021年6月,安徽正式启动了万家企业和领导干部资本市场业务培训行动,截至2022年8月底,已针对企业开展金融业务培训千余场、触达企业超3.1万家次,其中,董事长或总经理参训企业1.2万家次。

这既能让干部更好地认识市场逻辑、资本力量,提高服务基金市场发展的专业化水平,也能让企业家接触到优秀的基金管理人才,捕捉到前沿信息和商机,激发加大投资安徽的兴趣。

"安徽基金招商的氛围营造起来了。"多位基金管理人说。

通过基金招引,安徽产业予资本以高额回报,再反哺安徽产业,一次次交互赋能,向产业更高质量、更高层次发起一轮又一轮冲击。周而复始,生生不息,在基金与产业一次次迭代融合升级的过程中,产业就必然能实现更高质量的发展。

这并非场面话,而是在安徽得到验证的实操。在实践中,安徽通过政府引导基金招引的长鑫存储、蔚来汽车,带动产业链条上其他企业陆续入驻,推动了集成电路产业、新能源汽车产业的强势崛起,一举成为极具标识性的产业新地标。

更让人期待的是，当下的安徽，正在不断加大政府扶持鼓励力度，营造更加良好的基金生态，拿出最大诚意邀约全球高端市场化基金来安徽落地。

无论是自 2022 年安徽深入开展"一改两为五做到"，主动服务、靠前服务、顶格服务，全力打造市场化、法治化、国际化一流营商环境，还是"成全成就企业家创意、创新、创造"，鼓励支持市场化基金在安徽发展壮大，激发社会资本参与热情，都已成为安徽全省上下的共识共为。

"当下定决心大干时，世界会为你让路。"安徽以基金招商为起点，一场蓄力已久的区域发展蝶变正在悄然展开，也必将会带给我们更大的惊喜。

（作者：姚成二；原载于《决策》2022 年第 11 期）

投资人为什么组团来合肥

在资本圈,合肥有多火?

"来合肥投资,就等于挖到宝了!"国际知名投资机构负责人说。

"过去政府帮企业到处找资本,现在是资本追着投合肥!"合肥市有关部门负责人说。

"合肥已经到达厚积薄发的时点了!"业内专家说。

2022年以来,在资本圈炙手可热的合肥,又在酝酿一场大动作。"最牛投行城市"合肥,或将迎来新一轮跃升!

一颗"震撼弹"

城市发展离不开资本集聚。2021年以来,合肥市各类基金成立呈井喷之势。

2021年下半年,中国股权投资领域头部机构盈科资本和一村资本先后落地合肥,瞄准生物医药产业,分别设立规模为10亿元和50亿元的产业基金。

2021年10月,央企中建材股份、中国国有企业混改基金、国家制造业转型升级基金等在合肥设立总规模200亿元的中建材新材料基金。

2022年初,首家银行系金融资产投资公司——建信投资,联合航天投资等,与合肥市共同设立总规模100亿元的建航国华融合产业发展基金。

2022年1月,著名股权投资基金管理公司中投中财,与安徽艾可蓝环保股份有限公司等共同设立合肥中合智能汽车产业投资基金。

除了知名投资机构纷纷落地合肥,在产业层面,一批龙头企业也开始发力，成立产业基金投资上下游企业。

2021 年 11 月，科大讯飞与合肥科讯、安科生物等共同出资设立合肥连山创新产业投资基金，总规模 5 亿元；2022 年 1 月，合肥蔚来与银轮股份等共同投资设立新能源及智能汽车产业投资基金；2022 年 3 月，全球 OLED 产业领军企业维信诺发起设立合肥北城信息技术科创投资合伙基金。

在国有资本层面，合肥市三大国资投资平台不仅参与了诸多基金的设立，同时自身也积极组建股权投资基金。合肥建投集团先后设立芯屏产业投资基金、建恒新能源汽车投资基金等；兴泰资本先后成立合肥滨湖科学城投资发展基金、合肥首只双创基金和首只知识产权运营基金等；合肥产投集团组建了合肥产业投促高新创业投资基金。

县区层面，2022 年 2 月，安徽首个"千亿县"——肥西县，决定设立总额 100 亿元的母基金，标志着区县级引导基金快速崛起，真正建立起多层次引导基金体系。

打造"基金丛林"是合肥多年来孜孜以求的目标。合肥市希望通过集聚资本"活水"，推动科技创新，促进产业升级和城市发展。

2021 年 12 月，合肥市再放"大招"，出台促进股权投资发展的重磅政策，大手笔成立 200 亿元规模的母基金，并且首次提出打造科创资本中心。科创资本中心就是打造"基金丛林"的最终目标。

此次母基金的规模和政策力度，在全国城市中都不多见。尽管如此，合肥还是保持一贯的低调，并没有大张旗鼓，但在资本圈却像是投下了一颗"震撼弹"，引起各路资本的强烈关注。

根据合肥市财政局的统计，政策制定以来，短短几个月时间，前来接洽的全国知名基金管理团队就有 45 个，在谈投资基金规模达 1859 亿元。

全国创业投资（VC）和私募股权投资（PE）组团来合肥，科创资本涌动合肥正在起势生成。

在金融集聚区一线，已经感受到这股春潮。"有'科创之城'，必树'基金之林'。投资机构对合肥项目的渴求越来越强烈。不仅是国内的一些知名投资机构，一些境外投资机构也前来对接。"合肥滨湖金融小镇管理有限公司负责人说，合肥资本集聚的势头明显，尽管滨湖金融小镇刚刚建成，就已经聚集了34家基金和基金管理机构，其中既有国家中小企业发展基金子基金，也有省市两级政府引领基金，更包括同创伟业、天堂硅谷等一批知名的社会投资机构，"我们正紧锣密鼓地启动建设安徽创投风投'国际客厅'"。

业界有言："母基金强，则创投聚；创投活跃，则产业兴。"从"最牛投行城市"到科创资本中心，对于合肥来说，到底意味着什么？

资本"总导演"

多年来，合肥市通过政府主导、国资引领的方式，引入京东方、长鑫、蔚来等新兴产业巨头，带动上下游产业接踵落地。"芯屏汽合""急终生智"成为现象级产业地标，"合肥模式"由此诞生。

如今，合肥新兴产业骨架已经搭建起来。下一步，合肥要的不仅是"移栽一棵棵大树"，而是"崛起一片片森林"。

在"移栽大树"的过程中，政府之手和国有资本发挥了"总导演"的作用。而接下来以科创为导向的"崛起一片片森林"的过程中，市场和资本则要担当起"总导演"的角色。从深层次看，打造科创资本中心就是"合肥模式"的升级。

科技创新是合肥的最大标识、最靓名片。合肥拥有中科大、中国科学院、合工大等"科研富矿"，已集聚"两院"院士138人、高层次人才8000余人，专业技术人员超过100万。

合肥一直积极推动科技成果转化和双创，造就了"科里科气"的城市气质。"现在，科研人员投身科技创新的热情非常高，我们把科学家们从象牙塔里都吸引出来了。"合肥市财政局有关负责人说。

通过自主培育，合肥市科创企业"森林"已经蔚然壮观。截至2021年年底，合肥有 13 家科创板上市企业，在全国城市中名列前茅。仅 2022 年 3 月，就有 3 家企业成功在科创板过会，势头强劲。

尤其是"科大系"科创企业已有上百家，他们成长迅速，都有潜力成为下一个"科大讯飞"。

当人们盯着长鑫、蔚来这样的明星项目时，事实上，合肥一大批自主培育的"科大讯飞"已经在路上了。

推动科创企业成长，最为关键的就是资本支持。因为资本是科技创新最好的催化剂，科技创新"始于技术，成于资本"。

相比于招引龙头企业，科创企业量大面广，它们在成长过程中需要持续和巨量的资本投入。为解决资本"从何而来"的问题，合肥以财政资金、国有资本作为杠杆，撬动金融市场，高质量汇集金融资本、社会资本。

在传统金融层面，以银行信贷为代表的间接融资体量大、投向广，仍是科创企业融资主渠道。合肥通过构建"金融＋资本"创新体系，以财政杠杆联动金融杠杆，引导、激励金融机构加大对科技创新的信贷投放力度。

合肥市在全国首创政府、银行、担保、平台公司四方融资服务机制，建立面向各类中小微企业开放式的融资服务平台。同时，发挥财政"四两拨千斤"作用，通过建立风险补偿制度，统一设立"政信贷"财政金融产品，设立市征信公司，畅通企业融资渠道，打通企业融资"最后一公里"。

在社会资本层面，则通过国资投入撬动社会资本。合肥市构建市县两级"政府引导基金＋政府产业基金＋市场基金"的股权投资体系，为科创企业提供覆盖全生命周期的股权融资支持。截至 2022 年 3 月，合肥引导基金产业投资、创业投资、天使基金三大板块已合作设立子基金 45 只、实缴规模近 300 亿元、撬动 5 倍以上社会资本。

在国有资本、金融资本和社会资本三个层面，合肥市全方位发力，不仅建立了多元化科技投融资体系，还为科技创新提供了全生命周期的资本支撑，从而为资本扮演科创"总导演"的角色奠定了坚实的基础。

科技创新是中国下一个伟大的时代红利。当势头强劲的科创与春潮涌动的资本在合肥碰撞结合，将为合肥经济腾飞插上翅膀。

"三圈"融合

当前，各地纷纷设立百亿级母基金，形势前所未见。各地投入重金，只为招引优质 VC/PE 机构。一场围绕科创资本的争夺，已经拉开帷幕。在激烈的城市竞争中，合肥如何能再次拔得头筹？

"从股权投资基金规模上看，跟发达地区和一线城市相比，合肥差距还很大。"合肥市地方金融监督管理局负责人分析说，股权投资基金有个特性，就是注册地更多选择便于募资的城市，因此北上广深的规模占了全国近一半。

在这种情况下，对于合肥这样的城市来说，更重要的是依托政府引导基金，发挥国有资本的撬动作用，吸引行业头部股权投资基金落户，"为什么合肥的国资这么重要，就是这个特点决定的"。

合肥市此次设立总规模 200 亿元的政府引导母基金，对于地方财政来说力度非常大。与产业类引导基金不同，此次引导母基金将通过直接出资、返投、奖励等方式全部导入各专项基金，核心目的在于引导社会资本设立各类专项基金，支持科创领域和新兴产业发展，其资金的撬动作用将更加突出。

与此同时，为加快打造科创资本中心，合肥市在推动 VC/PE 发展方面还推出多项重磅措施，包括出台奖励措施，进一步激励股权投资基金扩大投资，加快创投基金领域人才集聚，持续优化股权投资服务环境等。这些政策对于创投机构来说，具有很强的吸引力。

2022 年合肥市提出，未来 5 年内培育 5~10 家具有影响力和美誉度的本地基金品牌，引进不少于 50 家行业领先的知名基金管理机构，实现备案基金管理规模不少于 5000 亿元的股权投资基金体系。

"尽管我们的基金规模不如发达城市，但我们努力的程度和热度可能更强。"合肥市对实现这样的目标信心十足。

由于合肥有众多投资成功的案例,在资本圈已经产生了光环效应。"合肥市在战略性新兴产业投资领域多年深耕,产生的溢出效应开始显现。以前是我们找投资项目,现在很多项目、知名投资机构主动找上门来寻求合作。"合肥建投集团有关负责人说,这是一个非常好的态势。

从长远来看,吸引社会资本最核心的是优质项目。资本都是奔着项目来的,好的项目越多,资本流入的速度越快;科技创新活跃度越高,资本投资的热情也越高。

合肥已经形成科技创新肥沃的土壤,可以源源不断地产生高成长性的科创企业和优质项目,"社会资本可以直接到合肥这块'菜地'上种菜,而不用到其他地方'垦荒'了。"

有了资本,接下来的问题就是如何更好地进行资源对接。"与长三角发达地区相比,合肥的科创与资本的融合度还不高,在资源对接中还存在'缺失'与'错配'的问题。"合肥兴泰金融控股(集团)有限公司有关负责人分析认为。

一方面,在科技成果研发到产业化之间,存在一个投资真空地带,尤其是应用研发、中试熟化阶段矛盾突出,无法满足科创对资金资本的需求;另一方面,"知本市场"还未完全建成,知识产权的评价、交易体系缺乏,"知本"与"资本"的融合对接尚有堵点。

专家建议,合肥要通过多种政策手段与市场手段弥补科创资本缺失与错配问题,激活科技成果转移转化机制,营造更加浓厚的科创资本生态圈。

"科创 + 产业 + 资本"是合肥模式的核心。从合肥的探索来看,科创生态圈与产业生态圈、资本生态圈是相辅相成的,只有把"三圈"融合为一个圈,科创资本中心建设就水到渠成了。

在业内专家看来,"三圈"融合需要很长时间的积淀和发展,而合肥的雏形已经显现,"合肥已经到达厚积薄发的时点了!"

（作者：吴明华；原载于《决策》2022 年第 4 期）

『抢占 C 位的制造天团』

解码"安徽智造"
"硬核"安徽是如何炼成的
合肥"智造"转型的局与策
安徽打造"智造"升级版
"IC 之都"的雄心
万亿"汽"势
冲刺"新能源汽车之都"

你印象中的安徽产业，是什么样子的？

过去，安徽与"农业大省、能源原材料基地"如影随形；今天，安徽的画风改变，向着"制造业强省"一路奔驰，完成了历史性跨越：新能源汽车、新一代信息技术、高端装备制造、新材料等，正在成为安徽的产业新地标；电动汽车、锂电池、太阳能电池"新三样"火热出圈，加速崛起。

制造业强势崛起的背后，是安徽创新出"科创＋产业""龙头＋配套""基地＋基金"等诸多新打法，构建起安徽先进制造业发展的"硬核"力量，也树立起全新的产业形象。

制造业兴则安徽兴，制造业强则安徽强。安徽制造业入围全国十强，带动了经济总量挺进全国十强，也必将引领安徽在新时代制造强国建设中书写"皖美篇章"。

我们梳理安徽迈向制造业强省的发展轨迹，也是努力寻找制造业"皖美逆袭"背后的创新密码。

解码"安徽智造"

1996 年，一篇发表在《决策》上的文章《轿车工业：把安徽载入新世纪》中有这样一段表述："'七五'和'八五'，我们选择了美菱、扬子、荣事达、古井、芳草等一批轻工产品作为重点发展，使我省跻身轻工大省行列，改变了安徽的形象；如果'九五'再选择轿车作为支柱产业精心加以培育，并使其尽快形成规模，我省将会拥有一个全新的优势产业，以更加崭新的面貌跨入 21 世纪。"

当时经过多方谋划，汽车项目成为"九五"时期安徽头号工程——"951工程"。

1997 年 1 月，奇瑞汽车公司注册成立，在"干不成就跳长江"的激励下，奋斗近 3 年后，1999 年 12 月 18 日，奇瑞第一辆汽车下线。

从第 1 辆到第 100 万辆汽车下线，奇瑞用了 8 年。如今，奇瑞已进军新能源、无人驾驶等新领域。20 多年来，奇瑞高举自主创新的旗帜，改写了中国汽车产业的格局，打破了两个存在已久的所谓"神话"，一是中国汽车工业不能自主开发轿车，二是汽车工业企业必须与外商合资。

就在安徽热火朝天的工业化浪潮中，两位轻工业界的"元老级人物"告别征战多年的沙场：2002 年 7 月，张巨声和陈荣珍退休。安徽家电业"两巨头"转身离开，一个时代结束了，另一个时代开始了。

此时的安徽工业经济，从经济总量到产业结构，都在酝酿大变革。

两年后的 2004 年 4 月，安徽省政府第六次全体会议决定，全面实施"861"行动计划。十多年时间里，"861"成为安徽高频词，每年推出一批大项目，壮大安徽经济筋骨。努力终于赢得收获，2010 年，安徽省第二产业占比首次超过 50%。又经过"十二五"时期的工业化，到"十三五"开局的 2016 年，安徽省规模以上工业增加值首次突破万亿元，标志着安徽正式跨入新兴工业大省行列。

区域坐标系上的智造大势

"对于安徽来说，此次大会意义之大前所未有、规格之高前所未有、规模之大前所未有，是具有全局意义的一件大事。"2018 年 4 月 18 日，安徽在京举行 2018 世界制造业大会首场新闻发布会，安徽省相关领导用了三个"前所未有"，由此可见世界制造业大会对于安徽的战略意义。

2018 年世界制造业大会主题紧扣智能制造、人工智能等先进制造业前沿热点，其中，智能制造也是 2017 年安徽重磅政策《支持制造强省建设若干政策》的重点支持领域。某种程度上说，智能制造已经成为安徽制造强省战略的核心关键词，也是安徽抢抓区域发展主动权的重要抓手。

对智能制造的重点关注，彰显了安徽在新一轮发展风口上的机遇意识和拼抢意识。主攻智能制造不仅是对国际国内大势的主动顺应，也是安徽进一步提升区域竞争力、实现高质量发展的必然选择。

那么，安徽"瞄准"智能制造顺应了什么样的时代大潮？

《中国制造 2025》开篇对国内外发展大势有一段颇有"历史感"的分析："当前，全球新一轮科技革命和产业变革加紧孕育兴起，与我国制造业转型升级形成'历史性交汇'，必须紧紧抓住这一重大'历史机遇'。"

在这一历史性交汇中，智能制造对产业发展和分工格局带来深刻影响，推动形成新的生产方式和产业形态，成为制造业"重要发展趋势"。

首先，从产业发展的大趋势来看，智能制造是制造业企业转型升级的必然选择。国内工业机器人领军企业埃夫特智能装备股份有限公司董事长许礼进，投身机器人行业十余年，对产业发展大势感受颇深，他分析说："随着人口红利的逐渐消失、环保能耗刚性要求以及柔性制造时代的到来，制造业企业大规模应用机器人和智能装备是大势所趋，这也是近年来埃夫特赢得快速发展的根本动力。"

其次，从区域发展动力塑造来看，制造业强则区域兴。梳理2017年各省统计公报发现，东部沿海四大强省广东、江苏、山东、浙江的高新技术产业、先进制造业的增速均在两位数以上，而传统制造业均为个位数增长，反映四省的新旧动能转换加速推进，动力变革正在悄然发生。在各地的先进制造业发展规划中，工业机器人和新能源汽车成为共同关注的两个焦点，也是衡量地方智能制造水平的两大重要指标。

2017年，江苏工业机器人增长99.6%，山东增长60.7%，广东增长47.8%，浙江工业机器人使用量约占全国的11%，居全国第一位，同期安徽增长33.2%。再来看新能源汽车产量，2017年山东新能源汽车增长300%，江苏增长56.6%，安徽增长38.5%。比较发现，安徽两项指标的增速均在30%以上。纵向来看，势头喜人，但区域竞争的实践一再雄辩地证明，"不进则退，慢进也是退"。考虑到发达省份的庞大基数，两大指标普遍50%以上的增速，让人真切地感受到区域竞争的"烈度"和"马太效应"。

再次，从各地的战略谋划上来看，智能制造成为新旧动能转换的突破口和抓手。

智能制造的核心价值在于它不仅是传统产业转型升级的重要途径，也是培育新增长点、新动能的关键抓手。正是看准了国内外大势和智能制造的战略意义，各地都在竞逐智能制造，在这一轮风口上抢抓机遇，进行战略性布局。

以粤苏浙鲁等工业发达省份为例，过去都是在拼建世界制造工厂，拼土地价格和廉价劳动力，但当下各省都在拼下一轮谁是世界先进制造业基地，各工业大市也在争做"智能制造名城"，新一轮区域竞争的号角已经吹响，未来几年，制造业区域版图和竞争格局将发生新变化。这些都在传递出清晰的信号：在新一轮区域竞争中，必须紧紧抓住智能制造，加快推进新旧动能转换。

抢占智造高地的安徽选择

2017 年，安徽工业发展交出一份靓丽的成绩单：规模以上工业增加值增长 9%，超出预期，创下近三年最高水平，比全国高 2.4 个百分点，居全国第 6、中部第 2 位。2018 年以来，安徽工业发展延续向好态势，一季度，规模以上工业增加值同比增长 8.6%，亦居全国第 6 位，较上年同期前进 3 位。

安徽工业发展的好成绩是如何得来的？智能制造等新兴产业形态，对安徽工业发展起到了明显的推动作用。

对于智能制造，安徽可谓见事早、行动快、措施实。2016 年 12 月，工信部、财政部印发《智能制造发展规划（2016—2020 年）》后仅三个月，安徽就出台了《智能制造工程实施方案》，是全国最早一批专门制定智能制造规划的省份。特别是 2017 年的 53 号文，基本就是为智能制造量身打造的，如果没有这个文，2017 年以来，安徽的工业经济不会有这么快速的增长。

但在增速居全国第一方阵的背后，安徽仍然面临做大、做优、做强"三重任务"。安徽制造业存在总量不大、结构不优、创新不强等问题，特别是随着资源和环境等约束增强，劳动力等要素成本不断上升，高投入、高消耗、低技术含量的传统发展方式难以为继，全省制造业发展面临新的挑战。

那么，针对安徽目前整体发展阶段和制造业发展水平，智能制造对安徽来说，到底意味着什么？

首先，智能制造为安徽制造业跨越发展打开了"机会窗口"。随着新一轮科技革命和产业变革孕育兴起，安徽区位条件、产业基础、创新资源等诸多竞争优势不断凸显，安徽制造业迎来跨越发展的机会窗口。

对于一个区域来说，发展的机会窗口不会永远敞开，安徽经济如果要再上一个台阶，必须在智能制造的窗口期大胆作为，实现"动力变革"。因为智能制造既是新旧动能转换的加速器，也是培育新动能的催化剂。智能制造应该说是传统产业转型升级最核心的关键点，安徽要实现新旧动能转换，必先大规模推广应用智能制造。

其次，主攻智能制造是安徽在区域竞争格局中占有一席之地的必然选择。智能制造作为一种新兴产业形态，各制造业大省和工业大市基本处在同一起跑线上，谁抢得先机，谁就能形成发展优势，在区域竞争中成为引领者。因此，各地围绕智能制造纷纷发力，力度之大前所未有，反映了各地强烈的机遇意识和紧迫感。

梳理发现，珠三角地区的智能制造一骑绝尘、领先全国，已经实现从"机器换人"到"数据换人"的"进阶"。长三角地区的南京、宁波、苏州、无锡等制造业大市，均提出颇有雄心的智能制造计划，尤其是南京，旗帜鲜明地提出建设"中国智能制造名城"。2016年、2017年连续两届世界智能制造大会均在南京举办，也从侧面反映了南京智能制造的实力和影响力。中部省份中，湖南把智能制造作为制造业转型升级的突破口，并提出将长沙建设成为"国家智能制造中心"。

如果从城市坐标系上来分析，更能感受到智造大战给安徽带来的紧迫感。不仅是近邻南京、长沙，从全国城市格局来看，合肥与南通、东莞、泉州的经济总量都在7000亿元到8000亿元之间，四座城市均为工业大市。2017年，南通、东莞、泉州的规上工业增加值分别为3318.4亿元、3316.97亿元、3328.1亿元，增速均在8%以上。2017年，合肥规上工业增加值为2482.4亿元，增速9.4%。比较数据不难发现，南通、东莞、泉州三地的工业发展处于同一水平，而合肥与三地的平均差距近900亿元。

从省会城市来看，西安、合肥、济南、福州经济总量均在7000亿元到7500亿元之间，竞争异常激烈。2017年，福州规上工业增加值为2203.3亿元，与合肥最为接近，赶超仅有一步之遥，一个大项目就可以追平甚至超过合肥。虽然西安规上工业增加值仅为1361.77亿元，但西安的"大学+"发展模式如火如荼，在"抢人大战"中亦有上佳战绩，可以预见，西安工业将迎来大发展。

通过以上比较不难发现，合肥在城市竞争中标杆渐远、追兵渐至，要想争先进位，必须在先进制造业上发力。省会城市的发展水平是省域综合实力的反映，与合肥一样，安徽作为新兴工业大省和制造业大省，欲在新一轮区域竞争中占得优势，也必先发力智能制造。

各地竞逐智能制造，归根结底是产业分工主导权之争，能否把握机遇，在智能制造时代占有一席之地，将决定安徽在未来区域竞争格局中有无核心竞争力、有无"撒手锏"。

制造风口上的安徽底气

区域发展的实践表明，在关键时间节点和关键要素资源的配置上，如果"步步踩在节点上"，区域发展就会渐入佳境，即使是后发地区，也能逆势而上。

随着智能制造成为新一轮区域竞争的焦点，一场更高维度的区域大戏正在精彩上演。在这场大戏中，安徽能扮演何种角色？又能否上演属于自己的精彩戏份？从剧场回到现实，一个区域在发展风口上能有何种作为，首先要看有哪些战略优势。

安徽发展智能制造，最大优势是产业基础。自"十一五"以来，安徽坚持强力推进工业强省战略，工业发展迈上快车道。到"十二五"中后期，工业尤其是制造业已经成为安徽经济发展的主导力量，安徽新兴工业大省和制造大省的地位基本确立并不断巩固。2016 年，安徽规上工业增加值首次突破万亿元，意味着安徽工业乃至全省经济发展都站在新的起点上。2017 年，全省规模以上制造业增加值对全省规模以上工业增长的贡献率为90.4%，占全省规模以上工业增加值的比重为 88.5%。

这些数据足以表明，工业尤其是制造业已经成为安徽经济发展的主导力量，这为建设新型制造体系打下了坚实基础。相关部门、企业家和专家一致认为，作为新兴工业大省，制造业基础让安徽有了拥抱智能制造的实力和底气。

首先，从企业层面来看，数量众多的制造业企业为智能制造的推广应用提供了庞大的"用户优势"。

2017年，国家智能制造试点示范项目全国共97家企业，安徽入围9家，位居中部地区第一；在长三角地区，也仅次于浙江。智能制造和传统制造业相互推动，形成良性循环的产业生态圈。

其次，从产业基础来看，安徽智能装备、智能终端、智能家电、智能汽车和智能语音"五智产业"已经初具规模，并在部分领域形成先发优势。

在智能装备领域，安徽工业机器人技术水平全国领先，产量居全国第6位。芜湖机器人产业园在工信部等部委组织的多项评比考核中，多次排名第一。在智能家电领域，合肥、芜湖、滁州等地主流家电企业的智能化水平处于行业领先水平。智能语音和人工智能领域，以科大讯飞为龙头的中国声谷已经具有全球影响力。尤其是人工智能与智能制造相结合，形成下一代智能制造，已是世界性趋势。而安徽在人工智能领域的先发优势，将成为安徽智能制造弯道超车的最大潜力之一。

再次，从区域层面来看，安徽的创新能力和创新平台是新兴产业发展最大的"引爆点"。从2013年开始，安徽区域创新能力连续五年居全国第一方阵。全面创新改革、合芜蚌自主创新示范区、合肥综合性国家科学中心三大战略平台，让安徽创新发展站到了制高点和最前沿。

当安徽的创新优势与长三角雄厚的制造业基础发生"化学反应"时，安徽的智能制造又将迎来重大发展机遇。安徽是长三角世界级先进制造业集群的组成部分，安徽与沪苏浙你中有我、我中有你，这是安徽很大的一个优势。从国家层面来看，制造强国战略主要落实在东中部地区，安徽居中靠东，是实施制造强国战略的重要生力军。某种程度上说，这是安徽的核心优势。

产业基础和战略优势令人振奋，但也要清醒地看到，安徽与沪苏浙差距较大，特别是机器人企业数量占比、大数据应用指数、两化（信息化、工业化）融合总指数等核心指标，不仅落后沪苏浙，也落后部分中部省份。

由此可见，安徽智能制造要实现与先发省份的并跑乃至领跑，依然任重道远，只有将短板补齐，安徽才能抓住智能制造的"机会窗口"，从而提升区域竞争力、让经济迈上新台阶。而如何紧抓窗口期补齐短板，需要政、产、学、研各界通力合作、深入谋划，在实践中闯出一条符合安徽资源禀赋的智造之路。

（作者：王运宝、夏自钊；原载于《决策》2018年第5期、2018年第10期）

绞故：一本杂志与安徽区域形象的塑造

"硬核"安徽是如何炼成的

一位区域经济专家说，安徽制造业的发展，改变了人们对一个后发省份的认知；

一位投资人说，安徽超前布局的新兴产业，让人嗅到了未来的气息；

一位企业家说，在合肥，听见了人工智能花开的声音。

安徽制造，不仅有产业形象，更有硬核实力：全球 10% 的笔记本电脑、20% 的液晶显示屏、50% 的光伏玻璃在安徽生产；全国 20% 的光伏组件、15% 的家电、10% 的新能源汽车是"安徽造"；全国 1/3 冰箱、1/4 洗衣机、1/5 空调来自安徽！

在制造强省新赛道上，谁会是下一个领跑者？一个新晋的"种子选手"，是安徽！

"进击的安徽"

357.7 亿人次！这是"精品安徽，皖美制造"自开播以来，截至 2021 年 10 月，在央视平台上的总浏览人次。

为什么吸引人？一篇由专业证券机构发布的调研报告《进击的安徽》，为寻找答案提供了注脚。该报告详细梳理了安徽在先进制造业上的布局，"硬核"表现让人吃惊。

安徽在新型显示、芯片、机器人、智能网联汽车、人工智能等先进制造业领域，以及未来产业量子通信上"埋头干大事"，树立起了一系列"高光"的产业地标：

让世界倾听中国声音的科大讯飞，全球可穿戴设备出货量第一的华米科技，撬动全球存储器市场格局的长鑫，自主造车新势力的标杆品牌蔚来，合肥高新区的"量子大道"……

这些现象级产业地标，共同构筑起安徽作为一个新兴工业大省的产业形象。

"十三五"以来，安徽规上工业增加值年均增长 8.1%，居全国第 3 位、长三角第 1 位。硬核制造，带动的是安徽经济整体提升，能级之变前所未有，2021 年经济总量将突破 4 万亿元，由"总量居中、人均靠后"迈向"总量靠前、人均居中"，跨上了以前可望而不可即的台阶。

经济数据很硬，但推动发展的政策却是"软硬结合"的新打法。

一套组合拳

说起安徽今天制造业的硬核表现，就不能不提先后两次召开的"万人大会"。

第一次是 2017 年 5 月。安徽召开了一次规模空前的制造强省建设"万人大会"，会议以视频形式开到了乡镇一级。安徽是全国首个召开制造强省大会的省份。

第二次是 2021 年 4 月，安徽召开优秀民营企业家和优秀民营企业表彰暨推进"十四五"民营经济高质量发展万人大会，出台了《民营经济 25 条》，也是在全国省级层面第一个出台中小企业"专精特新"发展意见的省份。

"十三五"以来，安徽围绕推动制造业发展，形成了一整套政策组合拳，从新型显示到集成电路，从新能源汽车到人工智能，再到智能机器人等，每一条都打在产业发展的靶心上。

安徽作为后发型省份，制造业能有今天的硬核表现，政策体系是一个关键驱动力。

在安徽"一主两翼"的政策引导体系中，资金投入是关键。据测算，2017—2020 年，安徽省级累计投入财政资金 94.6 亿元，带动市县财政投入 151 亿元、社会投资超过 1.15 万亿元，对社会资本撬动达到 1∶47。

工信部赛迪研究院发布的研究报告显示,安徽制造业营商环境排名居全国第 7 位,其中"政策"项排名居全国第 2 位。我们今天看到的安徽主导产业,探究其发展,都能找到一条政策推动的连续过程。

作为现代工业产业链最长、带动能力最强的产业之一,汽车产业在 20 世纪 90 年代,进入了安徽决策者的视野。面对百亿元投资,安徽在资金紧张的情况下,按照"富规划、穷建设""一次规划、分步实施"的原则,逐步滚动发展,打下了坚实的产业根基。

如今,安徽汽车年产量达到百万辆级,新能源汽车产销量占全国十分之一。迈入智能网联时代,当很多地区还在寻找突破口时,安徽依托优势抢抓风口,构建出新能源汽车产业"强磁场",第一个确立打造"新能源汽车之都"。

做"链"的秘诀

在安徽制造业的政策体系中,除了真金白银的资金支持,还有一个常被人提起的做法,就是"链长制"。

在安徽,围绕一个产业链建立一个工作专班,已在全省逐步推开。在省级层面,十大新兴产业分别由省"四套班子"领导牵头一个产业,由省领导顶格推进,统筹固链、强链、延链、补链的各项工作。

实际上,安徽制造业的产业链蝶变,值得特别关注。从一粒沙子到整机,从一个声音到产业生态圈,堪称近年来安徽做链的"教科书式模板"。

早在 20 世纪 90 年代,安徽就成为"轻工大省",经过十多年努力,合肥白色家电产量超过青岛、顺德,跃居全国第一,引起周边省份强烈关注。在湖北省"两会"上,时任湖北省委主要领导发问,"现在全国的白色家电中心不在武汉,也不在北上广深,而是在合肥,为什么?"曾登上了媒体头条。

但不可否认的是,当时安徽的家电产业却面临"缺屏少芯"的瓶颈。后来,京东方"一块屏幕"的落户,如同一颗石子落入水中,激起了产业裂变的冲击波。

经过连续十多年的打造，合肥新型显示产业形成了"头部企业＋中小企业"的产业链条，通过"龙头＋配套"培育了一批"专精特新"企业和制造业单项冠军。

沿着显示屏产业链不断延伸，也带动了安徽芯片产业的无中生有。"屏—芯—端"合力，构成了国内产业链条最完整、技术水平最先进的新型显示产业集聚地，代表中国参与全球显示面板产业竞争，推动合肥建设"新型显示之都"。

做链，除了政府的支持，更要有一批耐得住"沉默长跑"的企业家。

20多年前，中科大博士刘庆峰坚持留在合肥做语音技术研究，拒绝了微软研究院的奖学金；20年后，微软少了一个工程师，而中国多了一个尖端的人工智能平台。

在线上线下1200多万人参加的1024开发者大会上，刘庆峰饱含深情地说："只有经历风雨的洗礼，才能含苞待放；只有经历一个又一个寒冬，才能持续地怒放。在这里，我们听见了人工智能花开的声音。"

如今，在中国声谷的产业生态圈上，已汇聚超过千家企业，年总产值达1000亿元。

"政府跳下水与企业一起游泳"

"押宝"京东方、千亿元资金"投注"长鑫存储、"接盘"蔚来汽车，对于发生在安徽的这些经典"战例"，大家都已耳熟能详，屡屡刷屏。透过这一连串在外界看来的"神操作"，背后的实质是安徽在产业发展上的打法、手法、步法都在改变，特别是围绕资本助力的操盘。

具体来说，不管是合肥，还是滁州、六安的多个项目，以及省级层面的产业投资，都是围绕"有没有钱投""跟不跟投""会不会投""能不能投""敢不敢投"等问题展开。

其中，有一句话广为流传，就是"政府跳下水与企业一起游泳"。

对于制造业尤其是新兴产业来说，初期往往会面临方向不明确、缺乏资金等问题的困扰，这个时候，政府创新型的支持给了企业极大的信心。

2019年，蔚来汽车遭遇极限压力测试，在企业最困难的时刻，合肥市政府伸出援手，注资70亿元，同时联合6家银行授信超百亿元。在双方签约仪式上，蔚来汽车创始人、董事长李斌深有感触地说："合肥雪中送炭，让蔚来走出了ICU，恢复了健康！"

蔚来汽车将中国总部落在了合肥，不只是一笔可观的投资收益，更大意义在于带动了合肥新能源汽车产业集群的发展壮大。事实上，合肥市政府在产投中挣的钱，都像滚雪球一样，用于满足后续制造业滚动发展的需求。

政府的产业投资，在外界看来是一种魄力，其实更值得探究的是思维和打法的创新。以合肥为例，做强国资平台—快速反应—尽职调查—果断决策—注入引导资金—社会资本跟进—政府资金适时退出—再投入新项目，这一整套流程再造的背后，就是"用市场的逻辑谋事，用资本的力量干事，用平台的思维成事"。

2021年6月开始，安徽启动"万家企业资本市场业务培训"，提升领导干部和企业家用好资本的意识和能力。

在这里，嗅到了未来的气息

今天的安徽，制造业不仅有数量，更诞生一批具有全国乃至世界影响力的标志性产品。

一个数字常被人津津乐道：全球每销售8台笔记本电脑，就有一台"安徽制造"。2020年，联宝集团营收破千亿元，不仅创造了企业自身发展的"合肥速度"，同时也支撑了安徽电子信息产业的崛起。

安徽规划的十大新兴产业中，新一代电子信息产业排在第一位，在"十四五"时期有望成为安徽第一个万亿元级产业集群，树立安徽产业形象提升的"门户担当"。

"打造量子信息产业集聚区"，安徽省第十一次党代会对未来产业部署中的这句话，引起了科技界和产业界的共同关注。

生物制造、先进核能、下一代人工智能、下一代新型显示、6G 网络技术、深空探测、类脑科学、质子医疗装备等制造业的前沿产业，都已经列入安徽制造业的发展名录中，有的将要打造成"国之重器"。正是因为对前沿产业的规划，让一位来安徽考察的投资人说，安徽在新兴产业上的超前布局，"让人嗅到了未来的气息"。

国家"十四五"规划中，首次提出稳定制造业比重，围绕 30% 的比重线，多个经济大省摩拳擦掌开始新一轮竞争。在这个赛道上，"谁是下一个领跑者？"

如今，安徽也是制造强省赛场上的"种子选手"之一。

从安徽制造强省本身来看，一方面是安徽在制造业发展上积累的硬核实力；另一方面，"科创 + 产业"是安徽的一张底牌。

新一轮科技革命和产业变革正在改变制造业结构，安徽的高新技术产业对工业增长的贡献率超过 60%。以合肥为代表的自主创新示范城市，全社会研发投入强度超过 3%，在全国城市中保持领先水平。安徽做强制造业，要用好科创的关键变量，变成制造业的最大增量。

通过工业互联网实现数字赋能，为安徽制造业发展装上一颗澎湃的"数字芯"。2020 年，安徽数字经济增加值突破万亿元。目前，以合力为代表的皖企登云，以奇瑞汽车、海螺集团卡奥斯平台为代表的工业互联网，已经在智能化、数字化上取得扎实成效。

可以说，工业互联网是安徽制造业发展的必选项，是"十四五"期间安徽必须抓住的重要风口、必须抢占的关键赛道。

从安徽开放发展来看，长三角一体化让安徽制造业可以借势登高、借船出海，嵌入全球产业链。作为长三角的"新进生""上进生"，安徽是产业转移综合效益最高的"优势区"。安徽主动参与长三角创新链、产业链、价值链分工合作，可以做强制造业长板，有力增强安徽制造业的话语权。

开放也是增强制造业韧性的必由之路，2018 年以来，安徽已举办三届世界制造业大会，集中签约项目 1752 个，投资总额 1.8 万亿元。

再从最具活力的创新人才来看，安徽制造业生态圈的强磁场，带来的不仅是资金和项目，更有人才等高端要素的汇入。"哈佛八剑客"集体落户合肥，一度刷屏朋友圈，还有更多年轻人用脚投票，选择了安徽作为人生奋斗的舞台。

"有年轻人的城市，才有未来！"安徽省会合肥近十年新增人口 191 万，成为近十年来全国人口净流入最多的城市之一。"十三五"期间，安徽的人口流入达到了 48 万，全国排名第五。

面对变化，一位在外打拼多年的安徽人饱含深情地说，家乡的发展日新月异，我们在外的游子要适时的"告别异乡，回归故乡"，共谋共创发展的新篇章。这就是硬核制造给安徽带来的新改变。

（作者：王运宝、胡磊；原载于《决策》2021 年第 8 期）

合肥"智造"转型的局与策

从中国合肥到德国莱比锡，要跨越 105 个经度。相距甚远的两个城市，接力举办世界顶级机器人大赛，这可能是一次机缘巧合。

不过，当莱比锡在实施"德国工业 4.0"时，合肥也在落地中国制造。这，却不是巧合。

受全球新一轮科技革命和产业变革影响，各国纷纷启动"制造业重振计划"。这些计划包括美国的《先进制造业国家战略计划》、德国的"工业 4.0"、日本的《机器人新战略》等。

在这样的发展潮流中，合肥从"制造"到"智造"，将怎样实现蝶变？

"智造"新棋局

2015 年 7 月中旬的两周内，在合肥市经信委网站"工作回顾"清单中，含有这样几条信息：赴杭州、常州和北京市学习考察光伏产业发展及应用情况；赴济南市调研创建"中国软件名城"相关情况；参加"上海合肥双城合作"比较研究协调会。

在合肥频繁走出去学习外地经验的同时，也有不少城市来合肥取经。关于制造业转型升级，可以说合肥是观察中西部多数城市转型的良好样本。

依据各省发布的信息，国内东部沿海地区已紧锣密鼓地打造制造业升级版图。广东、浙江、江苏、福建等诸多省份都在加快步伐，紧张布局。

产业是城市发展的重要支撑，制造业是工业发展的脊梁。地处中部的省会城市合肥，要挺进"省会前十强"，让"长三角世界级城市群副中心城市"名副其实，制造业转型升级是核心支撑力。

那么，"合肥制造"转型的基础是什么？转型的战略是什么？

先从一组数据看合肥转型升级的基础。2014年，合肥市经济总量为5152.97亿元，位居省会城市第14位，增长10%。工业总量首进全国十强，增速位居第二。2015年上半年，工业总量"十进九"，超越长春市，增加值增速12%，工业投资总量居省会城市第三。

2014年，合肥市完成规模以上工业产值8447.8亿元，规模以上工业增加值2126.6亿元，增长12.3%。最新数据显示，2015年上半年全市规模以上工业增加值1100.78亿元，增长12%，高于全国、全省5.7个和3.3个百分点。

一方面，合肥在工业增长上步态稳健，势头良好；另一方面，合肥的产业结构也在持续优化。

有一项数据可以看出新兴产业在合肥的地位。2014年合肥战略性新兴产业完成产值2553.9亿元，占全市工业30.2%，实现增加值681亿元，增长29.7%，对工业增长贡献率达到66.3%。

2015年上半年，战略性新兴产业实现增加值319.11亿元，增长26.5%，对工业增长贡献率为56.1%。高技术产业增加值588.36亿元，增长16.4%，拉动工业增长8.4个百分点。

再看传统制造业。家电、汽车是合肥两大支柱产业，以家电为例，产值连续多年超千亿元，2014年达1409.4亿元，"四大件"产量稳居全国之首，占据国内近20%的市场份额。目前，合肥的家电、汽车、装备制造以及食品及农副产品加工已经逾越千亿元产值。

在长三角新区域格局里，工业基础是合肥的亮点之一。有了工业基础就有了转型创新的出发点。

2015年初，按照长三角副中心城市的战略定位，合肥市出台了"1号文件"《聚焦重点领域产业推动转型升级发展的指导意见》。该意见明确提出打造电子信息、智能制造、生物、新能源及新能源汽车、高技术服务等五大产业集群。

肆 『抢占C位的制造天团』

在智能制造领域，合肥的目标是：至 2020 年，引进智能制造龙头企业 50 家，配套企业 500 家，在 10 个至 20 个核心智能部件领域取得产业化和工程化突破，实现产值 1000 亿元，这将是合肥谋划的下一个千亿元产业。

有了基础与思路，合肥将如何实现撑竿跳？

两翼同频共振

"合肥工业"微信客户端上，有关技术改造的"快报"不断更新。最新数据显示，2015 年上半年，合肥完成工业投资 1021.6 亿元，其中技术改造投资占工业投资比重为 69.8%，比 2014 年同期增长 3.4 个百分点。合肥技术改造投资占工业投资比重由 2006 年的 45.8% 提高到 2014 年的 61.4%。

传统产业在升级改造中正在实现"凤凰涅槃"。围绕家电、汽车传统制造龙头企业，合肥将以整厂为单位实施"脱胎换骨式"改造，建成 100 家"智能工厂"。以机器人、数控机床、3D 打印为重点，在传统制造领域启动"机器换人"计划和"数字生产线"建设；以 10%~25% 的政策补贴，引导鼓励企业进行技术改造升级。

以家电产业为例，聚集合肥的家电品牌有 14 个以上，包括本土的美菱、荣事达，以及招商引进的海尔、美的、长虹、格力、惠而浦、TCL 等。目前，各大家电品牌正在向中高端智能家电产品转型，如海尔推出智能家电操作系统 U+，TCL 集团推出"智能 + 互联网、产品 + 服务"的"双 +"战略。格力、海信等家电企业投入大量资金进行自动化改造，在关键生产工序实现"机器换人"。

如果说家电产业是观察合肥传统制造业"旧貌换新颜"的窗口，新兴产业异军突起则展现了合肥产业转型涌动的浪潮。传统产业改造与新兴产业壮大作为合肥制造业转型的两翼，起到了同频共振效应。

但合肥要转型，必须突破原有的路径依赖，做无中生有的文章。合肥做了两个梦，一个是面板之梦，一个是集成电路之梦；面板、芯片和软件是电子信息产业的"面、芯、魂"。

为什么选择集成电路产业？

集成电路产业是信息技术产业的核心，是支撑经济社会发展和保障国家安全的战略性、基础性和先导性产业。集成电路产品市场需求巨大，是我国每年进口量最大的单一产品；产业带动性强，1块钱的集成电路可以带动10块钱的电子信息产品，可以产生100块钱的工业产值。

产业发展的领域确定后，要想实现快速发展，关键在于谋划推进项目。项目如何落地？合肥针对集成电路产业项目非常需要资金、研发、人才、应用等方面支持的实际，准备了多种政策支持工具包，对每个项目量身定制政策，实行"一个项目一套支持方案"。如提供设立各类产业基金、给予股债结合投资，加强对研发项目、人才引进支持，帮助对接本地整机应用企业，搭建高效公共服务平台等。

对于所有集成电路企业，落地或运营才刚刚开始，政府要提供更多的服务，实行"陪伴式成长"，营造成长的好环境，就像对待刚栽上的小树一样，多浇水、多呵护。

2015年，合肥成为全国集成电路产业发展速度最快的城市之一，聚集了联发科技、群联电子、通富微电、兆易、君正、杰发等50多家企业，相关从业人员1万多人，形成了从设计、制造到封装测试较完整的集成电路产业链。

集成电路是合肥新兴产业快速发展的一抹缩影。平板显示、语音、生物医药、太阳能光伏、机器人等产业正在不断丰满合肥转型起跳的羽翼。

转型的关键是人

制造业转型升级如何落地？多方参与主体一致认为，"转型的关键是人的问题"：一流的政府、一流的员工、一流的科研。

2015年7月8日，在合肥市委党校，合肥市经信委主要负责人给学员讲了一堂"新型工业化发展政策解读"的课。授课人跳出政策讲政策，用大量案例讲述了合肥工业发展从1.0到4.0、从全国省会排名第13到第9的嬗变过程。

京东方进入合肥时，外界对于政府融资大力引进不甚理解；2012 年欧美对华实施"光伏双反"时，合肥大力推动太阳能光伏产业发展，提出打造"中国光伏应用第一城"，外界同样不能理解。实际的情况是，2014 年，合肥太阳能光伏产业和新型平板显示产业都实现了爆发式增长。

"过去说制造业由发达国家向发展中国家转移、沿海向内陆市场转移，这是片面的。转移不是被动接受，而要主动出击，这是等不来的。"合肥虽然是内陆城市，但建立了出口加工区，有了基础才有大企业来的可能。联宝集团落户后，2014 年一年的产值就是 400 亿元。

这个过程中，干部的观念很重要。在推动合肥工业发展时，一定要勇于开拓创新，力戒因循守旧。大众创业、万众创新，不是每个企业都能成为大的企业，而是"小微"要成为"小强"，有很强的生存能力。制造业往哪个方向发展，就是要发展"小强"企业。

政府要有真正的转型认识与决心，并清楚转的路径和方向。尤其对产业发展要有专业的眼光，似是而非是不行的，"不成为专家也要成为行家"。

谈到企业人才，"企业最关心的是能不能找到合适人才"。一个生动的例子是，台湾群联电子准备落地合肥时，在合肥三所大学召开三场推介会就招到了 86 个人，这个场面打动了群联从而立即下定决心，在合肥投资 10 亿元。对一个设计企业来说，这是一笔不小的投资。

实际工作中，大多数企业考虑的有三点：政府对产业的重视度，产业发展相关政策措施，留住人才的发展环境。联发科技在全国的八个研发中心，合肥人员是最稳定、发展也是最快的，2015 年时规模已经超过 700 人。

人才流动是正常的，就合肥的区位交通条件来看，能够与上海、深圳、北京等集成电路企业集中的城市间相互流动，对合肥集成电路产业发展或许还是一个有利条件。

依托中国科大、合肥工业大学以及安徽大学等多所名校，合肥本地高校每年相关专业的毕业生有几千人，而北、上、深地区一批有经验的皖籍人才的回皖创业也是合肥集成电路人才的重要来源。

一流的科研将造就一座城市的智力生命。2013 年，由安徽省、中国科学院、合肥市以及中国科大共同组建的中科大先进研究院正式运作，至今已有 400 多名硕士、博士研究生入驻。

四方共建让中科大先研院自一面世就尽显隆重与权威。先研院的成立是想通过机制的创新打破原来的束缚。创新有诸多要素，包括人才、资金、成果、模式以及分配等，只有这些要素聚集在一起，才能从实验室阶段推广到样品、产品、商品，怎样缩短其中过程，则要诸多要素充分发挥作用。先研院能够吸引和聚集更多更好的要素，促进成果更易转化。

中科大先研院有着孵化器的功能却又不等同于孵化器。"类似一座桥梁，一头是市场、企业，一头是高校和科研院所，中心是研发"，以往一个创新团队出现后，总是缺一些东西，要么缺管理要么缺市场，或者缺供应链与发展模式，而现在先研院可以为缺乏的东西"提供可能"。

2015 年 7 月 29 日，合肥市委十届九次全体会议召开，《合肥日报》在头版配发评论员文章说，"完成任务，重点在抓；实现目标，必须靠干。不落实，再宏伟的蓝图也只是镜花水月，再美好的愿景也会成空中楼阁"。

（作者：查英；原载于《决策》2015 年第 8 期）

安徽打造"智造"升级版

一块极薄玻璃再次惊艳世界。

2018 年 4 月，凭借完全自主知识产权的智能成套先进技术及装备，蚌埠玻璃工业设计研究院成功拉引出世界最薄 0.12 毫米超薄浮法电子玻璃。从 0.15 毫米到 0.12 毫米，数据上 0.03 的小小改变，却是一次产业上的巨大突破和飞跃。

一直以来，中国玻璃产量稳居世界第一，但绝大多数都是建筑玻璃，高档电子玻璃一直是产业短板。在此之前，超薄玻璃的核心技术被国外垄断，国内价值上百亿元的市场完全依赖进口，蚌埠超薄电子玻璃的问世，在薄与厚的转变中，让中国有了与发达国家一较高下的底气。

谁在智能制造上先人一步，谁就将在新一轮竞争中占据上风。安徽产业迈向中高端，制造业必须迈向中高端；打造安徽产业升级版，就必须先打造"安徽制造"升级版。对于新兴工业大省安徽来说，如何站上"风口"，顺风翱翔？

发力点："路线图""任务书""时间表"的有机统一

一个取下物件，下一个贴上保护膜，再下一个搬起物件码好，最后一个打包，4 个机器人瞬间完成 4 道工序，整个流程配合得天衣无缝。

这是发生在全球最大白色家电制造商惠而浦合肥全新工业 4.0 智能工厂的精彩一幕。4 条总装流水线上的机器人，最快 12 秒就可以下线一台滚筒洗衣机。到 2020 年，通过对智能工厂逐步升级，生产效率将提高 40%。

惠而浦打造的 4.0 智能工厂，是安徽实施智能制造工程的一个生动注脚。顺应智能制造的发展大势，开展"点"上机器换人，"线"上开发智能生产线、智能车间，"面"上打造智能工厂，三个维度发力布局安徽智能制造。这就是安徽发展智能制造的"路线图"。

但要先看清安徽制造大棋局，才能看懂落子布局的深意。

先从制造业发展水平来看，安徽目前处在机械化、电气化、自动化、信息化并存阶段。这就意味着安徽制造既面临工业 2.0、工业 3.0 "补课"，又要在工业 4.0 "加课"的双重任务，产业迈向中高端、新旧动能转换的任务十分艰巨。

再从安徽制造业区域发展情况来看，不同地区、不同行业、不同企业发展不平衡，制造业机器人应用密度较低，应用潜力和空间十分巨大。以皖北地区为例，在食品、药品、酿酒、建材、化工、机械等多个领域具备一定产业优势，但这些行业都属传统产业，装备水平低，用人较多，生产效率不高。

由此观之，以"点、线、面"三个维度来行动，由"点"串"线"，以"线"扩"面"，分类发力、并行推进，推动优势领域率先突破，可以形成安徽智能制造的多点支撑。

"路线图"清晰后，安徽实施智能制造的"任务书"又是什么？按照安徽省发展智能制造战略规划，核心任务是推动制造业智能转型，重点聚焦"63512"任务，即：发展高档数控机床、工业机器人等六类智能制造装备，夯实智能制造标准体系滞后等三大基础，培育推广离散型、流程型等五种智能制造新模式，推进高档数控机床与工业机器人等十二大重点领域智能转型。

与国家智能制造发展规划的"任务书"相比，安徽在智能制造装备和重点领域上分别增加了新内容，扩展到六大智能制造装备、十二大重点领域。这是基于安徽的产业情况，增加了智能成套生产线装备，像海螺日产 12000 吨水泥生产线、蚌埠玻璃设计院光伏玻璃生产线等部分智能成套装备国内领先，但是智能化水平还要提高。这不仅契合安徽产业发展需要和实际情况，也更利于发挥安徽产业的特色和优势。

在实施智能制造的过程中，一些制造业企业已经尝到了智能转型的红利。安徽鸿庆精密机械有限公司就是其中之一。

2013年，鸿庆在机床行业的"寒冷盘旋"中一度濒临破产。2014年11月，富士康投资鸿庆精机后，整合自动化、精密数控等核心技术资源，聚焦新一代高端智能装备产品后，鸿庆逆势而上，成为安徽销售额最大的机床企业。"同一批人，同一场地，三年成为安徽机床行业老大，关键就在于智能转型。"2017年，安徽支持制造强省项目2585个，完成技改投资7352.9亿元，在政策和"真金白银"撬动下，京东方全球首条最高世代10.5代线、康宁液晶玻璃基板、晶合12英寸晶圆厂、美菱60万台中大容积节能冰柜等一批标志性智造项目建成投产。

但在面向企业智能转型的发展需求上，全国23家智能制造系统解决方案供应商，安徽却没有一家上榜。这说明安徽还没有形成一个企业深度参与的智能制造发展生态体系。智能制造不是单单搞一个装备或者机器人，如果有一块短板，就会牵一发而动全身，影响到智能制造整体水平。

按照时间节点计算，安徽将分"两步走"实现新目标。"十三五"期间，实施智能制造项目1100个以上，投资2600亿元，建成100个智能工厂和500个数字化车间，推广应用工业机器人2万台；"十四五"期间构建新型制造体系，重点产业初步实现智能转型。

放眼安徽智能制造的未来，做好"路线图""任务书""时间表"的有机统一，将安徽智能制造从平面的蓝图变成立体的现实，离不开16个地市的共同努力。

制高点：地方有取有舍，不能操之过急

三天之内，跨越1450公里，一位市委书记上演了一场千里招商的精彩大戏。

2018年3月16日，阜阳市委书记来到阜阳新松机器人产业园展开调研；仅一天之后，他又带队远赴沈阳新松机器人总部，与新松高层就加快推

进阜阳新松机器人产业园建设达成共识，志在成为世界级机器人创新和生产集聚高地。

阜阳对机器人产业的渴望和雄心，是安徽各市抢占智能制造高地的一个缩影。在这场面向未来的智能制造竞逐中，安徽各城市也都憋足了一口气、铆足了一股劲，大有"抢资源、占高地"之势。

从各市的 2018 年政府工作报告来看，均紧锣密鼓地推出智能制造的相关布局。其中，机器人、数控机床、新能源汽车等高端制造业更是成为各市必争高地。"从全省来看，各个市县都要朝着智能制造的路子和方向奔，这是未来城市发展的标配，但是发展的重点和任务要有取有舍，要基于本地特点和优势，不能全面发力。尤其是欠发达地区如何推动智能制造突出'重围'，占领先机，成为摆在眼前必须解决的问题。"一位区域经济专家分析说。

阜阳无中生有机器人产业正是如此。不甘于做"跟跑者"的阜阳，大胆提出打造"智能制造名城"的新名片，将智能制造产业发展作为"一号工程"，先后破土动工新松机器人产业园、智能制造无人机产业园，在新一轮发展中争得先机。而这正是阜阳基于区位交通、人口红利、资源禀赋等多方面比较优势后做出的战略决策。

实际上，一些后发区域发展智能制造，并不是高不可攀，"跳起来摘桃子"是能够得着的。后发区域要超前布局未来前沿产业，抢占发展制高点，更要树立典型示范和鲜活案例，以点带面引导传统产业开展智能应用，打造安徽制造业企业智能化升级的梯队。

这与耕耘制造业数十载的全国政协委员、埃夫特智能装备股份有限公司董事长许礼进的观点不谋而合。他认为，首先要通过示范应用，让传统制造业认识智能制造，了解智能制造，愿意使用智能制造，最后普及智能制造，以智能制造催生新动能，促进产业升级换代。

放在区域格局中来看，安徽获得的 11 个国家智能制造试点示范项目，合肥最多，达到 4 家，宣城 3 家，安庆 2 家，芜湖、六安各 1 家。从分布上来看，皖江示范区有 10 家，皖北地区 1 家没有。由此可见，皖北的示范引领显得尤为重要。

皖北龙头企业古井集团近年来深入推进"绿色智能酿造"，积极探索自动化生产线项目，在打造全自动立体发酵智能酿造车间上，蹚出了一条路子，更有人评论说："古井酒厂几百台机器人，实际上离智能工厂还有一定距离，但是我们把它树立起来了，撕开了皖北发展智能制造的'口子'。"

非知之难，行之惟难。智能制造是制造业发展的"风向标"，无论是处在工业 1.0 阶段，还是工业 2.0、3.0 阶段，工业 4.0 一定是地方发展必须走的路，如果抓不住这个趋势和突破口，就会在制造业分工体系重新洗牌中处于劣势。但是，不能一窝蜂、一阵热、炒概念，需要耐心，精准发力。

在这场没有终点的智能制造"马拉松"中，比拼的不仅是速度，更是耐力，地方的取胜之钥，究竟是什么？

突破口：探索破解"设备易得、人才难求"的利器

2007 年，专家刘屹决定从美国回国创业时，北京、上海、杭州等一线城市首先进入他的考虑范围，但他最终落脚的，却是一个"不起眼"的城市——安徽池州。专家梅泽群，放弃国外高薪，毅然回国来到安徽滁州创业。如今，两人创立的公司凭借过硬的技术优势，已发展成为节能环保高端制造业领域的领军企业。

这样的事例都在向外界传递一个清晰的信息：引进一位人才，实现一项技术革新，兴起一个产业。

许礼进认为，人才是创新的根基，拥有了一流的创新人才，就占据了科技创新的优势和主导权。《决策》记者密集走访安徽省多家智能制造企业，当问到什么是影响智能制造的关键因素时，接受采访的高管们给出的答案是：资金和人才。继续追问，两者选择一个的话，哪个最关键？答案是人才。

在《世界经理人》最新公布的《中国制造企业智能制造现状报告》中，有近三成被访企业认为，使用智能设备生产的最大难题是人才，越来越多

企业面临"设备易得、人才难求"的尴尬局面。

在安徽现有的企业、资本、资源环境下，做智能制造，钱不是主要问题，缺人才是最大的瓶颈。实际上，发展智能制造，安徽乃至全国都存在的"软肋"是缺人才。

尽管"机器换人"已成为推进传统制造业向智能制造发展的显性标志，但"机器换人"绝不是不需要人，相反恰恰缺的还是人。因为智能制造是多学科交叉门类，需要具备更高能力和价值的人才，比如技术型工程师，以及制造业与互联网融合发展领域的从业人员。

毫无疑问，这样的复合型人才缺口，相当程度上制约着安徽传统制造向智能制造升级的进程，尤其是合肥、芜湖之外的其他地市。但从目前安徽一些地市的探索来看，已经逐渐找到了突破人才瓶颈的利器。

一直以来，地处皖北、人才吸引力相对薄弱的亳州，发展智能制造深感人才短缺之痛。如今，这种状况正在悄然发生改变。

2017年12月，亳州与合肥工业大学智能制造技术研究院牵手"联姻"，成立离岸孵化中心。42家制造企业分别与合肥工业大学20余位专家教授开展产学研对接，破解"智造发展中的烦恼"。在这种"专家教授来亳州"和"企业组团到高校"双向互动机制下，通过离岸孵化中心把招才引智管道直接延伸到科技创新源地，打破了亳州发展智能制造中的人才瓶颈。

智能制造最直接的是技术，最根本的是人才。这也是皖南池州、皖中滁州，还有皖北亳州，都不约而同地将目光投注在"人才"上的原因所在。

从经典的竞争力钻石模型来看，企业竞争优势的创造最终要反映到人才的集聚上，政府只有扮演好自己的角色，才能成为扩大钻石体系的力量。"引进智能制造人才创新创业，政府在给予政策支持时，要有耐心，否则人才是留不住的。"江苏省产业技术研究院的一位专家说道。

芜湖机器人产业园的实践就是一个生动写照。十年来，芜湖把招引高层次人才作为科技创新"一号工程"，营造良好的创新创业环境，坚持把人才"引进来、留得住、用得好"，在长江边崛起了一座百亿机器人产业园。许礼进认为，做好创新人才的引进和集聚，就能盘活一个企业，撬动一个产业，甚至带动整个区域的发展。截至 2017 年 12 月，已入驻芜湖的机器人企业共 88 家，产业规模达 77.5 亿元，同比增长 21%；实现税收 4.58 亿元，同比增长 38%。

量力而任之，度才而处之。人才引进不是最终目的，只有用好用活人才，才能产生辐射效应和磁聚效应，形成以才带才、以才育才、以才引才、以才聚才的良性循环，全社会的智造智慧就会如清泉出涧、奔流不息，最终汇聚成安徽智能制造的澎湃动力。

（作者：姚成二；原载于《决策》2018 年第 5 期）

"IC 之都"的雄心

合肥是集成电路产业的后起之秀，原本基础薄弱，基本上是白手起家，但后来异军突起，短时间内迅速成为中国集成电路产业新发展极。

集成电路被喻为"工业粮食"，市场需求广阔，是中国超过石油的单一进口总额最大的产品。在集成电路产业上升为国家战略，产业发展迎来黄金时代的背景下，集成电路产业的崛起，对于合肥建设长三角世界级城市群副中心，参与全球产业分工，极具重要意义。

"我们将努力把合肥打造成中国的 IC 之都。"合肥市决策层毫不掩饰这样的雄心。合肥的底气从何而来？合肥集成电路产业究竟是如何崛起的？

综合优势赢得发展先机

2014 年 3 月落户的合肥君正，是北京君正在合肥的全资子公司，其落户过程颇有戏剧性。

成立于 2005 年的北京君正集成电路公司，拥有全球领先的嵌入式 CPU 技术和低功耗技术，其生产的芯片已成为我国出货量最大、应用领域最广的自主创新微处理器产品。

由于在北京发展，遇到员工户口难以解决、房价过高难以买房等多方面压力。为节约成本、扩大规模，北京君正有意在二线城市设立主要研发基地。

此时，国内集成电路产业招商竞争十分激烈，武汉、无锡、重庆、西安等多个城市均积极发展集成电路产业，在全球及国内开展大规模的招商引资活动。

在平行考察多个城市后，北京君正一度决定在沿海某城市落户，甚至即将签约入驻，但最终还是被合肥优良的环境和政府的诚意所打动，投资1.4亿元落地合肥。

"就某一方面看，合肥的条件并不是全国最好的，但综合区位、科技、人才、服务环境等因素，合肥的整体优势就凸显出来了。"合肥君正一位高管评价说。

合肥是全国重要的综合交通枢纽城市，正在形成"米字形"高铁网，4小时交通圈覆盖全国主要城市。这使得在新一轮发展中，合肥拥有高铁四通八达的优势。

同时，合肥房价不高，生活成本较适中，人员稳定；城市宜居，人文资源深厚，气候适宜，环境优美，是发展集成电路产业的理想地区。

从产业环境来看，合肥本地集成电路市场需求巨大。

合肥是全国最大的家电制造基地，家电"四大件"产能6000万台套，稳居全国第一；2012年，联想年产2500万台笔记本电脑项目开始投产；合肥是国内规模最大、产业链最完整的自主面板产业基地；汽车、装备制造等重点产业综合产能进入全国前列。四大产业芯片需求每年数十亿片，价值超过300亿元。

在选择转移地的时候，集成电路企业更看重的是人才，而这方面合肥优势明显。

合肥不仅有中电科技38所、43所和中国兵器214所等国家级集成电路专业研究机构，还拥有以中科大先研院、合工大微电子学院为代表的，包括IC设计、晶圆制造、测试封装等专业的本、硕、博阶梯式人才队伍。

在国内集成电路产业由沿海地区加快向中西部转移的大趋势下，合肥凭借全面的综合比较优势而占得先机。在业界看来，以合肥为代表的中部城市，将成为未来20年中国IT产业发展的主要动力。

谋篇布局构建产业生态

良好的产业发展环境是产业聚集的基础，但并不是客观条件好了，企业就一定会来，人是决定性因素，特别是政府的服务效率和对产业的理解和关注度，最关键的是政府如何"筑巢引凤"。

其实，集成电路产业合肥谋划已久，早在"十一五"时期就有"集成电路之梦"，由于条件不成熟，虽然也做了努力但发展成效不大。2010年，合肥京东方建成投产之后，让合肥看到了希望。

面板、芯片和软件，是信息技术中三大基础性产业。国内曾流传着一种"自嘲"的说法，说中国的电子产品"无芯、无魂、无面子"。而京东方给合肥挣回了"面子"。

"'面子'有了，'芯'在哪里？如今哪个产品没有芯片？这是创新的牛鼻子。合肥与中科大共建先进技术研究院，核心目标就是"做芯"。

"合肥要争'芯'，这条路可能很长，风险也比较大，但是这个险值得冒！"合肥市决策层的战略很明确。

不同以往盲目招商、匆忙上项目，合肥发展集成电路产业并没有急于求成，而是在更高层面上进行谋篇布局。

合肥市将集成电路产业列为加快培育发展的首位产业，成立了高规格的产业发展领导小组，并且率先出台了集成电路产业发展规划。对政府来讲，对产业的理解和重视是第一位的，有了规划才知道方向怎么走，才会给别人预期。

而在业内专家看来，与之前不做规划、盲目招商相反，地方政府能够深入调研产业、科学规划，制订有针对性的发展计划，以"特色选产业、产业选企业"的新思路，代替"给钱给地"的传统招商思维。这是一个巨大的转变，政府的积极性和专业性对产业发展有着极其重要的意义。

路子清了，接下来就是制定政策，不是简单地给钱给地，而是围绕研发、应用提供支持，通过天使基金、产业基金参与投资。集成电路是高技术、高投入、高风险产业，产品技术更新换代周期非常快，在研发阶段没有资本支持很难发展起来。

在政府主导下，2014年合肥市筹备建立1亿元的天使基金和10亿元规模的集成电路创业投资基金，并在积极谋划成立 100 亿元的产业整合并购基金。同时吸纳社会资本，采取入股和投资等多种方式，吸引海内外优质公司落地。通过资本带动产业的"合肥模式"，来实现产业的跨越式发展。

为了营造更好的产业发展环境，合肥市建立多个专业化的集成电路公共服务平台，包括设计服务平台、检测服务平台、人才培训平台、创业投资平台等，有效地提升了合肥集成电路产业的孵化能力和吸引力。

综合来看，合肥市并不是着眼于几个项目，而是系统考虑产业的长远发展，谋划构建完整的产业生态，从构建产业发展的良好环境去谋划推进。因为合肥的目标是，打造具有全国影响力的集成电路产业集群。

先行一步积蓄发展势能

2014 年，合肥市领导干部赴北京、上海、深圳，以及美国硅谷等地 20 余次，接待来访客商 90 多批、200 多人次，两次集中签约 39 个项目，总投资达 223 亿元。

过去，合肥在集成电路产业方面没什么知名度，很多企业开始在布局中都不会想到合肥，正因为合肥谋划早、措施实、工作主动，才能让更多的人了解合肥，"看到的合肥，一定比想象中的更好"。所以，很多集成电路企业到合肥来，都是被合肥市对产业的理解和执着精神所感动。

连续两年引进几十家优秀的集成电路企业，这在全国城市中尚不多见，合肥已经成为全国集成电路产业发展最快的城市。到 2015 年年底，合肥集成电路企业预计超过 50 家，产业发展集聚效应初步形成。

通过三五年的努力，合肥的集成电路企业有望达到上百家。经过几年的不懈努力，合肥电子信息产业在全国的地位将得到极大提升，真正成为国内领先、国际知名的"IC 之都"。

集成电路产业规模的发展壮大，最重要的要素瓶颈是人才资源，这方面合肥也已经开始着手破解。

合肥以中科大先研院为平台，吸引国内外集成电路龙头企业合作建立微电子研究中心。同时，重点支持中科大先研院、中国科学院合肥物质研究院、合工大、安大等高校和科研院所，培养具有实践经验的集成电路专业人才，通过订单式培养、联合培养等方式，缩短人才培养周期。

另外，积极引进重要领域、关键环节的急需高端人才，满足集成电路产业跨越式发展对人才的需求。

"别人正在研究讨论，或者正在等待国家规划布局的时候，我们已经'笨鸟先飞'，做好了产业推进的各项准备。"发展新兴产业从无到有，必须谋事要早、干事要实。

"新兴产业需要很长时间学习。合肥市行动得早、效果明显，大家尝到了甜头，找到了路径和方法。在实践中，大家对新兴产业的认识不断深化，能力在不断提高，方向越来越清楚，信心越来越足，这就形成了发展的势能。"合肥市发改委负责人表示，积蓄强大的势能，对合肥打造世界级产业集群至关重要。

（作者：吴明华；原载于《决策》2015 年第 4 期）

万亿"汽"势

2023 年 6 月 21 日，一场全省性推进会聚焦新能源汽车产业，释放出一个强烈信号，安徽的战鼓已经擂响。

安徽为什么要打这样一场进军新能源汽车产业的"硬战"？

谁能坐上"牌桌"

要问哪个产业正在"狂飙"？当属新能源汽车。

2022 年，全球新能源汽车销售突破千万辆，同比上涨 56.4%。有专家预测，2023 年将突破 1500 万辆，发展势不可挡。

从我国来看，短短 3 年，在国家政策支持和"双碳"目标驱动下，新能源汽车年产量由百万辆跃升至 700 多万辆，连续 8 年位居全球新能源汽车产销量第一。

新能源汽车的强势崛起，也牵动着地方发展的神经，不仅成为老牌"汽车城"转型的重要突破口，也成为非传统汽车强省"换道超车"的不二之选。

在燃油车时代，广州、上海、重庆、长春、柳州、北京和武汉，这七大主流汽车生产基地，构成了全国汽车制造版图。

这一局面在很长一段时间内保持稳定，直到新能源技术趋于成熟，才让一些地方看到了"入局"的机会。

一位区域经济专家分析说："新能源汽车的出现，给中国汽车产业格局带来了罕见的洗牌，每个地方都有坐上'牌桌'的机会。"

所以我们看到，特斯拉扎根上海，小鹏牵手广州，合肥引入蔚来，小米落户北京……各地大施拳脚，频频发力，提高发展新能源汽车的优先级，争抢上下游项目,打响了一场新能源汽车争夺战。

曾经热闹一时的特斯拉"第二工厂"选址争夺战,就是生动的缩影。虽然之后证明传言不实,但至少反映出,这是各地都想争取的"香饽饽"。

这些新能源汽车项目到底"香"在哪?

"香"在这是一张烫金的产业发展新名片,不仅可以集聚产业链上下游、贡献税收、创造就业,更能为地方发展提供强大动力,改变一个地方的区域IP形象,以至于流行这样一个说法:"制造业的尽头是造车。"

保定市委主要领导曾说过:"长城汽车在保定的重要地位,相当于华为之于深圳,海尔之于青岛。"2022年,长城汽车营收达到1373.4亿元,要知道保定经济总量是3880.3亿元,长城汽车一年为保定贡献超过四分之一的税收。

再比如四川宜宾,因引进宁德时代,直接实现了从"白酒之都"到"动力电池之都"的蝶变,过去提及宜宾,外界第一印象是五粮液,现在是宁德时代。

这样的案例还有很多,都生动地说明了新能源汽车产业的新风口、新赛道,为地方发展带来了"换道超车"的新机遇。

正如一位地方官员所说:"如今,一个地方要想在激烈的区域竞争中脱颖而出,弯道超车已经不可能,只有换道才能实现超车。"

而且,任何一个地方都不想缺席,都想搭上新能源汽车产业的快车。

但"牌桌"只有那么大,能坐上的终归是少数。数据显示,2022年全国新能源汽车产量前十位的省市是广东、陕西、上海、江苏、广西、浙江、安徽、湖南、重庆和湖北。

从目前的发展态势来看,上海、西安、深圳等在整车制造,宁德、常州等在动力配件上都已抢占先机,同时,还有更多的省市在换挡提速。

这其中,安徽很受关注,不仅干出了自己的新模样,还走出了新路子,更是有优势、有条件、有基础抓住"换道超车"新机遇,坐上"牌桌"。

"安徽现象"

看一个地方新能源汽车产业发展得怎么样，产量是最直观的体现。安徽表现怎么样？

2022年，安徽汽车产量174.7万辆，新能源汽车产量52.7万辆，均位居全国第7位。2023年上半年，安徽汽车产量102.6万辆，同比增长43.6%，占全国汽车总产量的7.7%；其中新能源汽车产量34.2万辆，同比增长87.8%，占全国新能源汽车总产量的9%；汽车制造业增加值同比增长42.6%。

进一步梳理发现，近3年来，安徽汽车产量一直保持20%以上的增速，呈现快速增长态势。

那么，安徽这种态势从何而来？

坦白地说，在新能源汽车这条赛道上，安徽并不是"天赋性选手"：既不像广东、上海等省市那样拥有先天优势，也不如北京、江苏等具备雄厚经济实力。

安徽之所以能在近年备受关注、风头强劲，除了以奇瑞、江淮为代表的本土整车品牌和国轩等动力电池企业发力之外，很大程度上源于强势招引了蔚来、比亚迪、大众安徽等整车龙头企业，以产业集聚之力，在国内新能源汽车产业版图上，抢下了一席之位。

在这个过程中，诞生了诸如合肥"抄底"蔚来、大众连投三个10亿欧元"押宝"安徽、狂揽比亚迪等被外界津津乐道的传奇故事。

更重要的是，一家整车头部企业的引进所产生的带动作用不可限量，身后摆动着巨大的上下游产业链条。

大众在安徽落地后，已有近300家生产供应商和约800家采购供应商就位。截至2022年，38家供应商已随大众安徽到安徽投资，合肥已连续召开两届大众汽车供应商大会；比亚迪落户合肥长丰后，全国各地汽车领域客商慕名而来，仅2022年就有约350亿元的产业链项目签约落地。

龙头企业的集聚效应，让安徽成为吸引汽车产业链上下游企业投资布局的热土。"几乎每周都有来自长三角地区的企业希望前来投资，八成以上是新能源汽车产业链上的企业。"长丰县下塘镇领导说。

目前,安徽已集聚了奇瑞、江淮、蔚来、长安、比亚迪、大众、汉马等七大整车企业,建立了全产业链体系,拥有规模以上零部件企业1100余家;合肥打造新能源汽车之都和智能新能源汽车创新高地,芜湖建设自主品牌集聚区,都成功树起了极具辨识度的产业地标,形成了集聚发展的"安徽现象"。

就在刷新外界对安徽认知的同时,也引发了热议:究竟什么是新能源汽车产业的"安徽现象"?

概括起来说,就是安徽积极抢抓新能源汽车快速发展机遇期,通过"以投带引"等方式,布局新能源汽车产业新赛道,以"整车企业—核心零部件—产业链条—产业集群"为发展路径,营造全链条汽车业态,形成了新能源汽车发展基础良好、前景看好的发展态势,成为安徽的一张新名片。

这既是安徽发展新能源汽车产业的基础条件,也是优势所在。

当然,在看到"安徽现象"的同时,我们也要清醒地认识到,安徽新能源汽车产业发展还存在一些短板,比如整车、零部件、后市场联动还不够高效,缺少一流整车企业、"数一数二"的关键零部件企业和后市场头部企业,全链条汽车业态还不够完善等。

因此,安徽要打的是一场新能源汽车领域的"硬战":在产业链争夺战中奋力锻造长板,补齐短板,聚焦整车、零部件、后市场三位一体发展,提升新能源汽车产业综合实力。

那么,这场"硬战"怎么打?

"安徽新战法"

既然是"硬战",就得有前进的目标,安徽的雄心剑指具有国际竞争力的新能源汽车产业集群,推动全省汽车产业年产值尽快迈上万亿元级新台阶。

迈上万亿元级新台阶,这是一个什么概念?

2022年全国汽车产量第一的是广东,达到415.37万辆,其中新能源汽车产量为 129.73 万辆，汽车工业销售产值超过 1.1 万亿元，零部件制造业营业收入超 4000 亿元。

安徽深知，要想达到这样的目标，绝非一件轻易的事，更不能仅仅依靠单点突破就能成功，需要战略、战术与战法相结合。

从战略上看，安徽进一步提升了新能源汽车的产业地位。过去，"新能源汽车和智能网联汽车"是安徽重点发展的十大新兴产业之一。而在 2023 年 6 月 21 日的推进大会上，则明确把新能源汽车定为安徽的首位产业。

作为发展首位产业的政策支撑，《关于强化创新引领加快建设具有国际竞争力的新能源汽车产业集群的指导意见》已经印发。其中，对全省新能源汽车产业到 2025 年、2027 年的产量、产值、占比提出具体目标。

从战术上看，安徽着重做好整车、零部件、后市场"三位一体"文章。

首先，全力以赴发展壮大整车制造，这是新能源汽车产业的"龙头"。其次，千方百计做大零部件产业，特别是要发挥安徽电子信息产业聚集优势，深化"车芯协同"，开展汽车芯片联合攻关，破解汽车缺"芯"之痛。再次，深耕细作做精汽车后市场。

从战法来看，安徽打出了一套"组合拳"。

摆在突出位置的是，培育打造汽车产业新经济生态。

任何一个产业的发展，都离不开良好的产业生态。安徽要做大做强汽车产业，同样需要打造良好的汽车产业生态。

前不久，安徽发布建设方案，提出打造创新、智造、服务、人才、文化、资本、开放的七大生态，互为支撑、环环相扣，破解发展中的堵点、难点、卡点和漏点问题。

在七大生态建设中，创新生态被摆在第一位。安徽即将建设开放性汽车生态实验室，每年打造 20 个以上创新联合体，每年支持不少于 10 个攻关项目，建设国家级新能源汽车整车和零部件检测中心。

而创新需要强大的人才支撑，安徽深谙"只有强才能大，有了强必然大"之道，运用汽车工业互联网贯通"产学研金服用"全链条，围绕建立以企业为主体的人才发现、招引、培育、使用机制，营造良好的人才生态。以大众汽车新项目为例，落户合肥后，将集聚 2000 多人。

汽车产业新经济生态的营造，需要有新的打法来支撑。

这就好比开矿，一个储量丰富的矿山，用原来的老工具、老办法，一天挖几百吨就达到极限。但如果改变工作方法，找新矿脉、用新设备，一天上万吨也能做到。

事实也的确如此：发掘新"矿脉"、使用新方法，以全方位的战法升级来支撑新能源汽车产业发展，是这两年安徽亮点频出的直接显现。

这套战法体系里，既有新能源汽车产业链专班的顶格推进，也有产业链图谱思维的策略，还有"以投带引"带动"链"式发展的创新探索，形成了一整套行之有效的"安徽打法与战法"。

与新打法相呼应的是，安徽拿出了"真情实意"和"真金白银"。

2023 年 3 月以来，安徽省委书记、省长多次到汽车企业蹲点调研，顶格推进产业生态建设和项目对接；安徽还将设立财政专项，5 年累计安排 200 亿元财政资金，设立超 1000 亿元的汽车产业链专项投资基金。

这样的大手笔，凸显了安徽取胜的态度和诚意，彰显了必胜的信心和决心。

多位区域经济专家认为："一旦安徽达成这样的目标，不仅会带来产业结构升级，更重要的是由此带来人才结构改变，进而升华一个地方的气质，塑造出安徽的产业新形象。"

以比亚迪合肥基地来看，全部建成达产后，将创造约 10 万个年轻人就业岗位，推动下塘镇从"打烧饼"到"卖汽车"的华丽转身，实现城市气质的升华。

未来已来。"安徽新能源汽车产业基础良好、前景看好""汽车产业大有可为、前景可期"，安徽省领导多次强调的高频词，不仅传递出了安徽对新能源汽车产业的高度重视，更折射出安徽对于目标的志在必得。

（作者：姚成二；原载于《决策》2023 年第 6 期）

四
「抢占 C 位的制造天团」

冲刺"新能源汽车之都"

2020年9月3日，一条全长4.4公里的自动驾驶5G示范线在合肥包河区塘西河公园内正式开通。这条示范线集聚了5G网络、道路感知设备、路边交通设施升级、云平台控制中心、5G场景应用建设、展示厅建设等六大板块的高科技运用。

4.4公里，距离虽短，却是安徽新能源暨智能网联汽车产业发展的一个里程碑。作为安徽首条示范线，承载着合肥智能网联汽车的未来和希望。自此，智能网联汽车成为新能源汽车产业新赛道。

2020年11月，合肥在《关于加快新能源汽车产业发展的实施意见》中提出：到2025年，合肥市新能源汽车产业规模超过千亿元，整车产能达到100万辆，质量品牌具有国际竞争力，成为全国重要的新能源汽车产业基地。

新能源汽车 3.0 时代

"车路协同让驾驶变得更加安全"，星云互联联合创始人、董事兼首席运营官石勇说，"车路协同是未来交通的必由之路，目前整个行业开始逐步从萌芽期迈向成长期"。作为行业的领跑者和先行者，星云拥有全部自主研发知识产权的5G车路协同全线产品。

为什么选择车路协同？百度智能交通业务拓展部安徽区域总经理崔玮给出了答案："在自动驾驶的世界级比拼'赛道'上，我国和国外选择了不尽相同的发展路径。国外以单车智能为代表，是发展'聪明车'。我国由于有5G加持，将路和车视为完整体系，去弥补单车智能在感知方面存在的不足，走出自己的道路。"

车路协同是第一步，"智能化＋网联化"是新能源汽车的3.0版本。"智能化和网联化与合肥的整体产业基础联系十分密切，这条发展路径是适合合肥的，"合肥中关村协同产业发展有限公司总经理王璐分析道："合肥的产业特征非常契合车联网的发展，以科技为主打的合肥，人工智能产业发展迅速，有科大讯飞、国轩高科等助推汽车'新四化'转型的全国知名企业，有合工大汽车工程研究院等高校创新主体，是具有雄厚科研实力的'创新之都'，这些都是发展智能网联汽车产业很好的根基。"

　　有了基础，如何将优势充分发挥？推动智能汽车"新基建"，做大做优新能源暨智能网联汽车产业，已成为合肥推动经济高质量发展的重要举措之一。

　　首先是重点项目建设。根据《合肥（包河）智能网联产业发展项目建设方案》规划，合肥未来两年将启动七大重点项目建设，包括5G智能网联汽车公开道路示范区、合肥港智能化改造、智能网联汽车大数据云计算平台、新能源充电桩、智能网联汽车封闭测试场、国家智能网联电动汽车质量监督检验中心以及5G智能网联汽车产业发展中心。

　　其次是平台建设。一方面，合肥包河经济开发区将融合运用5G、人工智能、物联网、大数据等核心技术，通过基础设施建设、5G配套改造、大数据平台搭建、场景示范应用等全面部署，构建"一场一线一园一中心"的产业承载地，最终形成合肥5G智能网联示范区。另一方面，成立合肥市经信局唯一正式授权的市级智能网联汽车开放道路测试第三方管理机构——合肥市智能网联汽车创新中心，作为支撑安徽省、合肥市智能网联汽车政策法规制定、示范区先导区顶层设计的重要机构。

产业生态体系

　　坐落在包河经开区的安凯汽车，自主研发的无人驾驶客车已在深圳、武汉、天津、合肥、澳门等地投入运行，并已经出口日本。无论是新能源汽车还是智能网联汽车，安凯都是第一个进入这个领域的，而且安凯客车是国内少数获得智能驾驶测试牌照的企业，推动了智能驾驶技术在真实场景下的应用。

少数意味着突破，技术则是突破的关口。"目前从整个产业来看，传统部件技术及其产业链比较成熟，新能源汽车动力电池技术特别是燃料电池技术还有较大的技术提升空间，随着智能网联汽车快速发展，汽车智能控制系统、车联网系统等技术创新有待大幅度提升，特别是车用芯片等一些'卡脖子'技术亟待大规模国产化突破"，合肥工业大学汽车工程技术研究院负责人分析道。

市场是新能源暨智能网联汽车发展的最大制约之一。创新支持模式，鼓励市场开拓是破局之棋。2020年11月，合肥市政府发布《关于加快新能源汽车产业发展的实施意见》，允许新能源汽车非高峰时段使用公交专用道，从2021年起，合肥公共领域新增或更新用车全部使用新能源汽车。

"开拓市场，不仅要促进新能源暨智能网联汽车企业扩大生产销售规模，相应的配套也要快速跟进，这样才能提高老百姓的接受度和认可度，"合肥工业大学一位专家分析说，在公共基础设施和公共服务平台建设上，新能源暨智能网联汽车的普及对城市的要求都非常高，包括充分而布局合理的新能源充电桩建设、全域的车路协同应用场景建设、大数据服务平台建设等。为了推动智能网联电动汽车技术进步，还需要加强封闭道路测试场建设、试验台架以及仿真模拟等测试能力建设。这些建设都需要有一套系统性的规划和实施方案。

从十一部委联合印发《智能汽车创新发展战略》，到新基建蜂拥而至，智能网联汽车已然站上风口。作为长三角副中心城市的合肥，昂首屹立于风尖之上，汽车已不再仅仅是交通工具，而是向大型移动智能终端、生活空间转变。

"十四五"时期的合肥，将打造以汽车为核心，由软件及其服务企业、通信、大数据、人工智能、城市交通等多主体共同构成的新型汽车产业生态体系。

从千亿元级的新能源汽车产业布局，再到万亿元级的车联网产业，合肥一直在乘风前行！

（作者：安蔚；原载于《决策》2021年第4期）

伍

奔跑吧，皖之城！

改革开放 45 年来，中国城乡巨变的进程，就是一部波澜壮阔的城市化发展史。在历史潮流中，从浩荡皖江到烟雨皖南，从巍巍大别山到皖北大平原，当安徽的城市和县域形象改变叠加在一起时，就成为安徽区域形象塑造的最大载体。

我们看到，省会合肥从"三五之地"的江淮小邑，崛起为具有独特气质的创新之都，"合肥现象"的城市 IP 塑造，堪称中国城市经济学的典型范本。合肥不仅呈现出中国城市化的历史刻度，也是观察安徽城市形象的一扇"窗口"。

我们看到，从"皖江巨埠"芜湖到山水顶流黄山，从"黄梅戏之乡"安庆到"淮上明珠"蚌埠，从"红绿相映"的六安到"江淮粮仓"阜阳，安徽城市的"识别码"越来越清晰、越来越灵动，并在"大城演义"的历史年轮上，刻下深深的烙印，写成了一页又一页的追梦日记。

时光，总是在回望中给人以启迪。今天，我们从省会合肥开始，在安徽不同城市和县域分别打一眼"深井"，一起透视安徽城市形象蝶变的内在机理。

省会城市的"合肥现象"

奋进、跃升、搅动，一股前所未有的气势，激荡合肥。

以2006年"千亿合肥"、经济圈构建和滨湖新区启动为起点，到2015年，合肥"逆袭"连续超过6座省会城市，而且还有底气再次争先进位！这种跨越赶超，在全国省会城市中绝无仅有，对城市格局形成显著的"洗牌效应"。

10年来，合肥用改革创新的方法，打造出全面深化改革先行先试"合肥版"；踏准节拍、乘势而上，一直在向优化发展的方向奋进，走出了"合肥路径"；相较于其他省会城市，"合肥速度"提升更快、成效更好、未来潜力更大，支撑合肥在区域经济格局中脱颖而出。当所有这些跌宕起伏的发展"剧情"叠加在一起时，共同构成了省会城市的"合肥现象"。

明者因时而变，智者乘势而为。2016年5月，合肥全新的战略定位已经明确。但要清楚地认识到，建设长三角城市群副中心，不仅仅是在中国城市第一方阵中占有一席之地，更要以引领者的姿态，带动周边城市融入全球产业链、价值链和创新链。

在未来的区域新棋局中，合肥的空间形态重构、平台载体搭建、城市气质塑造，都将"润物细无声"地浸润着城市的每一个细节，在发展的年轮上刻下深深的烙印。

唯其艰难，方显勇毅；唯其磨砺，始得玉成。10年来，"合肥现象"是怎样炼成的？

合肥速度

散文《穿城而过》中这样写道："从上海乘坐高速铁路2个半小时，从武汉出发 2 小时，从南京出发 55 分钟，火车一停，每节车厢的喇叭里都会响起同样的声音：合肥到了。"这篇收录在《阅读合肥》中的散文，文风新颖，字里行间流露出自信。2008 年 4 月，合肥开通第一条高速铁路；7 年后，"米"字形高铁综合枢纽已从平面的规划图变成立体化的现实。

驶入高铁时代，只是合肥改变的一个横断面。如同时速 350 公里的高铁正在重塑中国的城市格局一样，合肥"经济动车组"的 10 年跨越，犹如一块巨石投入一片平静的水面，激起层层涟漪。

这个冲击波传递给外界的最大印象，是对经济地理格局的重新洗牌，更改变着传统观念中对合肥形成的固有认识。

改变，首先体现在跳动的经济大数据中。

14.91%，这是根据全国省会城市统计公报的年度经济增速，梳理得到的合肥 2006 年至 2015 年的 10 年经济平均增速。这一增速在全国省会城市中"折桂"。

2006 年，合肥经济总量突破 1000 亿元，当年增速 17.5%。以此为起点，到 2015 年正好走过 10 年。在全国省会城市中，连续 10 年经济增长保持两位数的，只有 3 座城市，分别是合肥、贵阳和西宁。其中，合肥又是增速最快的省会城市，是第一，而不是"之一"。

这个速度对合肥来说，意味着什么？

首先从合肥自身轨迹来看。我们选取 5 组核心经济指标，分别是地区生产总值、财政收入、规模以上工业增加值、社会消费品零售总额和固定资产投资。2015 年相对 2006 年，合肥市地区生产总值增长 5.27 倍，财政收入增长 5.96 倍，规模以上工业增加值增长 6.21 倍，社会消费品零售总额增长 5.68 倍，固定资产投资增长 7.46 倍。

其次是放在安徽省内来看，合肥的城市首位度在大幅跃升：到 2015 年，合肥城市经济总量占安徽全省的比重达到 25.7%，较 2006 年的 17.48% 提升了 8.22 个百分点。同期，合肥财政收入占安徽省的比重达到 24.9%；规模以上工业增加值比重提高到 22.3%；进出口比重占安徽省的 41.7%；新增贷款比重为 44.4%。

如果跳出安徽放在全国的视野中，会是怎样的格局？合肥作为一座后发型城市，要在经济总量上比肩南京、杭州、武汉等大城市，成为长三角城市群副中心和长江经济带上的新兴中心城市，唯有在速度上保持领先，才有可能实现跨越赶超。

综合 10 年增速来看，在长三角城市群中，合肥分别高于南京 2.82、高于杭州 4.17 个百分点。在周边省会城市中，合肥分别高于武汉 2.28、高于郑州 2.58、高于南昌 2.07、高于长沙 1.31、高于济南 3.32 个百分点。

"十一五"以来，除山东省会济南和辽宁省会沈阳外，"省会城市经济繁荣"成为全国各地的一个普遍现象。合肥的快速发展，是这种区域经济新现象的典型写照。由此，"合肥速度"成为全国省会城市关注的焦点。

另外，合肥进位必然意味着其他省会城市的退位，实际上就是区域经济格局的重新洗牌。

"洗牌效应"

按照省会城市经济总量划分，可以分成不同的梯队。截至 2015 年 12 月，广州、武汉、成都、杭州都已突破万亿元，南京距离万亿只差 200 亿元，这 5 座城市是第一梯队；接下来的长沙、郑州、沈阳、济南组成第二梯队；西安、哈尔滨、合肥、福州、长春、石家庄这 6 座省会城市都是 5000 亿~6000 亿元之间，组成第三梯队；南昌、昆明、南宁、呼和浩特在 3000 亿~4000 亿元之间，是第四梯队；其他低于 3000 亿元的省会城市是第五梯队。

在这个梯次推进的省会城市经济中，合肥以高速度为支撑，走出了什么样的轨迹？

2006 年，合肥经济总量 1073.86 亿元，超过太原的 1013.38 亿元，这是合肥经济总量长期徘徊在全国省会城市第 18 位后的第一次进位，也是第一次走出中部 6 个省会城市"锅底"的尴尬。这也标志着，合肥 10 年跃升，迈出了坚实的第一步。

到 2008 年，合肥经济总量连续超过南昌、昆明，再前进 2 位。同时，还有一个重大改变是，合肥终于跳出周边 6 个省会城市经济谷底的窘境。正因为有了这两次跳跃，合肥被外界称为"区域经济格局上最活跃的改变者"。

随后，经过 5 年的实干苦干，合肥在 2014 年经济总量突破 5000 亿元，并超越石家庄。到 2015 年，经济总量超过福州和长春，位居全国省会城市第 12 位。同时，多项核心经济指标跨入全国省会城市前十位，如规模以上工业增加值位居第 9 位；固定资产投资超过南京、西安、沈阳，位居第 5 位。

当时间推进到 2016 年，合肥只要保持 10% 的增速，就能再次实现进位。这就意味着 5 年前提出的"新跨越、进十强"的战略目标，将提前实现。

合肥不仅总量指标争先，单项指标也在持续上进，特别是体现城市发展质量和内生动力的自主创新，主要指标全部进入省会城市"十强"："十二五"时期，合肥的国家高新技术企业数增长到 1056 户，由第 12 位上升到第 7 位；发明专利申请量和授权量年均增长 50.93%、47.73%，分别达到 16431 件和 3413 件，分别由第 12 位、第 16 位上升到第 5 位、第 10 位；全社会研发投入年均增长 28%，占地区生产总值比重达 3.2%，由第 16 位上升到第 3 位。

站在"十三五"开局的时间节点上回望，合肥经历了城市空间拓展、交通枢纽建设、产业结构升级、创新平台打造、内陆开放高地、全面深化改革……当每一次新机遇到来时，合肥总是敏锐地抢抓先机，"先起步、踩准点、行动快"，实现了弯道超越。

"加速度"背后的改革力

合肥市政府在总结"十一五"以来快速发展的经验时认为，"合肥成功探索并建立了一套有利于加快发展、被誉为'合肥模式的体制和机制"，打造出全面深化改革的"合肥版"，在科技体制、金融体制、财政体制、城市管理体制和政府行政体制等方面，进行大刀阔斧的改革。比如公共资源交易的"合肥模式"，成为全国学习的经典样本，正是制度改革的产物。

一位长期观察研究合肥发展路径的智库专家分析说，合肥 10 年来的快速发展，归根结底依靠的是制度创新。从 2006 年开始，合肥启动了一系列改革，围绕城市发展所需的人财物等要素资源的配置，发生了一场深刻的变革，效能革命、投融资改革、招投标改革、城市建设管理体制改革等，实际上是发展的一套"组合拳"。

　　无独有偶，2015 年 6 月 10 日，《人民日报》同日刊发《合肥加速度》和《改到深处见奇崛》两篇通讯，从"合肥速度"和"合肥全面深化改革"两个视角，解读合肥的发展经验。

　　每当论及"合肥速度"时，一个经常被引用的案例是，在合肥，工业项目 3 个月内、其他项目 4 个月内都能办好手续、开工建设。建设项目查验申报的办理时限，在一些城市需要 100 多个工作日，在合肥最多需要 8 个工作日。

　　合肥的速度为什么这么快？高效率的背后，是"效能革命"后形成的制度保障和规则支撑。

　　以行政审批制度改革为突破口，合肥先后进行 6 轮行政审批事项清理，优化审批流程，推出一系列创新做法，成为审批环节最少、办事效率最高的省会城市之一。多项改革组合拳营造出阳光公平的政务环境和市场环境，推动了全要素资源的顺畅流动。

　　2016 年 2 月，国务院批准合肥建设跨境电商综合改革试验区，合肥的改革与开放，升级到网络空间。以此为标志，合肥出口加工区、合肥综合保税区、合肥空港经济区等八大开放平台，布局在合肥主城周围。开放的大平台也是发展的大舞台，统计显示，合肥规模以上工业产值增量的 70%、固定资产投资的 60%，均来自于招商引资企业。合肥借力开放大平台，正在嵌入全球产业链。

　　日常生活中有个常识，钉钉子往往不是一锤子就能钉好的，而是要一锤一锤接着敲，直到把钉子钉牢，钉牢一颗再钉下一颗，不断钉下去，必定会有大成效。

一座城市的发展同样如此。合肥经过 10 年磨砺，才赢得在区域经济新棋局上领袖群伦的气势。因此，很多人总结说："合肥这 10 年对趋势把握得非常准，非常到位，步步踩到点上，不仅仅是在恰当的时机做事，更重要的是做成了事。"

步步踩在点上

合肥既能跑得快，又能方向准，在恰当的时机做对事，这是"合肥现象"的重要特征。

其中，对城市大格局的超前谋划，蕴含深意。

如果把最近三个五年规划的文本放在一起比较就会发现，合肥市"十一五"规划中的定位表述是"现代化滨湖城市"；"十二五"规划中是"现代化滨湖大城市"。一字之差，不仅是对整体空间格局的再造，实质上是发展境界的提升。通俗地说，"合肥是个大城市了"，"大"也顺势成为合肥之变传递给外界的最深印象之一。

合肥城市格局的大开大合，与 2006 年启动滨湖新区建设息息相关。2011 年 8 月，合肥行政区划调整后，800 里巢湖成为合肥的"内湖"，随之城市形态实现"环城—滨湖—临江"的三级跳。

从城市发展史上来看，合肥恰好抓住了城市扩张的黄金机遇期。如果没有过去 10 年在城市空间上的提前布局，就不可能有当前乃至今后的发展潜力和平台载体。2016 年 2 月，安徽省正式向国家申报国家级合肥滨湖新区，这将是一个全新的战略大平台。

但城市空间扩展只是一个层面，"大"不在于城市的体量，而是对外的影响力。区域经济的魅力所在，是激动人心的城市群合纵连横。这如同下围棋，需要三个以上的棋子来组成一个"势"，才能乘势取胜。10 年来，合肥还巧妙地抓住了城市群的机遇，持续不断地"造圈入群"。

如果把合肥放在城市体系的维度来解析，在"十字形"格局上，合肥向东有长三角世界级城市群；西有长江中游城市群，向南是海西经济区和珠三角城市群；向北有中原经济区。在这张棋局上，合肥处于什么样的格局中？

首先是合肥周边有南京、武汉、杭州、郑州、长沙等特大城市竞相发展，武汉、杭州经济总量都已突破万亿元大关，南京在2016年突破万亿元；各城市"十三五"规划中都树立了更高标杆，长沙、郑州也将在"十三五"期间进入"万亿俱乐部"。

其次，以这些大城市为核心的经济圈，正在"跑马圈地"，扩大影响力。因此，合肥要实现隆起，必须构建以自身为核心的经济圈。恰好是在10年前的2006年，以合肥为中心的经济圈战略规划正式提出，2009年8月，名称确定为"合肥经济圈"，同时把淮南、桐城纳入经济圈范围；2012年11月，定远县加入；2013年12月，滁州市整体纳入合肥经济圈，形成4+1格局。2016年4月，合肥经济圈正式升级为合肥都市圈。

就在合肥都市圈成员间你来我往的热络中，另一个国家级战略——皖江城市带承接产业转移示范区也在2009年浮出水面。2010年1月，皖江示范区规划正式获得国家批复，合肥是示范区核心之一。

放在安徽全省发展大势中看，合肥都市圈与皖江城市带，实现了"两个联动"，即江南与江北联动、湖东与湖西联动，这是一个环湖与跨江互动的大格局，也更符合安徽区域经济发展的实际需要。

2010年3月，合肥正式加入长三角城市经济协调会。从2003年7月提出申请算起，这张"入场券"合肥整整等待了将近7年。但超出预料的是，大门一旦推开，各种更大的利好接踵而来。

先是在2012年12月，长江沿岸中心城市经济协调会第十五次市长联席会上，合肥被确定为继上海、重庆、武汉、南京后的第5座主席城市。到2014年9月，国务院发布长江经济带发展的指导意见，合肥被正式定位为长三角世界级城市群副中心。2015年3月，在"一带一路"愿景与行动中，合肥的战略定位是内陆开放型高地。

这条以时间为纵轴的演变过程，乍一看眼花缭乱，其背后的实质只有一个，即合肥在区域经济新棋局上的定位大幅度提升。

经过这一系列承东启西、连南接北的纵横捭阖之后，原本对外影响力有限的合肥，不仅是安徽省域的经济"天元"，更重要的是跃升为全国城市体系中的战略节点，是区域经济重心所在。用一个比喻来说："秤砣在秤杆的中间时，不一定能达到平衡，而能够实现平衡的那个点，就是重心所在。"

千钧将一羽，轻重在平衡。放在区域经济格局上，如果把长江黄金水道比作一根秤杆，武汉虽是地理中心，但距离上海和长三角较远，重庆则更远。相对来说，合肥的距离最适中，居于长三角城市群和长江中游城市群的中间链接点上，呈现出"一根扁担挑两头"的大格局。这一战略区位决定着合肥是承东启西的门户和枢纽，具备巨大的腾挪空间。

有空间才能有发展的加速度，在全国第一的速度背后，还有更深层次的内涵，这就是合肥的产业优化。

产业优化的"合肥路径"

从签约到开工仅 11 天，其中 7 天还是假期。得益于"合肥速度"，联想集团落户合肥出口加工区，创下联想集团所有项目落地的纪录，联想集团 CEO 杨元庆感慨地说："办事效率之高、程序之规范，让人印象深刻。"这种大项目高速落户的事例，每年都会发生很多次。正是这些大项目的累积，成为支撑合肥起跳的第一动力。

经济新常态下，区域分化越来越明显，有的地区是"抬望眼，执手相看，满脸惆怅"；有的地区则是握手合作，满心欢喜。不同发展表情的背后，实质上是产业结构调整的快慢。

波特的竞争力钻石模型认为，竞争优势是动态的概念，发挥优势可以在价值链的任何一处作为起点。回顾合肥产业结构变迁发现，壮大制造业实力，成为合肥构建产业竞争力的新起点。

2006 年，合肥市三次产业结构的比重是 5.8∶47.5∶46.7，当时的第二、第三产业基本持平。与之相对应，2015 年的三次产业结构比重调整为 4.7∶54.7∶40.6，第二、第三产业增加值分别为 3097.91 亿元、2298.93 亿元，二产高于三产近 800 亿元。不仅二产总量大，增速同样快。同 2006 年相比，2015 年合肥第一产业增加值是 2006 年的 4.27 倍，第二产业增加值是 6.07 倍，第三产业增加值是 4.58 倍。

统计公报显示，合肥第二产业每年都以两位数的增幅快速增长。2008 年，第二产业比重超过 50%，占合肥市 GDP 的半壁江山。2012 年，合肥市出台《加快培育和发展战略性新兴产业的意见》后，战略性新兴产业接棒发展，每年增速都在 20% 以上。2015 年战略性新兴产业增加值占整个工业增加值的 31%，对合肥工业增长的贡献率达到 54.2%，成为助推合肥工业的新动力。

相对于工业的突飞猛进，合肥第三产业呈现出一条曲折的数据线。从 2006 年到 2010 年，三产比重持续下降，在"十一五"开局之年的 2011 年，低于 40%。但有趣的是，此后一直稳定在 39% 以上，到 2015 年，三产比重重回 40%，达到了 40.6%。这也标志着合肥的产业结构正在迈入一个新阶段。

2016 年 4 月，一篇名为《风起合肥——投资依赖型城市的标杆》的文章在网络上不胫而走。作者是一位区域经济研究者，文章用翔实的数据分析了合肥的发展路径。作者认为，合肥是省会城市中最典型的工业城市。2015 年，合肥第二产业增加值与第三产业增加值的比值为 135%，二产较三产高出了 35%。

该文分析认为："省会城市一般都会集中全省的人力、财力、物力把第三产业做大，这对所有省会城市来说都不算什么难事，而合肥却是个例外。用工业立市来总结合肥的产业经济特征，应该是恰如其分。"

根据产业结构升级优化的一般规律，一个地区的产业结构往往表现为第一产业所占比重下降，第二、第三产业所占比重持续上升。但由于合肥属于后发地区，第二产业高于第三产业，属于正常现象。这就像弹钢琴一样，需要十个指头都动，不能有的动、有的不动。但是，十个指头同时都按下去，也弹奏不成调；要产生好的音乐，十个指头的动作要有节奏，要互相配合。

随着合肥工业的快速发展，经济总量的跃升，第三产业提升将是必然的，这也是合肥产业结构优化的表现之一。根据合肥市统计局的数据，2015年合肥市第三产业对地区生产总值增长的贡献率达到40.2%，比2014年提高6.1个百分点。合肥第三产业腾飞的拐点已经出现，在下一个10年，第三产业将会成为发展的新亮点。

为什么能

让我们把时间拉回到2005年，在合肥市委八届九次全会上，时任合肥市委主要领导分析合肥面临的形势后大声疾呼："前有标兵，跑得离我们越来越远；后有追兵，追得我们越来越近，形势异常严峻。"当时，合肥决策层在谋划经济总量如何突破千亿元时，江苏已有超过一半的地市突破千亿元，山东也有8个地市超过千亿元。也是在这次会上，合肥首次提出"工业立市"战略，出台了一系列加快工业化发展的政策措施，开启了合肥工业大发展的新时代。

在提出"工业立市"的同时，合肥决策层响亮地喊出"投资为王、项目为本"的口号。此后，合肥市固定资产投资走出一条高扬向上的曲线：2006年只有824.8亿元，到2015年突破6000亿元，达到6153.35亿元，相比10年前增长了7.46倍；10年总投资额是33106.84亿元，年均增长33.13%。合肥快速发展的一个关键原因，是及时补上了投资驱动。合肥要实现跨越赶超，必须"补课"，既是补发展不足的课，也是补经济基础相对薄弱的课，所以只有保持高强度的投资，才能缩小与先发地区的差距。

根据合肥市统计公报的数据，选取"十一五"结束的2010年和"十二五"结束的2015年分别来看。2010年时，合肥固定资产投资突破3000亿元，与武汉、南京处在同一水平上，超过了杭州。2015年，合肥固定资产投资突破6000亿元，低于武汉，与长沙、郑州处在同一水平，同时超过了南京和杭州。

今天的投资结构就是明天的产业结构。合肥的第二产业投资额增长最快，10 年间增长了 9.68 倍，2015 年达到 2183.65 亿元。从 2006 年开始，合肥陆续引进京东方、联想等一大批标志性大项目。围绕这些大项目，合肥坚持"龙头企业—产业链—产业集群—产业基地"的推进路径，成功打造出新型平板显示、电子信息、先进装备制造、新能源汽车等战略性新兴产业。

高成长性的战略性新兴产业不仅促进了合肥经济的腾飞，还直接推动合肥的产业结构上了一个台阶。以新型平板显示产业集聚基地为例，从上游核心材料到装备制造，再到下游终端应用，产业链关键环节同步取得重大进展，产业布局全面提升，真正意义上实现了从沙子到新型平板再到整机的全产业链整合。

如果投资是合肥工业实现腾飞的一个轮子，那么双轮驱动的另一个轮子就是创新，合肥一直在练内力。

合肥的产业结构较优，不仅有速度，还有质量，基本没有高污染和产能过剩行业，这要归功于创新的引领和带动。合肥工业大学教授张本照分析认为，"战略性新兴产业与沿海城市基本上处在同一起跑线上，这为合肥实现赶超提供了战略机遇，合肥工业立市的实践也证明了这一点"。

统计公报显示，2011 年以来，合肥市战略性新兴产业增加值一直高速递增，5 年来的增速分别达 76%、24.6%、21.7%、29.7%、21.9%。2015 年战略性新兴产业增速高出工业平均增速 10.6 个百分点，拉动工业增长 6.1 个百分点，增长贡献率达 54.2%。可以说战略性新兴产业已经突破"半壁江山"，这也说明合肥产业的发展质量。

产业新方向在哪里

2016 年时，一个电饭煲成为牵动各方神经的热点话题，更折射出了中国家用电器产业的尴尬。合肥作为全国最大的家电产业基地，这更是一个值得深思的命题。

合肥的家电生产能力很大，但家电研发能力还需要提升，传统家电能不能做得很智能化，向微笑曲线的两端延伸，决定着下一步的市场前景。家电产业作为合肥的传统支柱产业，壮大存量的同时引进增量，在智能制造上抢占一席之地，才能实现真正的动力结构重塑。这是合肥产业结构升级的一个缩影。

扩大到整个合肥制造业来说，为推动创新转型升级，2015年合肥市"一号文件"明确了时间表、路线图和任务书。战略明确后，产业内部的发展能力提升，是决定成败的关键因素，特别是要注重打造细分市场的冠军，形成一批在某个行业内引领发展的企业冠军。万条支流汇集成大江，众多细分行业的冠军累积成产业高地、创新高地。

另外，如果把合肥放在纵向、横向比较中，产业结构的优化方向会看得更加清晰。

同为长三角副中心城市，2015年南京和杭州的三次产业比重分别为2.4：40.3：57.3和2.9：38.9：58.2。第三产业占比均超过55%，接近60%，而同期合肥的第三产业占比只有40.6%。与这两个城市相比，合肥第三产业明显发展不足。不仅在占比上，在第三产业增加值上，合肥也被南京和杭州抛在后面。2015年，南京和杭州第三产业增加值分别是5572.27亿元和5855.29亿元，是合肥第三产业增加值的2.42倍和2.55倍。

在发展速度上，南京和杭州的第三产业也占据优势。2015年，合肥第三产业增长速度首次超过第二产业达到11%，但南京和杭州的第三产业增长速度更快，分别达到了11.3%和14.6%。在第三产业的发展速度和体量上，合肥都被南京和杭州抛在了身后。

我们把视野放大，将合肥放入长江经济带，同成都、贵阳、昆明、武汉、长沙、南昌6个省会城市进行比较分析。2015年，这6座城市中只有长沙和南昌的第三产业占比低于50%，占比最高的贵阳达到了57.2%，占比最低的南昌也有41.2%，比合肥高出0.6个百分点。这就是说，合肥的第三产业比重，在整个长江经济带省会城市中是最低的。

如果把视野再一次放大到全国，把合肥同周边的郑州、济南以及与合肥经济总量同在一个层次的福州、西安、哈尔滨、石家庄进行比较来看。

2015年,这6座城市的第三产业占比分别为48.7%、57.2%、48.1%、58.9%、55.9%和45.8%,第三产业占比最少的石家庄比合肥高出5.2个百分点。不仅是占比上落后,在体量上,合肥第三产业增加值也被甩在了后面,即使是增加值最低的石家庄,也比合肥高出近200亿元,增加值最高的郑州比合肥高出1240亿元。

通过以上多维度的分析表明,合肥的第三产业增加值在区域内处于中下游,在三产占比上甚至处于谷底。第三产业的体量和占比都不高,已经成为合肥产业的短板之一。这也是合肥产业结构优化的主要方向,因为第三产业比重低,直接影响到合肥中心城市功能的发挥。

未来,合肥要继续优化产业结构,获得经济发展的新动力,一定要补齐第三产业这块短板,才能与长三角城市群副中心的定位和功能相匹配。

(作者:王运宝、夏自钊;原载于《决策》2016年第5期)

伍 奔跑吧,皖之城!

追梦"大合肥"

在省会城市中，合肥是"小字辈"，却是胸怀"大梦想"。

新中国成立后新设立的省会城市有五个，分别是安徽合肥、河南郑州、广西南宁、河北石家庄、海南海口。1952年刚刚成为省会时，合肥只是一个其貌不扬的小县城，民间戏称为"三五"城市——五平方公里、五万人口、五条道路。

在古都林立、名城星罗的中国，合肥的知名度并不高。在安徽周边，省会城市南京、杭州、武汉、济南、南昌，都是具有深厚省会历史积淀的城市，实力都在合肥之上。在当时的安徽，铁路交通枢纽蚌埠、长江巨埠芜湖，似乎都更有资格引领安徽发展。合肥的经济总量直到1984年才超过芜湖，到1989年才超过安庆。

以这样的经济实力起步，70年追梦"大合肥"，实质上就是破解安徽的"大城市缺失之痛"。这不仅是合肥的渴望，更是整个安徽的需求。

大城之变

经济数据一路上扬是中国大城市传递给外界最直观的印象，作为后发型城市的合肥，经济数据的改变更为明显。

统计显示，1949年时，合肥的经济总量不足亿元；到2018年，接近8000亿元，年均增长10.6%，实现了四次大跨越。

第一次跨越，1949—1975年，26年间经济总量超过10亿元，年均增长7.5%；第二次跨越，1975—1994年，19年迈上百亿元台阶，年均增长9.9%；第三次跨越，1994—2006年，仅用12年迈上千亿元台阶，年均增长16.3%；第四次跨越，2006年至今，平均每两年跨一个千亿元台阶，2018年达到

7822.9亿元,年均增长13.2%。从1949年到2018年,增长了8691倍。

1952年时,中国的城市化率为12.46%,当时的合肥城区只有5平方公里,人口5万多;到1978年,城市建成区面积扩大了十倍,人口达到70万;到2018年底,合肥常住人口数超过800万,建成区近500平方公里,再一次翻了10倍多。这40年,也是中国城市化增长最快的40年,城市化率从1978年的17.92%上升到2018年的59.58%,上升了近42个百分点,城市人口增长到8.3亿人。

数字增长的背后,是安徽对大省会的追求。因为相比其他省市,安徽长期缺乏一个强大的中心城市,而省会城市的集聚和带动效应,会对全省的经济发展产生重要影响,如武汉之于湖北、长沙之于湖南、成都之于四川,这些省会城市在全省中的凝聚力和辐射力都比合肥强得多。

如果把合肥放在省域格局中,突破安徽的"大城市之痛",会更加一目了然。

从东西方向来看,南京、武汉是特大型中心城市,尤其是南京都市圈将马鞍山、芜湖、滁州纳为成员之后,在一定程度上对合肥造成挤压。从南北方向来看,北面的郑州以中原经济区为腹地,将阜阳、亳州等市纳入;徐州都市圈吸收了淮北、宿州。南边的杭州对皖南地区的宣城、黄山等市有较强辐射作用。

由此,安徽全省对中心城市的渴望之迫切,跃然而出。省会合肥也被寄予厚望。

梳理发现,早在1995年,合肥就已明确提出建设现代化大城市的目标,当时的中国城市化率已达到29%,即将迈过城市化加速期的门槛。在东部沿海地区,经过10多年发展,深圳、厦门等经济特区和大连、青岛、宁波等首批经济开放城市,正在崛起为明星城市。曾经的工业经济大城市被这些沿海经济城市超越,中国的城市格局发生了一次重大转变。

进入新世纪后,合肥"十一五"规划中的定位表述是"现代化滨湖城市";"十二五"规划中则是"现代化滨湖大城市"。一字之差,不仅是对城市空间格局的再造,实质上更是发展境界的提升。"大"也顺势成为70年来城市之变传递给外界的最深印象之一，不管是东部沿海城市，还是中西部后发追赶型城市，都把做"大"放在了发展规划的首位，以至于当时中国一夜之间冒出来 100 多座"国际化大城市"，引发社会舆论的热议。

合肥城市格局的大开大合，2005 年是一个转折点，合肥启动了最大规模的"大拆违"与"大建设"；到 2006 年 11 月，启动滨湖新区建设。一连串的大动作，从根本上改变了合肥的城市面貌和空间布局。

2011 年 8 月，合肥行政区划调整后，800 里巢湖成为合肥的"内湖"，随之城市形态实现"环城—滨湖—临江"的三级跳；在空间战略上，从"141"组团变为"1331"组团。在中国的城市规划中，组团式空间布局是合肥城市发展的一个妙笔。

因为"摊大饼式"城市扩张已经被证明不是一条高质量发展的道路，合肥的空间布局规划只能是敞开式、组团式布局，由中心主城、副城、新城、卫星城组成不同功能的体系，有效避免"未大先病、未强先衰"的弊端。这成为中国城市规划的一个经典案例，被写入了教科书。

现在回望走过的路，能深刻地感受到，中国城市化率从 2003 年达到 40% 到 2011 年突破 50% 的加速期间，合肥恰好抓住了城市扩张的重大机遇，而这一时期也是中国所有大城市急速扩张的一个关键期。如果没有在城市空间上的提前布局，就不可能有今后的发展潜力和平台载体。这也是城市新区遍布全国所有大中城市的背后推手。紧随而来的就是"土地财政"和房地产开发，"起吊机经济"成为各大城市一致性的路径。在一片轰鸣声中，中国城市变成一个又一个大工地。

但城市空间扩展只是一个层面，从人口规模上看，区域性特大城市首先是较大规模的人口集聚，这是城市化的重要目的，否则城市就成了建筑物的堆集地。因此，"大"城市不仅仅是地理面积的扩大，更重要的是人口数量的增大。

"特大城市的一个重要性标志就是人口，一座城市若要成为特大城市，总人口至少要有 1000 万。"2011 年 8 月，合肥市委宣传部、合肥市社科联联合召开"特大城市建设与区域发展"研讨会，安徽省社科联一位专家做定量分析说："区域性特大城市的基本标志是经济总量超 3000 亿元，城区人口超 500 万，建成区面积超 500 平方公里。"这些关键指标，是一座城市能够参与城市竞争最基本的条件，城市竞争的现实就是如此。在这种特殊的地方竞争性发展的路径下，争先进位带来的是中国城市格局的搅动。

搅动格局

以 2006 年合肥实现地区生产总值突破 1000 亿元为起点，合肥在中国城市坐标系上"怒刷存在感"，外界对合肥的一个常用评价是"搅局者"，因为合肥引发了省会城市经济排名的重新"洗牌"。

但实际上，合肥作为一座基础设施落后、经济底子薄、人口少的省会城市，一直到 2000 年后，经济总量还长期徘徊在全国省会城市第 18 位，全国城市排名 50 位之外。在"省会间的较量"上，合肥一直处在下风。首先与周边 6 座省会城市南京、杭州、南昌、武汉、郑州、济南相比，合肥的经济总量最小，处于"谷底"；其次是到中部崛起战略开始实施的 2004 年，合肥在中部六省的省会中，经济总量也是最小的。

改变发生在"千亿合肥"实现的 2006 年，合肥经济总量实现 1073.86 亿元，超过太原的 1013.38 亿元。这是合肥经济总量长期徘徊后第一次进位，也是第一次走出中部省会城市"锅底"的尴尬，标志着合肥跃升迈出坚实的第一步。

到 2008 年，合肥经济总量连续超过南昌、昆明，再前进 2 位。同时，还有一个重大改变是，合肥终于跳出周边 6 座省会城市经济谷底的窘境，超过南昌，提升到中部城市第 4 位。正因为有了这两次跳跃，合肥被外界称为"区域经济格局上最活跃的改变者"。

随后，经过 5 年的实干苦干，合肥在 2014 年经济总量突破 5000 亿元，超越石家庄。到 2015 年，经济总量超过福州和长春，位居全国省会城市第12 位。同时，多项核心经济指标跨入全国省会城市前十位，当年的规模以上工业增加值位居全国省会第 9 位；固定资产投资超过南京、西安、沈阳，位居第 5 位。

从 2006 年突破千亿元到 2015 年，正好走过 10 年。在全国省会城市中，连续 10 年经济增长保持两位数的，只有 3 座城市，分别是合肥、贵阳和西宁，而合肥又是增速最快的。

由此，"合肥速度"成为全国关注的焦点。千里之外的太原市政府工作报告中，专门拿出一段写合肥，这在全国都极为罕见。

当时间推进到 2016 年，合肥经济总量突破 6000 亿元，2017 年突破 7000 亿元，又相继赶超了哈尔滨、石家庄和济南，挺进全国省会城市前十强。这种争先进位在全国省会城市中绝无仅有，对城市格局产生显著的"洗牌效应"。一时间，"合肥连续赶超 8 座省会城市""黑马合肥""合肥现象"占据各大媒体平台的显著位置。2018 年 6 月，中国社科院发布《中国城市竞争力报告》，合肥被评为改革开放 40 年最成功城市之一！

在这个变动的进程中，不仅经济总量指标争先，合肥的单项指标也在持续上进，特别是体现城市发展质量和内生动力的自主创新主要指标全部进入省会城市十强：在"十二五"时期，合肥的国家高新技术企业数增长到 1056 户，由第 12 位上升到第 7 位；发明专利申请量和授权量年均增长 50.93% 和 47.73%，分别达到 16431 件和 3413 件，由第 12 位、第 16 位上升到第 5 位、第 10 位；全社会研发投入年均增长 28%，占地区生产总值比重达 3.2%，由第 16 位上升到第 3 位。

"大"不仅仅在于城市经济体量上，要提升在中国城市体系中的层级，还必须有与之相应的辐射带动能力和对外影响力，在持续努力中透出一座大城市的"味道"。

大城"味道"

"一个城市的气息，其实是一个城市的精气神。一个人喜欢另一个人的气息，想必是爱上了这个人；一个人喜欢一个城市的气息，也一定是深爱着这座城市。合肥这座城市的气息，是一种向上的气息，是人间烟火的味道。"这是作家苏北的散文《合肥的气味》的结尾。

从 2011 年起，合肥进入"环湖通江"时代，由此拉开 1000 万人口特大城市的框架。在这个过程中，合肥所能体现的城市味道将会是什么？让我们从两个省会城市的经济数字变动说起。

单纯从经济上来说，合肥的经济总量能够赶超西安。但如果往深层次考虑，就会产生一个发人深思的问题，虽然地区生产总值超越西安了，但合肥真的就能超越西安了吗？

西安作为中国最具世界知名度的大城市之一，其独特的城市基因，在整个中国甚至全球城市中，都具有特殊概念。

首先是城市地位的认同度。西安是整个西北地区的区域性中心城市，在城市认同上，不管是兰州还是西宁，都把西安作为中心，在陕甘宁、青海乃至新疆等多个西北省份，都公认西安是中心。相对来说，现阶段的合肥，在长三角、中部地区都还不是名副其实的区域性中心城市，还远不及西安在大西北地区的地位。

其次在对外知名度上。西安作为中国汉唐盛世的首都，其千年帝都的全球知名度，是合肥难以企及的。

再次在文化标识度上，西安更是远超合肥。一座城市的经济体量可以在 5 年或 10 年时间里实现跨越，但城市竞争最后的王牌是城市软实力，靠的是一座城市的文化穿透力。安徽省文联副主席潘小平认为："大合肥一定要具有文化的大格局，要有一系列标志性的信息，目前在省会城市中，文化识别度最高的是成都。城市化进程中要保持个性化的面貌，要有'城市的人格'。"

由此可见，大合肥在实现经济数字赶超的同时，更要思考数字背后到底需要什么？北京一家媒体的一次问卷调查结果显示，有 75.7% 的受调查者认为，地方政府讲好自己的"故事"很重要，"会讲故事"是提升政府软实力的必修课之一。

在全媒体时代，合肥准备好怎样"讲故事"了吗？或者说，在招商推介大合肥时，"大"的内涵与外延分别是什么？现代化新兴中心城市的"新"又体现在什么地方？

一个小小的对比，也许就能看到合肥"讲故事"的真实一面。"气吞吴楚，影动星河"是500年前明朝诗人对巢湖中庙的盛赞，已经镌刻在庙墙上。凸起于凤凰台上的中庙有诗有故事，并不逊色于武汉黄鹤楼的"极目楚天舒"和南京阅江楼的"大江东去浪淘尽"，也能胜于南昌滕王阁的"秋水共长天一色"。但就目前的对外知名度和影响力来看，巢湖岸边凤凰台上的中庙，还未能像凤凰一样一飞冲霄汉。

而恰是在这些故事的背后，传递出了合肥这座城市的味道，进而体现着一座城市的"魂"。

"大城之魂"

在散文《风景盈窗》中，作者潘林松从自己家的一扇窗户和办公室一扇窗户的景色变化中，勾勒出一座城市发展的痕迹。"见微知著，管窥大千。凭窗眺望，满目风光。"在潘林松的眼中，分明看到的是"一个城市的新梦想和大未来"。一座拥有大未来的城市，必定是具有精气神的城市。换句话说，大合肥要构建特大城市格局，就要有一种大精神。

那么，最能体现大合肥味道的精神特色和定位又是什么？

城市特色定位不在于多，而在于精、在于准。合肥是由一个中小城市逐步发展起来的，靠的就是不断改革探索的创新精神，才实现了飞跃，创造出合肥速度。

大合肥影响力的一个核心体现，是创新出新的样本，能提供全国城市发展的优秀经验和做法。实际上，当"合肥模式"成为全国样本的时候，合肥的影响力才能真正建立起来，这尤其需要创新。

大家都普遍认同，创新将会是大合肥的最大特色。当然，体现合肥"大城之魂"的创新包含有科技创新、产业创新，更有制度创新、文化创新、城市管理创新等，是一种"创新簇"的概念。

而要实现创新，就需要城市文化的容纳力，两者之间是相互促进的。由于合肥地处长江淮河过渡带，文化上相互交融，造就了合肥文化的包容性、开放性和多元性。从某种意义上说，这些特性也为合肥创新提供了基因。

但也要认识到，与合肥周边相比，南京、武汉、杭州、徐州、洛阳、西安，以及南昌、郑州都有作为区域中心的绵长历史，只有合肥在作为省会之前是没有区域中心历史的，合肥只是个县城，或者是州府所在地。因此，建设大合肥特别要克服狭隘的"县城意识"，认识到合肥处在区域中心地带，不仅地域大而且需要合肥人有精气神。

与创新直接相关的，就是开放。建设区域性特大城市，仅仅依靠合肥自身的资源是无法实现的，这就需要全方位扩大对外开放。中国人民大学教授陈秀山认为，开放的观念对于领导干部而言尤为重要，现在要面对的是建设区域性特大城市，一定要有与之相适应的开阔视野，具备更高的眼光、更开放的观念、更务实的作风，从而形成卓越的领导能力。

从本质上来说，这些都需要合肥构建起区域性特大城市的人才因素。在竞争力钻石模型中，人才是创新所需要的核心要素。

现代人才观

归纳引起变化的因素会有很多，但最根本的变化是人的改变。因此，一位长期研究合肥发展路径的专家认为："人才是发展的根本，合肥建设区域性特大城市，急需树立现代人才观。"类似成功的案例有很多，凡是能够敞开胸怀广纳人才的城市，就能不断推出创新成果，深圳就是极好的例子。

对合肥特大型城市的人才要素来说，尤其要关注两大群体：一是干部队伍，二是企业家。大合肥的规划能否落实，制度创新能否持续，关键因素是人，人的因素中最关键的是干部队伍。

干部队伍又可分为三个不同群体，一是具有战略眼光、综合素质高、能够引领特大型城市发展的专家型决策者；二是具有战略管理能力和战略执行能力的中层领导，主要是县市区党政一把手和党政职能部门的主要负责人；三是执行力强大的基层公务员队伍。从合肥市"十一五"时期发展的经验来看，干部队伍起着关键作用。

再深入到城市经济发展内核来说，企业家队伍才是最关键的。安徽知名区域经济专家程必定认为："分析一个区域经济的发展状况，企业资源是核心要素，包括企业的数量、企业家群体的数量、高素质的熟练工团队、支撑企业发展的软环境四个方面。只要是企业家群体庞大的地方，经济发展一定会好。"

从实践来看，经济先发地区的深圳、宁波、青岛、杭州、无锡、佛山、晋江、义乌等城市，都实现了企业、品牌与经济的互动。

创新是一个复杂的系统过程，但创新的灵魂是企业家精神。企业家精神是企业创新的原动力所在。在深圳，有任正非、马化腾、马蔚华、王传福等企业家；在青岛，有海尔、海信、双星、青岛啤酒等品牌企业；在晋江，有30多家上市公司。企业家群体的星光熠熠，更加衬托出一座城市的灿烂。

但由于多种因素的影响，合肥一直缺少知名企业和企业家。合肥的知名企业在数量上与周边的杭州、南京不在一个梯队，比同在中部的武汉、长沙、郑州还要少。在长沙，"世界工程机械之都"有三一重工、中联重科、山河智能"三剑客"；因为有思念、三全、白象等食品产业集群，郑州提出打造"中国人的厨房"，而合肥的城市概念性设计又是什么？另外，到目前为止，合肥还没有一家企业闯入世界500强，而武汉、郑州都已出现。

从综合因素来看，创新、人才与城市之间，是互动互促的。大合肥的城市味道需要创新，创新需要人才支撑；而只有独特的城市味道，才能吸引人才，进而推出创新。三者之间只有进入正向的良性循环，大合肥才能真正做到底气十足。而要实现这一点，就需要合肥在产业、观念、体制、政策、规划等方面补齐区域性特大城市发展的"木桶短板"。

（作者：王运宝；原载于《决策》2019年第10期）

解码"合肥模式"

"押宝"京东方、千亿资金"投注"长鑫存储、"接盘"蔚来汽车……对于这些合肥的经典"战例",很多人都耳熟能详。这些"神操作",不仅让合肥赚得盆满钵满,更擦亮了"芯屏汽合、集终生智"的独特产业地标。

但合肥的成功真的是"赌"出来的吗?合肥真的是靠运气吗?

当然不是。

合肥的"秘诀",也绝不是外界流传的一句"最牛风投城市"这么简单。

这背后,是一座城市善用市场的逻辑谋事、用资本的力量做事的结果。

"有没有钱投"与"跟不跟投"

"就算砸锅卖铁,玩命也要把它干起来!"

合肥"砸锅卖铁"引进京东方,被誉为"国内最强风投"。2008年,京东方举步维艰时,合肥承诺拿出90亿元资金,与京东方共同投资175亿元,敲定了国内首条液晶面板6代线项目。

彼时,连财力雄厚的深圳都举棋不定,合肥拿出几乎占当时财政收入80%的资金,甚至被迫停建地铁——如此"豪赌"京东方,也招致众多质疑与非议。

但合肥没有退却。

时任合肥市委主要领导力排众议,主持召开市委常委扩大会议,由四套班子领导共同决策,最终敲定项目落户。

90亿元的资金从哪里来?合肥巧妙开创了地方政府资金引导、战略投资者推动、社会资金共同参与的产业投资新路径。

实际上，早在招引京东方之前，合肥就已在 2006 年 5 月组建了合肥市建设投资控股（集团）有限公司（以下简称合肥建投），勇担创新产业投资的重任。但建立国资平台仅仅是第一步，刚成立的建投毕竟资金有限，如何撬动社会资本跟投，做到"钱能生钱"？这成为合肥市决策者破题的方向。

问题的关键是，要有效解决"跟不跟投"的难题。

合肥抓住了市场有利时机，进行定向增发，成功吸引了 60 亿元社会资金投资项目。最终，合肥仅仅出资了 30 亿元。

时至今日，资本招商已成为合肥招商引资的重要手段，但摆在合肥面前的第一道难题，便是政府"有没有钱拿出手"。

在实际操作中，合肥成功的关键在于，运用资本的力量，实现了地方政府和企业的双方共赢。

经过十多年的集聚，京东方在合肥的产业布局最完整，投资超过 1000 亿元，拥有 2 万多名员工、年产值 400 多亿元……合肥的资本招商赢得了回报。

这种模式后续被广泛应用，并展现出强大生命力。京东方、维信诺、蔚来汽车、晶合集成等众多产业大项目，都留下了合肥建投的身影。

截至 2020 年 12 月，合肥建投合并资产总额近 5000 亿元，成立以来已累计融资 1500 多亿元。

与合肥建投遥相呼应的，是合肥市产业投资控股（集团）有限公司（以下简称合肥产投）。2015 年 3 月，合肥产投集团成立，到 2021 年，资产总额增至 612 亿元，构建起全周期产投系基金群和生态体系，总规模突破 680 亿元，累计投资项目超 600 个。

以合肥产投旗下创投引导基金为例，其与华登国际、华芯投资、国投招商等众多投资机构合作，设立了 10 多只参股基金，通过创投引导基金撬动社会资本 6 倍多。

最为典型的便是长鑫项目。以长鑫项目为核心，合肥产投与华登基金、兆易创新等合作，通过"产投系"基金群聚焦产业上下游投资，纵向打通产业链，聚焦全球优质资源，构建集成电路产业集群，发力将合肥建设成"中国 IC

之都"。

长鑫项目，是中国大陆唯一拥有完整技术、工艺和生产运营团队的DRAM 项目。该项目建设 3 座 12 英寸 DRAM 存储器晶圆工厂，打造研发、生产、销售于一体的存储器芯片国产化生产基地。2019 年，第一个 DRAM 存储芯片实现量产，填补国内空白。长鑫集成电路制造基地全部建成后，预计可形成产值规模超 2000 亿元，集聚上下游龙头企业超 200 家，吸引各类人才超 20 万人。

经过实际操作的验证，合肥可以很有底气地说，"多大的项目，都有钱拿得出手"。

"会不会投"与"能不能投"

放眼全国，比合肥"有钱"的城市多得多，为什么合肥能脱颖而出？

答案在于合肥建立了独特的项目发现机制和专业调查模式，把握未来"致富"最好的时机和项目，解决了"会不会投"与"能不能投"的难题。

回过头来看京东方，绝不是合肥的一场"赌"。

当时，合肥早已把目光锁定新型显示产业，多次邀请国际国内行业专家进行论证，精挑细选项目。合肥专门聘请了 100 多位企业家作为招商顾问，精准把握产业竞争格局及发展趋势，广泛遴选项目并及时将诸多信息反馈给决策层，再由专业团队判断选定具体的投资项目。

可以说，京东方项目是合肥对产业方向精准把握、对新兴产业深度分析之后的战略决策。

此后，京东方案例在合肥招商引资工作中被广泛推广。特别是在引进蔚来汽车时，更是大放异彩。

引进蔚来前，合肥建立了多支专业队伍开展同步调查，整个调查决策过程专业而细致，有效破解了两大问题即能不能投和如何投。而蔚来汽车发展的事实也证明，前期调查对项目引进和成功运作起到了重要作用。

2021 年 4 月 7 日，蔚来官宣第 10 万台量产车在合肥先进制造基地下线，这标志着蔚来进入到了一个全新的阶段。

蔚来成功解锁 10 万辆目标，合肥汽车产业链也形成了产业集聚的"葡萄串效应"，打造新能源汽车之都迎来高光时刻。

以这些经典案例为基础，在 10 多年实践中，合肥还探索出独特的招商模式。

合肥常年派出二三百支专业招商小分队，紧盯产业、紧盯产业链、紧盯目标企业招商，培养了一大批懂产业、懂企业、懂技术、懂市场、懂政策，能与企业家和投资者对话、能与国内国际接轨的专业化招商队伍。

这里不得不提到一本书，便是《重点产业招商指南》。在这本书里，新型显示、集成电路、软件、语音及人工智能等合肥市未来重点发展的产业，都被梳理成篇，每一个产业的发展趋势、产业政策、产业链情况、重点目标企业、招商对接平台，都被清晰地以文字、图表等方式呈现，招哪些商、到哪些地方招商、以哪些企业为重点、通过什么方式招商，一目了然。

研究、实践，再研究、再实践，合肥不断上演着"专业的人办专业的事"的生动局面。这成为合肥的宝贵财富。

"敢不敢投"与"要不要投"

从昔日的"小县城"到迈进万亿元俱乐部，2006 年至今的 15 年间，合肥经济总量全国排名从 80 位攀升至 20 位，被外界认为是"最励志、逆袭最成功的城市"。

这一切，离不开合肥以大项目引领大投资，以大投资带动大发展。这些年，合肥招引的大项目之多，令外界惊羡。的确，合肥需要大项目，也需要大投资，但合肥是所有的大项目都敢投，都要投吗？

并不是。合肥是只要"钱花得安全"，便会敢投，要投。

"最好的安全感，就是钱花得安全。"这是合肥"秘诀"的关键一步，成功构建起"钱花得安全"的良性循环链条。

在京东方 6 代线上，合肥适时退出实现收益 10 亿元；8.5 代线时，合肥出资 210 亿元, 退出部分股票实现收益 210 亿元; 而 8.5 代线的收益又正好用来投资 10.5 代线。

在蔚来项目上, 2020 年 4 月 29 日, 蔚来与合肥建投等战略投资者签订协议时, 股价也不过 3.61 美元。然而, 两个月后, 蔚来汽车股价绝地反弹, 走出了一条令人惊讶的上升曲线。2020 年一年间, 蔚来汽车股价涨幅为 1210%。这种"投入—收益"模式, 已成为中欧商学院 MBA 融资教学经典案例。

合肥创造的资本投入良性循环, 正好解决了各地普遍存在的"钱怎样花才能安全"的问题。

在这个过程中, 合肥始终坚持遵循市场逻辑, 找准市场需求, 巧用资本市场以小博大, 让国资平台活跃于前台, 用市场配置资源, 决定"钱怎么花"。这正是"有效市场"和"有为政府"结合的最佳案例。

通过国资平台, 合肥真正实现"政府到位但不越位", 并形成针对合肥城市定位、发展阶段、科教优势、产业理解、机会判断的准确度, 以及最终将这种判断落地的组织效率和容错机制。

透过一系列成功引进的重大项目, 可以看出合肥果敢决策但不盲目决策, 更好地发挥政府与市场两只手的作用。这也体现了合肥的政府治理和经济调节手段、产业发展措施在市场经济大潮的不断磨砺中, 日益进步。

实践充分证明, 市场化程度越高, 经济发展活力越强。沪苏浙地区遇到事情习惯于找市场也善于运用市场, 经济发展充满活力。

所以, 合肥"最牛风投"的背后, 是一套环环相扣的科学决策链条, 更是遵循市场逻辑、运用资本力量的生动写照。

这也是合肥所以被称为"中国最牛风投城市"的"秘诀"所在, 也是"为什么是合肥"的答案。

合肥用市场的逻辑、资本的力量, 书写了一部独特的资本造城史。

(作者: 王运宝、姚成二; 原载于《决策》2021 年第 10 期)

"万亿合肥"的新目标

经济总量过万亿元，是一座城市的"成人礼"。成功破万亿的合肥，大城气象初露峥嵘。

但香槟还未开启，一场新的城市竞争已经山雨欲来。2021年全国"两会"期间，新一轮国家中心城市争夺战受到媒体和舆论的高度关注。就在此前不久，安徽省"十四五"规划和2035年远景目标的建议中首次提出，支持合肥朝着国家中心城市发展。一石激起千层浪，这也让合肥卷入了"战团"。

尽管合肥官方对此颇为低调，但万亿之后，人们对这座"黑马"城市又多了一份期待和想象。"合肥迈上万亿台阶，是数字，更是标志；是里程碑，更是新起点，迫切需要我们展现更大作为。"合肥市委主要领导表示。

万亿之后，合肥将如何"展现更大作为"？在进军国家中心城市的漫漫征途上，合肥能否再次刮起"黑马"旋风？

"终局之战"

国家中心城市位于中国城镇体系的最高层级，也被称为"塔尖"城市。由于集中了全国城市在空间、人口、资源和政策上的主要优势，国家中心城市之争也被称为中国城市发展的"终局之战"。

截至2021年，已经确定的国家中心城市有9个。而综合专家的预测，未来国家中心城市的数量将会在12～16个之间。

从2020年全国城市经济总量排名来看，合肥排在第20位。但是排名前20的城市中至少有6个城市等级不高，或者由于距离现有国家中心城市太近等原因，并不具备建设国家中心城市的客观条件。从这个角度来看，合肥有机会争夺国家中心城市。

"万亿之后合肥的发展方向，高度概括就是省委提出的迈向国家中心城市这样一个非常重要的战略决策。未来，合肥发展要以这个标杆来进行衡量和判断。省里在这时候恰当提出了发展方向，意义重大。"安徽时代战略研究院院长程必定分析说。

到 2021 年，沈阳、南京、杭州、济南、福州等 12 个城市已经明确提出培育或争创国家中心城市。这意味在未来 5 ~ 10 年中，这 12 个城市将争夺 3 ~ 7 个名额，竞争将十分激烈。

与一般的城市竞争不同，国家中心城市并不完全是一场城市间综合实力的比拼。虽然在测算中会综合评估城市的各方面条件，如经济实力、创新能力、国际化程度、综合交通能力等，但关键还在于国家的战略布局和城市的功能定位。

国家中心城市需要具备全国范围的中心性和一定区域的国际性两大基本特征。中心性是国家中心城市的首要条件。从这个角度来说，同一个区域内不可能出现两个国家中心城市。因此，合肥最大的竞争对手其实就是南京。

从区域来看，虽然合肥距离上海这个国家中心城市相比南京更远，占据一定优势。但从《长三角一体化规划纲要》来看，国家要求南京都市圈和合肥都市圈打造东中部区域协调发展的典范。两座城市同处东中结合部，都承担了东中部协调发展的国家战略功能。区域与功能的重叠，意味着南京和合肥将面临争夺国家中心城市的直接竞争。

从经济实力看，南京 2020 年经济总量达到 1.48 万亿元，远超合肥，而且在疫情冲击下增长速度也超过合肥，可见其经济基础更为扎实。2020 年南京市资金总量超过 4 万亿元，是合肥市的一倍，对资金的吸附能力远超合肥。在世界 500 强企业和上市公司数量等方面，南京也远超合肥。

从创新能力来看，虽然合肥是全国第二个综合性国家科学中心，科创是其最重要的优势和名片，然而南京的科创实力更为雄厚，特别是近年来南京致力于打造全球影响力的创新名城，创新能力增长飞快。在世界知识产权组织 2020 创新指数排名中，南京跃升至 21 位，而合肥排在 76 位；在科技部国家创新型城市创新能力评价中，南京排在第 4，而合肥排名第 13。2020 年南京的高新技术企业数量有 6500 多家，而合肥市只有 3300 多家。

从综合交通能力上来看，虽然合肥率先建成"米"字形高铁网，然而南京也在迎头赶上，计划在 2030 年前建成"米"字形高铁网。根据国务院最新发布的《国家综合立体交通网规划纲要》，南京位列国际性综合交通枢纽城市之一，这对南京争夺国家中心城市来说是重大利好。另外，在国际化程度等方面，合肥相比南京差距也十分明显。

"国家中心城市需要有一整套的实力，目前合肥还有很大差距，当实力有差距的时候还是要默默地追赶。"参与合肥市决策咨询的有关专家分析说。

相比媒体的热捧，合肥市决策者对自身实力有着清醒地认识，"过去其他城市并不把合肥作为竞争对手，但一旦发展起来以后，人家就会重视你，当别人把你研究透了，再想去追赶就很困难，因为人家的经济体量和发展水平远远超过你"。这或许就是合肥市对争夺国家中心城市保持低调的原因。

不能错失的十年

尽管当下还不具备进军国家中心城市的综合实力，但不代表着合肥没有进一步追赶超越的决心。正如合肥市领导所言，合肥迈上万亿台阶，成绩可以自豪，但决不能自满。合肥要向前奔和往上攀，必须以归零的心态奔赴新征程，"重整行装再出发"。

"未来十年是合肥实现新一轮跨越赶超的绝佳机会"，这既是合肥多年积累势能的加速演进，也是合肥创新发展新优势的集中释放。

未来十年如何实现超越？对于合肥来说，这是必须认真思考的命题，需要合肥"展现更大作为"。

走得再远也不能忘记来时的路。上一个十年，合肥之所以能成为中国城市发展的"最大一匹黑马"，走的是一条不同寻常的路。过去合肥发展基础薄弱，在区域内的影响力不够，发展的外部环境也不好，特别是周边大城市的虹吸效应越来越明显，在这种情况下发展较为艰难，人们形容合肥是"单枪匹马杀出了一条血路"。

如果跟着别人后面亦步亦趋，就没有后发超越的可能，过去十多年来的成功跨越，主要得益于合肥走的是一条高质量发展的超越路径，当前合肥正处在"人到半山、船到中游"的关键时期，未来十年必须以"咬定青山不放松"的决心和韧劲继续争先进位，否则将错失这个时代。

从目前来看，在新一轮发展中合肥拥有多个重要的比较优势，具备跨越式发展的基础条件。

一是国家战略的叠加效应。合肥拥有综合性国家科学中心、自贸试验区、长三角一体化发展等重大国家战略，政策红利将在"十四五"集中释放，为合肥在新发展格局中占据有利态势，合肥将迎来新一轮发展的重要战略机遇期。

二是创新要素的集聚效应。近年来，合肥在创新要素的集聚度和国内外创新的美誉度等方面，都得到空前提高。"过去大家对合肥都不了解，现在大家都说好，人才就来了。"创新要素的集聚效应已经开始显现。更重要的是，合肥拥有众多国家实验室和大科学装置，这一点其他城市无出其右。这些科技创新的"国家队"是国家战略科技力量，其蕴藏的能量是无限的，一旦爆发出来将极大助推合肥科技创新和产业发展，乃至整个城市迈上新台阶。

三是新兴产业的集群效应。多年来，合肥一直聚焦战略性新兴产业。推动产业基础的高级化和产业链的现代化，已经成为全市上下的共识和工作自觉，形成了一批在国内有影响力的产业集群。"芯屏汽合""集终生智"已经成为合肥最闪耀的名片，这是未来合肥实现"换道超车"的重要基础。

"只有不断把'长板'拉长、把'短板'补齐，才能在新一轮城市竞争中赢得优势、走在前列。"怎样推动科技创新与产业发展深度融合,把科技优势变成产业优势;怎样做大做强做优"芯屏汽合""集终生智"产业地标,让"当家产业"早日变成支柱产业;怎样打造创新创业的沃土,让"养人合肥""创新高地"成为四方英才追梦、筑梦、圆梦之城,这些是"十四五"合肥的主要任务和使命。

迈向"都市圈时代"

当前,中国城市发展进入都市圈时代,城市间的竞争也将变为都市圈之间的较量。对于万亿之城来说,能否迈过都市圈时代的门槛,对于未来城市竞争格局至关重要。

从 2020 年 GDP 排名前 20 的万亿之城分析来看,过去十年排名上升较快的城市,如南京和郑州上升了 6 位,成都上升了 5 位,武汉上升了 3 位;而下降较多的城市,如佛山下降了 6 位,天津和无锡下降了 5 位,青岛下降了 3 位。

这些城市上升和下降的原因很复杂,且不尽相同,但有一个共同特征,就是上升快的都是经济腹地广阔、都市圈整合较为成功的城市;而下降较多的都是经济腹地狭小,资源整合范围受局限的城市,典型如无锡、青岛、佛山等。

城市 GDP 过万亿元后,单纯靠自身"摊大饼式"做大规模已然行不通,必须全方位提升城市能级,在更大范围、更高层面上整合资源。对于合肥来说,过万亿"大城"实至名归;而万亿后,则必须从"大城时代"迈向"都市圈时代"。

"都市圈时代,首先要成为都市。'大城'还不够,都市的内涵更加丰富。"程必定分析认为,都市和城市是有区别的,都市是功能性的,包括文化、科技、金融、消费,以及高端的教育、医疗等公共服务功能,"在这方面,合肥跟南京、武汉相比差距更大"。

根据国家卫健委大数据中心的数据,在跨省患者异地就医情况统计排行中，安徽是患者流出比例最高的省份之一。作为省会城市，合肥在国内异地病人流入城市排行中排名靠后，甚至低于地级市徐州。高端医疗、教育等资源的缺乏，是合肥由城市迈向都市的最大短板。

"建一家医院、盖一座学校很容易，'十三五'期间合肥市新建学校500多所，新建医疗卫生机构1000多家，但好的老师不是一年能培养出来的，需要3～5年的培养周期，好的医生甚至需要6～10年的周期。"一位区域经济专家表示，高端、优质公共资源的培育和扩大需要持续努力，"十四五"时期合肥在城市承载力、精细化管理水平和优质公共服务供给等方面需要加速提升和补短板。

从都市来说，未来不见得工业要做多大规模，生产性服务业发展潜力更大。这方面相比南京、杭州短板明显，但刚好也是合肥的潜力所在。万亿之后生产性服务业上升会比较快，未来有很大的成长空间。

从城市到都市，合肥差距很大，潜力也很大。

除了自身都市功能的补短板，合肥都市圈的建设同样也需要加速。从全国来看，2020年都市圈建设已进入实质性阶段，南京、武汉、成都等都市圈内轨道交通建设进入密集期，户籍同城化、公共服务一体化等方面也取得突破，都市圈建设正在提升中心城市的发展层级和能级。

"合肥都市圈原来城市间联系不紧密、各干各的，'十四五'这种情况可能会改变，因为大家已经尝到了甜头。"万亿之后，合肥辐射效应开始出现，将有力量带动都市圈内城市发展。

作为省会城市，合肥应当担起责任，带动周边城市共同发展，提升都市圈整体竞争力和发展水平。只有把都市圈建设好，合肥的地位才会更加凸显，才能在长三角一体化发展中发挥更大作用，这也是高质量发展的内在要求。

（作者：吴明华；原载于《决策》2021年第2期、第3期）

伍　奔跑吧，皖之城！

223

合肥新封面

合肥的城市封面，正式展开！

2023 年 9 月 26 日，第十四届中国（合肥）国际园林博览会盛大开幕，主会场设在合肥骆岗公园。

骆岗公园总面积 12.7 平方公里，是美国纽约中央公园的 3.7 倍之多，成为目前世界上最大的城市中央公园。这是一座城市公园，但又不仅仅只是一座城市公园。作为一项写进省级战略规划中的项目，官方用 12 个字进行了概括：安徽之窗、省会之心、城市之肺。

合肥为什么要建一座世界最大城市公园？背后蕴藏怎样的雄心？一切还要从一座机场跨越 10 年的"停飞与复飞"说起。

为什么是骆岗

20 世纪 70 年代建设的合肥骆岗机场，曾是安徽唯一的国际机场，是安徽走向世界的起点。时移世易，随着城市扩容，骆岗机场逐渐被城区包围，难以继续满足作为民航机场的条件。

2013 年 5 月，骆岗机场正式停航。此后，关于这片土地后续如何开发利用的讨论，就从未停止过，一度有发展通用航空、打造赛车场等多种设想。但无论怎样讨论，都没有涉及房地产开发，才为今天留下了发展空间。

时间来到 2017 年，合肥市公布了《新型城镇化规划（2015—2020 年）》，提出"整合高铁站与骆岗机场一带，形成城市主中心（CBD）。"这是官方对骆岗片区规划的首次披露，骆岗这个名字从此就与 CBD 联系起来。

为什么要赋予这样的使命？

先从骆岗在合肥的城市区位来看。骆岗片区位于合肥老城区和滨湖新区之间，是连接新老城市的中间地带，北接合肥高铁南站，南联合肥滨湖会展中心等重要城市公共设施。构成骆岗片区边界的锦绣大道、包河大道、徽州大道和绕城高速，均为合肥市的重要交通干道，再加上多条地铁通达，高效的交通体系，使得骆岗能够整合多方面的城市资源。

2022年发布的《合肥市国土空间总体规划（2021—2035年）》中，进一步明确构建"一核四心"钻石型城区布局体系。"四心"即天鹅湖中心、滨湖中心、老城中心、东部新中心，处于"四心"环抱的骆岗区域，则被确立为关键的"一核"。曾经合肥市内最大的空白区域，未来将成为最璀璨的区域。

再从合肥城市功能升级来看。近20年来，合肥厚积薄发，是中国发展速度最快的城市之一，获批综合性国家科学中心、成为长三角副中心城市、经济总量迈入万亿元俱乐部……但合肥的雄心并不仅限于此。合肥"十四五"规划提出，要奋力成为全面塑造创新驱动发展新优势的全国示范城市，迈向具有竞争力的国家中心城市，建设全球科创新枢纽。规划到2035年，全市总人口将超过1300万人……

为满足未来发展需求，合肥必须开辟一个新的发展空间，以更高层次的国际化视野、高规格规划和高水平建设，全力打造城市主功能区，引领城市能级实现新飞跃。

这将是骆岗10年后一场"蝶变"式的再启航，不仅有园博会的瑰丽、城市焕新的地标，更有合肥城市IP的塑造。

城市IP如何塑造

作为一个从"江淮小邑"发展而来的省会城市，合肥过去在国内大城市中一直缺乏"声量"。历史上，合肥不乏"名人"，却无城市"名气"；产业发展虽积累了一定"体量"，却仍难以扩大城市"流量"。

什么是现代城市外塑形象最直观的表达，打造城市会客厅，是一个普遍的共识。

提到杭州，会想到钱江新城；提到南京，会想到河西新区，同为长三角副中心城市的合肥，有什么？产业崛起，是合肥最大的闪光点，但相对产业而言，合肥的城市建设仍然亮点不靓，尤其是一座现代化、国际化名城必须具备的城市辨识度不高。

骆岗公园的规划建设，恰好给了合肥一个难得的契机。作为城市未来的核心，目前已开园的园博园，只是骆岗公园中的一个区块，这里还将成为合肥都市 CBD 的所在。

在骆岗公园西侧，合肥市交通干道徽州大道旁，规划建设一处约 2 平方公里的国际化商务办公区域。依托骆岗公园的超大体量和底蕴优势，这里将支撑合肥打造一个新的城市会客厅。

首先是视觉上的冲击。骆岗公园 12.7 平方公里的超大规模，长达 3 公里的大草坪，富有科幻色彩的全向信标台，让人过目不忘，向世界展示着合肥大气磅礴的城市气质。类似于武汉一江两岸、长沙湘江之滨成为城市打卡地一样，骆岗公园也将会走进无数人的相册里。

其次是丰富的文化内涵。骆岗公园其实是一部微缩版合肥城市建设史。公园在建设中，保留了大部分骆岗机场的老建筑，机场原有的航站楼、机库等建筑通过更新改造，重新焕发活力，成为不可多得的文化记忆元素。再加上已建成的园博园片区，骆岗公园将成为对外展示徽风皖韵、历史文脉的一扇窗口。

停飞后的骆岗机场，为承担使命静待花开，但是在这片留白的画卷上，将绘出怎样的图案？

在公园中怎样建城市

你印象中的城市 CBD 是什么样的？

是高楼林立，还是人潮涌动？骆岗却做出了一个不同寻常的选择——打造一个中央商务区和生态功能区相结合的城市公园。在寸土寸金的地段建设一座公园，魄力不可谓不大。定位为合肥城区最高层级的骆岗板块，为何要塑造成一座公园的形态？

中国城市建设研究院科技委主任王磐岩表示，以一座大公园的形式连接起城市商务、产业、生活各功能区，是一种探索自然生态与城市 CBD 空间高度融合的新模式，最终实现完成体的骆岗公园，生态空间比例将远远超过传统 CBD。从"城市中建公园"到"公园中建城市"，公园在这里不只是锦上添花，而是基础底色。

2019 年，合肥在一众城市中脱颖而出，成功获得第 14 届中国国际园林博览会的举办权，一个重要因素，就是因为合肥市将主会场选在地处城市中心的骆岗公园，将城市中最宝贵的土地用于生态建设，让给百姓、让给文化。

这样一座超大尺度的生态公园，如同在城市中央装上了一颗澎湃的"绿心"，无疑将重塑城市的生态空间。实际上，早在 30 年前，合肥就已是中国著名的生态发展样板城市，1992 年，合肥成为首批获评国家园林城市的三座城市之一，被誉为"翡翠项链"的环城公园，曾是中国城市规划的样板案例。

中国城市建设研究院风景园林规划设计研究院设计总监林鹰对《决策》分析说，骆岗公园的建设，让过去机场对城市生态格局的阻隔状态变成生态融合状态，作为合肥十五里河生态系统的重要组成，形成了一条西北东南向的生态廊道。这条生态廊道与北边的南淝河生态廊道构成一个环形，成为合肥新的"翡翠项链"，架构起城区生态新格局。

值得一提的是，骆岗公园的建设过程也处处彰显了生态理念。"建设过程中挖掘的土方，就地形成园内的小山坡，形成错落有致、高低起伏的景致。利用原骆岗机场的老建筑进行更新，没有新建一座场馆，节约了投入，也保护了生态。"中国城市建设研究院风景园林规划设计研究院院副院长袁建奎告诉《决策》。

未来，骆岗公园将极大满足市民游客对田园牧歌的憧憬，让人望得见山、看得见水。在山环水抱、林湖交汇的环境中生活工作，切身体验到城市文明的进步。

　　所以，站在城市的角度，不能把骆岗公园仅仅看作一座公园，而是城市发展理念的一场变革。在"生态优先、百姓园博" 8 个字背后，是人民城市、生态文明理念的一次鲜活实践。

为何能重塑城市业态与形态

　　骆岗公园被赋予中心之名，但何以担纲中心之实？

　　这要放在合肥发展的整体格局中进行审视。对内形成产业集聚、提升城市功能，对外展示城市形象、提升城市吸引力，才是建设骆岗公园的根本目标。

　　从业态集聚来看，骆岗公园将集聚众多高端产业和公共服务资源。"已建成的园博园区域，在规划设计之初，就以运营前置的思路布局商业，园博小镇已有 100 多家商家入驻，其中不少是安徽首店。" 合肥滨湖科学城城市空间运营管理有限公司副总经理许皓介绍。

　　总部经济是一个城市区块身价的直接体现，华为安徽区域总部、神州数码信创总部已落户骆岗 CBD 片区；安徽音乐厅、滨湖国际科学交流中心、大型商业综合体等项目，也将逐步推进。

　　从城市流量来看，骆岗公园打造了一个超大规模公共空间，搭建了社会活动的多元化舞台，通过与国内外一流展出和演出机构合作，承接艺术展、音乐节等丰富多彩的活动，每个月都将上演不同的精彩，成为吸引人流汇聚的强大磁场，给城市带来源源不断的流量。

　　这就是骆岗公园的高级之处，不仅是一个观赏性、游玩性公园，更是一个综合性、有着丰富参与度的环境空间。

　　在"抢人大战"的时代里，比拼的最重要资源是人，尤其是年轻人。对于越来越注重生活品质的年轻人来说，把城市变得更好玩、更潮更有样，就是更有效的抢人办法。若干年后回过头来看，骆岗公园一定承载着无数欢声笑语和美好记忆。

按照总体规划设计，园博园的正式开园，仅仅是骆岗公园大建设进程中的一个音节。

　　未来，随着锦绣湖、滨湖科学交流中心、总部基地等多个功能板块的陆续建成，骆岗公园将成为创新的策源地、创意的汇集地、创业的新高地，以及时尚潮流的新领地。在自然生态、产业格局、人文气质上，进一步拔高合肥的层次，是合肥能够挺立中国城市坐标系上的一个重要砝码。

　　如果说合肥向上生长的历程是一本厚重的书，那么骆岗公园将是这本书的封面。

　　如今，书页展开，让我们一起期待合肥更精彩的篇章。

　　（作者：胡磊、王运宝；原载于《决策》2023年第9期）

伍　奔跑吧，皖之城！

芜湖冲起来了

"芜湖冲起来了！"

"在芜湖体验到前所未有的'加速度'！"

这是企业家和干部群众，对芜湖的真实感受。

2021 年芜湖市 GDP 增速 11.6%，长三角城市第一；建筑业产值增速全省第一；在建项目数、新建 10 亿元以上项目数全省第一……

这是芜湖 2021 年亮眼的经济数据。数据是最好的证明。

从感受到数据，都在说芜湖变了；从省内到省外，都在说芜湖变了！"芜湖起飞""芜湖出圈""网红城市"，人们试图描述这座城市的变化。但芜湖怎么变的，更值得探究。

"城市发展光靠守是不行的，芜湖要主动进攻！"

从"双招双引"第一攻势到创新"畅聊早餐会""1% 工作法"，再到全国百所高校大宣讲，芜湖一次次主动出击。在进击中转变干部作风、提升干部状态，在进击中创新打法、拼抢项目和人才，在进击中提升城市能级与品牌。

进击，正在成为这座城市发展的主基调。

"整座城市都在奋斗"

有人说，未来 5 ~ 10 年是中国城市跨越式发展最后的"黄金期"。

"十四五"或将是中国城市发展的分水岭，竞争激烈程度空前绝后。"不进是退，慢进也是退"，就是最好的写照。是进还是退？是被动防守还是主动进攻？考验着每一个城市。

在这种压力下，芜湖吹响了进击的号角。2021 年新春第一会，芜湖打响了"第二城"保卫战，并且旗帜鲜明地提出"学习合肥，追赶合肥"。这在芜湖发展史上是第一次，极具标志性意义。

作为省内最早开埠之城、长江"四大米市"之一，芜湖总有一股深深的优越感。当芜湖喊出"是时候抛却自己的优越感！""学习合肥，向合肥看齐！""承认差距，学习优秀，然后努力成为优秀者，这就是解放思想"，给当地人带来心灵上的巨大震动。

芜湖市要求，全市每一个县区和部门都要去合肥学习对标，回来要拿出一份干货，就是怎么干，"不要谈体会，拿举措出来！"

近学合肥、远学沪苏浙。一次，芜湖市党政代表团去上海松江区学习。松江区负责人说，"十三五"时期松江的经济增速就没低于两位数的。这让芜湖人深感震撼，"哪有理论说过去发展速度快，现在就要慢下来，或者体量大了就不能快""上海发展的速度都这么快，芜湖还有什么理由可以慢？"

解放思想、作风建设，关键就是干部的状态。芜湖市提出自我加压、敢于胜利，敢于和高手较量，敢于向高标准对标，"只要看准了，我们就干，直接变为实际行动"。

比如，学习上海"一业一证一码"改革后，芜湖当即在全省率先进行改革试点，"关键是自我革命，真正为民办实事、为企优环境"。

2021年，芜湖围绕经济发展、政务服务、城市建设等，全面对标学习先进，学完回来马上就干。外界感慨，"别人在想，芜湖在干！"

从2021年开始，芜湖每季度举办一次招商引资"互看互比"观摩活动，市领导带队观摩全市重点项目，各县市区比体量、比质量、比进度。同时，把招商引资年底考核改为季度考核，"逼着大家每个季度都要有新的成果"。

相互比、拼命干。大家赶着往前跑，生怕掉队而"跟不上这趟飞速前进的列车"。在芜湖，你追我赶、竞相发展的热潮已经形成，"一旦气势起来了，芜湖的发展挡都挡不住！"

"芜湖敢为人先、争先进位的精神气又回来了，这才是芜湖应该有的样子。"芜湖人感慨。

干部的状态也感染了整座城市，激发了全城人对加快发展的渴望，"我们不拼命干，家里人都不支持！""整座城市都在奋斗！"

下海的人多了，大海才能沸腾。当全城人都在奋力进击，芜湖就沸腾了！

成功的路没有捷径

城市发展靠项目。2021年开始，芜湖市把"双招双引"定为"一号工程"，发起高质量发展的"第一攻势"。

"一号工程"就要"一把手"亲自抓，顶格推进才能打出"第一攻势"。芜湖市锚定新能源及智能网联汽车、航空产业、机器人及智能装备等10条产业新赛道，建立由市领导牵头挂帅的产业链链长制，顶格推进、全员上阵。四大班子领导包括人大常委会主任和政协主席，一人牵头一个产业链，亲自招商，亲自研究产业。

"先把产业研究透，再摸排头部企业，寻找供应链企业，设置产业投资基金，然后排出拜访计划，每一个环节下的都是笨功夫、苦功夫。"成功的路没有捷径，全部是要一个个去找、一件件去干，"要说有捷径，那就是去吃更大的苦，下更大的功夫！"

新兴产业专业性极强，蛮干瞎干不行，必须具备很深的专业素养。"下足笨功夫，成为一个更专业的专家。"这是芜湖提出的口号。

芜湖市组建了产业链工作推进组专班，建立高素质、专业化的招商队伍。一次，芜湖市投资促进服务中心一个80后年轻干部接待一位前来考察的客商。从车站到宾馆短短20多分钟的路程，就把航空航天产业的发展现状向客商进行了全面介绍。从飞机发动机、螺旋桨、航电，到全国产业链上的重点企业都如数家珍，并且还介绍说有3万名航空航天的技术人员在芜湖。

这让客商感到非常震惊：一个普通干部居然懂这么多高深的航空航天专业知识！客商当即决定在芜湖投资。

招商引资就是"虎口夺食",专业性是基础,更多的是城市间全方位的比拼。2021年8月,孚能科技新能源电池项目落户芜湖,总投资达140亿元,这是芜湖"虎口夺食"的经典案例。

孚能科技是软包电池领域龙头企业,是很多地方招商引资的必争对象。2021年6月,当芜湖了解到投资信息时,已有四川、浙江、江西等地多个城市在同步竞争。而且它们给出的条件更优厚,芜湖的胜算并不大。

"就两天时间,恨不得锁在房间里谈。但有时候谈着谈着,就谈不下去了。"招商之艰难,参与具体谈判的芜湖市三山经开区招商干部深有体会。

赢得竞争需要高超的战略战术。芜湖市采取了"田忌赛马"策略:跟发达地区比区位,跟后发地区比政策,跟区位好的城市比产业基础,跟政策更优厚的城市比服务。

芜湖承东启西、通江达海,区位优势明显,又有新能源电池的完整产业链。通过"田忌赛马"策略,芜湖人把城市的综合竞争力完全发挥出来。这个百亿元级的大项目,从接洽到签约仅用了不到2个月时间。

对于企业来说,效率就是生命。速度没有最快,只有更快。同样是百亿元级的比亚迪产业园项目,半个月签约、一个月开工、半年内投产,创造了另一个"芜湖速度"。

"材料报上去,市委市政府马上开会,当天就拍板决策。"仅10天就完成协议拟定、财务尽职调查、专家评审等所有前期工作。芜湖干部上下齐心,把速度推到了极致。

2021年,芜湖市新签约亿元以上招商项目700个,增长52.2%。其中,百亿元项目有3个。"过程虽然累,但很刺激!"芜湖干部的激情溢于言表。

速度、激情,这就是进击的芜湖!

"为1%目标付出100%努力"

成功的路没有捷径,唯有付出百倍的努力。"为1%目标付出100%努力!"这句格言最早出自于"1%工作法",如今已经成为芜湖干部的座右铭。

"1%工作法"是芜湖营商环境、服务企业的"金字招牌"，2021年11月获国务院通报表扬。很多人并不理解，不就是1%吗，有何难？

企业利润率一般只有5%～6%，10%就算很高了。面对成千上万家企业，要想把企业利润率提高1%，对于政府来说，几乎是一件不可能完成的任务。

"无论企业、城市还是个人，都要敢于挑战一些看似不可能完成的任务并最终完成它！"于是，芜湖市成立了由市委书记和市长任组长的高规格领导小组，通过对全市300家重点工业企业的利润监测分析，最终锁定能源、用工、税费、物流等6个要素，并针对性地设立9个工作组，逐一拿出详细方案，对症下药。

为降低企业用工成本，芜湖用"笨办法"，对300多家企业一家一家地摸底，得出人才需求清单，然后提供精准服务。

除了"笨办法"，更有"巧办法"。为降低企业物流成本，芜湖市海关部门主动作为，采取联动接卸改革，减少港口间的转运环节，每个集装箱境内运输成本压缩30%；为降低中小企业采购成本，芜湖市引进互联网集采平台，相当于工业的"拼多多"，帮助中小企采购成本最高降12%。

所谓巧办法，背后都是笨功夫下足了，对规律和本质掌握透了。因为1%目标，不是一个部门在干，而是全市所有经济部门都在干，"不是1个人，而是100个人，100个人都付出了100%的努力"。

这样的工作作风，同样体现在芜湖的另一个城市品牌中——畅聊早餐会。早餐会并不是芜湖独创，全国不少地方都有类似的餐会，但为何只有芜湖能将其打造为家喻户晓的城市品牌？

秘诀就在于芜湖付出了100%的努力！

从2021年3月第一期以来，到2022年2月19日，已举办了40场早餐会。每周六风雨无阻，每次都由市委书记亲自主持。整场活动既简朴，又极具仪式感。早餐会的每个环节和细节，都经过精心地设计。连茶杯都是定制的，刻上了企业家的名字。满满的仪式感，让企业家感到格外的尊重和温暖。

更重要的是，企业家提出的每一个意见和建议，都逐一建档，并建立跟踪反馈的闭环机制。到第 40 场为止，一共 53 个政策建议、81 件问题诉求，都一一进行了解决，转化成实实在在的发展成效。这就是早餐会的生命力所在。

把每件事都做到极致，努力 100%。这就是芜湖进击制胜的秘诀！

不甘平庸之城

"芜湖未来究竟是一座什么样的城市？"

2022 年新春第一会，芜湖市长给在场所有人出了这样一道题。这也是这座城市的主政者一直在思考的命题。

"芜湖从来不是一座平庸的城市！"在这次会上，芜湖吹响了归零再出发的号角。

"每一项工作都要争先进位，每一个经济指标都要对标对表！""一切工作都要快。一天都不能耽搁，一刻都不能停歇！"对于芜湖来说，增速第一不是奋斗的终点，而是进击的起点！

安徽省"十四五"规划中明确提出，把芜湖建设成为省域副中心城市和长三角具有重要影响力的现代化大城市。

"副中心不是省里给的一块牌子，而是要干出来的。"芜湖市提出紧盯建设省域副中心，在三次产业高质量协同发展中勇当先锋，以进击的姿态谱写现代化芜湖新篇章。

为此，芜湖市制订了高新技术企业倍增计划、上市企业倍增计划、规上企业递增计划、专精特新企业培育计划、第三产业发展壮大三年行动计划等，一系列雄心勃勃的行动计划，就是要在新一轮竞争中提升城市能级，重塑芜湖发展的硬核实力。

奋进中的芜湖，注定是一座不甘平庸之城！

2022 年 2 月 11 日，立讯精密投资 100 亿元入股奇瑞，"果链一哥"造车的消息震惊四座，引发人们无尽联想。然而细细品味却发现，立讯精密投资的不仅是奇瑞，更是投资芜湖。

汽车产业作为芜湖的首位产业，拥有奇瑞、比亚迪等一批知名车企，吸引了一大批国外优质汽车零部件企业，还集聚了新能源和智能网联汽车配套企业超过300家。在汽车特别是新能源汽车领域，芜湖的布局低调而迅速，"中国底特律"已悄然成型。

航空航天产业是制造业"皇冠上的明珠"，芜湖作为国家首批通用航空产业综合示范区，集聚了通用飞机整机、无人机、航空发动机、航电等全产业链，以及中电科钻石飞机等一批业内"单打冠军"。航空航天产业是芜湖另一个具有万亿元级规模潜力的新兴产业。

芜湖还是国家级机器人产业发展集聚区、中国家电智能制造基地、国内一流3D打印产业集聚区……城市未来关键靠产业，而芜湖在产业方面极具想象力。当这些新兴产业站上风口，芜湖将"垂直崛起"。

奋进中的芜湖，是一座充满想象力的产业之城！

人才是城市发展的源头活水，抓住了人才就赢得了未来。2021年，芜湖主动出击，重磅出台"紫云英人才计划"，首创人才发展集团，强势推出"百校大宣讲"，在全国范围内刮起人才"旋风"。

招引人才关键是提升城市吸引力，"哪个城市环境好、宜居宜业，人口就往哪聚集"。2021年10月，芜湖市大手笔启动人民城市建设重点项目工程"双百攻坚"活动，全方位提升交通基础设施、城市功能品质和生活环境，仅2022年度就有八大类234项，年度估算投资241.63亿元。

随着轨道交通、快速道路、芜湖古城等重点项目的开通建成，芜湖城市面貌焕然一新。"过去有多恨它，现在就有多爱它！"刚刚经历了城市建设阵痛的芜湖人说。

奋进中的芜湖，正在打造近悦远来的宜居之城！

城市发展离不开人心的凝聚、文化的力量。如果说城市建设和产业发展是硬件的升级，文化建设则是精神层面的软件升级。

2021 年 9 月，芜湖市创新推出党政干部"共读计划"，每周挑选一本书，通过手机 App 进行直播讲读。每周六晚上 8 点，芜湖的干部群众都会聚在一起，共读一本书，"读书会成了每周最期待的精神大餐"。

"读书可以改变一座城市的气质"，芜湖还打造了一批高品质的公共文化空间。一到节假日，那些书香气十足的"城市书房"，都会吸引众多市民网红"打卡"。在"城市书房"静静读书，成为芜湖人的休闲新时尚。

奋进中的芜湖，还是一座腹有诗书的书香之城！

"星期六是具有芜湖味道的一天。"每周六的日出，伴着麦香，城市 CEO 与城市合伙人畅聊发展、共筑梦想；日落，全市干部群众在同一个平台上，品读城市、品味书香。从麦香到书香，这一天，充满了芜湖的味道。

"有山有水有文化，大江大河大梦想。"这就是正在向安徽省域副中心进军的芜湖！

（作者：吴明华；原载于《决策》2022 年第 2 期、第 3 期）

伍 奔跑吧，皖之城！

进击的滁州

一条铁路再次牵动滁州人的心。

2019 年 4 月，滁州至南京城际铁路（滁州段）二期工程可行性研究报告获安徽省发改委批复，标志着滁州与南京同城化迈出关键性步伐。建成后，从南京江北新区到滁州只需 30 分钟，从南京主城区到滁州仅需 50 多分钟。

一体化加速的背后，是滁州多年来融入南京都市圈的激情与梦想。

在安徽省域的区域经济格局上，与南京一河之隔的滁州，具有特殊位势。2016 年 9 月，滁州首次明确提出"冲刺总量全省第三"的战略目标后，滁州的变化格外引人关注。

"第三城"写在"脸上"

在安徽的"第三城"竞争中，滁州是唯一一个将"冲刺经济总量第三城"写在"脸上"的城市，并且是连续三年。在未来的发展规划中，滁州是要做安徽省经济总量仅次于合肥和芜湖的经济总量第三。

滁州深藏于胸的雄心跃然纸上，底气在哪里？

一说起滁州，你的脑海中可能会浮起这些印记："天下之滁，唯有滁州之滁，天下第一亭，唯有琅琊山醉翁亭，《醉翁亭记》《儒林外史》声名远播，大明王朝从这里发源，中国农村改革的第一村在这里诞生……"

"一山（琅琊山）一亭（醉翁亭），一书（儒林外史）一文（醉翁亭记），一帝（朱元璋）一村（小岗村），一歌（茉莉花）一舞（凤阳花鼓），一会（农歌会）一园（长城影视文化园）。"滁州人如数家珍地"十个一"，概括介绍了滁州这座城市。

这是人们印象中的滁州。现在再看滁州,风头正劲。在安徽省最近一波发展浪潮中,滁州"怒刷"存在感。

2009 年,滁州经济总量仅有 576.18 亿元,全省第七,高于宿州和蚌埠,和六安、阜阳、马鞍山谈不上遥远的距离,比安庆少了 200 多亿元。彼时的滁州提出"追宿迁、超千亿、进前列",那一年,江苏宿迁突破 800 亿元,达到 826.85 亿元。

2018 年,滁州经济总量已达到 1801.8 亿元,稳居全省第一方阵,增长9.1%,居全省第 3 位,创 2000 年以来最好位次,相继赶超了六安和阜阳。

面对"第三城"的目标,滁州想跳起来摘"桃子"。2014—2018 年的 5 年里,滁州与马鞍山的经济总量差距由 172.61 亿元缩小到 116.3 亿元;与安庆由359.5 亿元缩小到 115.8 亿元。2019 年一季度,滁州经济增速排在全省第二。

夹在"黑马"合肥、"创新名城、美丽古都"南京的中间,面对着相对的经济"塌陷"状态,滁州是如何做到的?

要回答这个问题,得从 20 世纪 80 年代的扬子集团说起。

从高峰到低谷,再向上爬升

1984 年,在国企工作多年的宣中光抓住国家大力发展家电业的历史性机遇,撇开传统国企的束缚与负担,成立了扬子集团。

短短几年,一股强劲的扬子之风,在滁州聚集,吹遍神州大地。1991 年,扬子成长为中国家电业的龙头企业之一,直接带动滁州进入了工业发展的"合老大""滁老二"时期。1992—1993 年,扬子冰箱名列中国冰箱业排行榜第 2 位,走进千家万户。

然而好景不长,在市场经济大潮中,由于经营、技术、决策等原因,"扬子冰箱"宛如一道过眼流星,陨落后带来的是滁州工业阵痛。

但滁州没有放弃家电产业,集中全力培植、孵育,蓄势待发,在等待一个"满血复活"的时机。

1996 年，"春天"终于来了。当年 3 月，扬子集团冰箱厂和德国西门子成功合资，成为当时安徽省引进外资最多、规模最大的合资企业；一年后，家电业的领军企业康佳集团进入滁州，建立了最大的内销彩电生产基地。

当初从扬子走出去的一批扬子人，他们有的走向全国，仅活跃在珠三角、长三角的家电制造业骨干就有 300 多人；有的留在滁州，成为滁州家电产业再次勃兴的"火种"。

扬子木地板、扬子空调、鲲鹏模具、扬子门业、扬子客车、兴扬汽车……处处活跃着扬子人创业的身影。

从高峰到低谷，再向上爬升，滁州走出了一条"存量引增量，联合促发展"的路子。这些知名企业的入驻，释放了激活效应和化学反应，家电产业得以"脱胎换骨"。由此，滁州家电产业站上了新的起点，之后十几年迅速发展，规模和数量持续扩张。

2013 年，滁州家电产业进入品牌提升加速阶段，以康佳电子、博西家电、扬子空调等智能家电为代表，滁州的智能家电不断开拓国内市场，撑起了滁州工业的一大片天。

滁州家电雄起的同时，其他一些产业也让人很是惊喜。1998 年，全柴动力股份有限公司成立，这是安徽省内燃机行业唯一一家上市公司。滁州工业生发出汽车、先进制造装备、绿色食品、新兴化工、硅基材料、新能源等主导产业，直接带动滁州工业实力进入全省第一方阵，仅次于合肥、芜湖、蚌埠和安庆。

2018 年，滁州工业继续高歌猛进，经济指标一路高开，规上工业增加值增幅 11.4%，居全省第 3 位；固定资产投资增幅 15.4%，居全省第 4 位。2019 年 1—5 月，滁州延续了强劲的发展势头，规上工业增加值同比增长 11.5%，创近年来最高水平，居全省第 1 位；社会消费品零售总额增长 14.5%，居全省第 3 位。

滁州产业正在实现重生，成为"冲击总量全省第三"的最大支撑力。

再造一个"苏州工业园"

除了坚持不懈地努力,滁州还做了件非常重要的事——搭建产业起舞的战略平台。

1992 年 6 月,乘着改革开放的春风,一颗种子在此萌芽,滁州经济技术开发区正式成立;2011 年 4 月,滁州经开区加速蜕变,升级为国家级经济技术开发区,经济发展驶入快车道。

经过多年发展,滁州经开区已成为滁州对外开放的桥头堡和经济发展的重要增长极。在商务部发布的2018年国家级开发区综合发展水平排名中,滁州经开区在 219 家国家级开发区中位居第 59 位,1 年飙升 30 位,名列全省第 4 位。

这是滁州最大的"金字"平台,成为带动滁州发展不可忽视的力量。

也是在 2011 年,滁州还搞了一个大动作。

2011 年 12 月,滁州拿出坚定的决心,与中新苏州工业园区开发集团股份有限公司合作,共建苏滁现代产业园,投资基础设施 100 亿元,带动区域总投资约 1500 亿元,重点建设高科技产业园、现代服务园、文化创意园"三个园",目标是再造一个"苏州工业园"。

此时,正值皖江城市带承接产业转移示范区的风口,凭借苏滁现代产业园,滁州抢占先机。短短几年,累计引进工业项目 220 多个,投产企业近百家,发展为安徽顶级、两省示范、国际标准的现代化工业园区,长三角区域合作的先行区和新标杆。2018 年,位列安徽省级以上开发区综合考核第 19 名。2019 年 2 月获批省级高新区。

实际上,苏滁现代产业园对于滁州的意义远远不止经济数字上的改变,而是新思想的输入、新理念的冲击和新产业的培育。

有了这样的坚实平台,滁州的产业发展得风生水起,接连斩获了多块国家级牌子。以家电来说,滁州是全国唯一集中家电及装备制造业基地、家电设计与制造特色产业基地、新型工业化家电产业示范基地于一身的"国字号"家电产业基地。

1000多年前,滁州醉翁亭、苏州沧浪亭,同期名扬天下,有"醉翁系沧浪,欧苏共风流"的美誉。如今,苏、滁两市穿越时空,携手合作,写就长三角一体化发展的新华章。2019年5月,苏滁现代产业园再一次深化合作。

在产业进发的过程中,提升城市空间也成为滁州的一大重点课题。

"新滁城"

追溯滁州的崛起之路,2008年是一个绕不过的年份。

那一年的4月,"大滁城"战略破土而出。鲜为人知的是,"大滁城"梦想的背后,是一条铁路引发的多重改变。

2008年4月18日,京沪高铁正式开工,滁州成为在长江北岸设立的第一个高铁站,被称为"江北第一站"。滁州人敏锐地意识到,这是拉开城市框架、提升城镇化的绝佳机遇。

为对接京沪高铁经济时代的到来,2011年6月,滁州南站更名为滁州站,原滁州站更名为滁州北站。这一铁路名称的变迁,凸显了滁州扩容、做大城市的渴望与雄心。

滁州有多渴望? 2007年,滁城城区面积仅有45.6平方公里,不仅远低于行政区域面积相当的蚌埠,更低于铜陵和安庆,并且城市人口近40万,城市道路仅有228公里,这让滁州很是尴尬。

于是,"新滁城"战略成为破解城市化的主抓手。

按照"新滁城"的规划,2020年,滁州市面积拓展到100平方公里,人口增加到100万,琅琊山风景区由115平方公里扩展到240平方公里,3个副中心城区面积和人口将分别达到100平方公里、100万人。

由此,"新滁城"的蓝图浮出水面。

未来,将形成以滁州主城区为中心,以来安、全椒、乌衣为三个副中心,以琅琊山风景区为依托,打造山水相连、生态优美、宜人宜居的新滁城。

十年磨一剑。以"新滁城"为目标,滁州全城动起来了,掀起了有史以来城市建设的高潮。

人们突然感觉,滁城变大了,建成区面积已由 2007 年的 40 平方公里扩展到近 90 平方公里,人口由不足 40 万增长到 70 多万;滁城变宽了,路网框架拓展到 120 多平方公里;滁城变美了,通过开展文明创建,山环水绕的滁州变得更加秀美。

"新滁城"的建设不仅仅提升了滁州的颜值,还带来另一个反哺效应,人流、物流、信息流也在此汇集。

惠科电子、猎豹汽车、盼盼集团等一大批重点项目落户。"苏商最佳投资城市""浙商最佳投资城市""深港企业投资潜力城市"成为滁城新名片。"来了滁州有不想走的感觉,有想投资的冲动,有想合作的愿望。"

"一号工程"惠科项目,总投资 240 亿元,是滁州有史以来单体投资最大的工业项目,从 2017 年 8 月签约落地到开工,仅用了 57 天,从打桩施工到主厂房封顶仅用了 314 天,从主厂房封顶到第一块面板下线仅用了 207 天,创造了"滁州新速度"。

商来贾往,显示的是"新滁城"的信心、活力与开放程度;相互交流与碰撞,则引导"新滁城"向更高层次发展。

"大江北时代"

滁州的"朋友圈"越来越铁了。

2019 年 3 月 19 日,滁州市委书记、市长带队来到南京江北新区,探索区域互联、互通、互融的有效途径。

一天之后的 3 月 20 日,南京都市圈 8 个成员的政协主席齐聚滁州,共商城市政协联动机制,共话助力南京都市圈"一体化"高质量发展。

就在同一天,滁州市人大常委会组织全体常委会组成人员及相关人员集体赴江北新区考察学习。

"要把南京作为滁州开放发展的第一站,积极学习南京等先进地区经验,拿来为我所用;要强化主动融入意识,主动'投怀送抱',甘当发展配角,坚持协同互惠，带动滁州发展。"这正是滁州左右逢源区位优势的最大程度体现。

身处长三角两大副中心南京、合肥之间，京沪高铁穿城而过，南京禄口、合肥新桥等机场环绕周边。滁州顺势而动，借力发力，"双圈融合，无问西东"。

滁州是南京都市圈的核心圈层城市，已携手走过17年；2013年，滁州加入合肥都市圈，"双圈"在此交汇，未来将实现无缝对接。

2015年，滁州再次升华自己的梦想。是年6月27日，国务院正式批复同意设立南京江北新区，江北新区上升为国家战略，成为中国第十三个、江苏省唯一的国家级新区。滁州的"大江北时代"来了。

一年后的2016年5月，国务院批复《长江三角洲城市群发展规划》，长三角一体化发展战略的时代机遇，敲打在滁州发展的鼓点上。滁州参与长三角高质量一体化发展，最现实路径是推进与南京同城化，最难得机遇是国家级江北新区建设，江北新区的潜力就是滁州的潜力，滁州的空间就是江北新区的空间。

2018年11月，长江三角洲区域一体化发展上升为国家战略，滁州再次乘势而上，从10月下旬到11月底，在全市开展"对接大江北，建设新滁州"大讨论，掀起了一场全面对接"大江北"的"头脑风暴"。这其中，推进区域规划的对接衔接、基础设施的互联互通、产业发展的协同协作、公共服务的共建共享成为重中之重。

这种深度融入互动圈一旦形成，便是一股不可逆的驱动力，这将成为助推滁州"冲击总量全省第三"的澎湃力量。

悠悠清流河述说着过去的兴衰，千年琅琊山记录着岁月的更迭。从欧阳修笔下的古城，到今天"大江北时代"下的"新滁城"，滁州已然站上了新的风口。

（作者：姚成二；原载于《决策》2019年第7期）

安庆动起来了

从 2018 年 8 月 16 日开始,《安庆日报》搞了个"大动作"。

连续两天,《安庆日报》头版对自己发出两问:我们为何常常"起个大早赶个晚集"?我们的干部队伍中为什么缺少"拼命三郎"?

包括这两问,《安庆日报》连发八问,自我剖析、深挖病源以求"自知之明"。这恰如一枚深水炸弹,瞬间引爆了这座城市的集体情绪,将搅动皖鄂赣三省毗邻区域的城市格局。

在此之前的 20 天时间里,安庆两次组织大规模考察团赴江苏海安"讨教"发展真经。

很明显,对标海安、剑指问题。两次前往海安后,安庆,这座承载着很多人期望的皖江城市,真的坐不住了!

事实上,在去江苏海安之前,安庆就已经有过外出学习之举。

2017 年 12 月,安庆市长率领党政代表团的一次考察学习,受到广泛关注。考察的地点,一个是重庆,一个是贵州,他们有一个相同的关键词——增速第一,重庆是 2016 年生产总值增速第一,贵州是 2017 年生产总值增速第一。

同处长江经济带,不同区域的城市经济数据是最好的表达。

2017 年,安庆市实现生产总值 1708.6 亿元,被马鞍山反超,滑到了全省第四位,这是安庆有史以来排位最低的一次。2018 年上半年,安庆市地区生产总值总量仍然是第四,但增速仅有 6.1%,不仅低于安徽省 8.3% 的增速,更低于全国的 6.8%。

昔日的"长江五虎"之一,素有"万里长江此封喉,吴楚分疆第一州"的美誉,黄梅戏之乡,国粹京剧的起源地……都是安庆对外宣传的资本,但日益下滑的经济排名,安庆跌出前三甲,这个本应成为皖西南区域核心增长极的城市,到底怎么了?

"经济曲线"

早在 2011 年,安庆市统计局负责人曾带队赴九江做过一个很严谨的课题,主题是对两市 2010 年的经济数据进行比较分析。一番比较下来,他们得出一个结论:安庆与九江基础相当,基数相当,发展水平相当,在中国再也找不到第二对如此相像的城市。

但此后的经济起落,在不经意间冲击着安庆人的看法。

2017 年,九江实现生产总值 2413.63 亿元,增长 9.1%,工业增加值 1213.25 亿元,固定资产投资 2730.96 亿元,财政总收入 461.3 亿元,进出口总值 54.7 亿美元。同年,安庆完成生产总值 1708.6 亿元,增长 8.2%,工业增加值 828.5 亿元,固定资产投资 1731.2 亿元,财政总收入 290.9 亿元,进出口总额 13.9 亿美元。无论哪一项数据,安庆都是落后于九江。2018 年上半年,安庆实现生产总值 894.8 亿元,增长 6.1%,而九江的生产总值为 1179.81 亿元,增长 8.9%,高于安庆 2.8 个百分点。

拉长时间段来看,这种数据带来的落差感更为明显。比较 2008 年与 2017 年的十年经济数据发现,九江市的生产总值、第二产业增加值、固定资产投资、财政总收入和进出口总值分别增加了 1713 亿元、828.3 亿元、2275.97 亿元、395.13 亿元和 49.91 亿美元。同期,安庆分别增加了 1003.88 亿元、529.43 亿元、1292 亿元、224.47 亿元和 8.57 亿美元。

两相比较,九江这五项指标的十年增加值分别是安庆的 1.71 倍、1.56 倍、1.76 倍、1.76 倍和 5.82 倍。经济数字是无声的语言,也是最好的表达:安庆经济已落后于九江。这个曾经一直被九江当作学习和赶超样板的城市,已经被九江抛在了身后,而九江的目标也由安庆变成了芜湖。

与九江迅猛崛起带来的刺痛相比,更让人感到忧心的是安庆在安徽省内位次的不断下滑。从 1989 年被合肥夺走桂冠，2008 年被芜湖反超，再到 2017 年被马鞍山超越。30 年间，安庆从老大到老二，再到如今的第四，这条下行的经济曲线在安庆人的心底烙下了深深的印迹。

城市竞争犹如逆水行舟，不进则退，小进也是退。与省内兄弟城市对比，安庆还面临着身后"追兵渐近"和争先进位的巨大压力。2017 年，滁州经济总量达到 1607.7 亿元，增长 9%，与安庆仅差 100.9 亿元，距离反超安庆仅有一步之遥。同时阜阳、蚌埠近几年均实现了跨越式发展。

放在长江经济带上来看，安庆的发展形势同样不容乐观。同为长江中游城市群的区域性中心城市宜昌、岳阳、芜湖，2017 年的经济总量均已突破 3000 亿元，沿江兄弟地市不断挑战，甚至挤压了安庆的发展空间。从安庆向长江上下游两边看去，安庆成了明显的经济凹陷区。在 2017 年长三角 26 城 GDP 排行榜中，安庆排在倒数第六，净增量排在倒数第四。以至于有人说，"看安庆在长三角的排名，从后面往前看，一看就是"。

与安庆市整体经济不强相比，安庆还有着另一大痛点：县域经济不强。这也是作为地级市的安庆为何在 20 天里两赴县级市海安"不耻下问"的重要原因。

安庆的县域经济从纵向看有发展，但从横向看跟跑的局面没有根本改变。安庆现辖的怀宁、望江、太湖、岳西、宿松五县以及桐城、潜山两市都有着"难言的痛楚"。在安徽省 2017 年县域经济排行榜上，安庆五县两县级市均没有进入全省县域经济"第一方阵"。

"安达尔之痛"

安庆经济的步履，可以从安徽第一辆乘用车安达尔的发展史中窥得一斑。

早在 1991 年春节，当安庆汽车厂生产的第一辆"安达尔"小轿车登上安庆汽车站门前大转盘时，共饮一江水的芜湖市，还没有奇瑞汽车的名字。4 年后，安达尔牌轿车有 4 款产品列入国家汽车产品目录。然而，就在安达尔成为国内首批商务轿车、被中国社会调查所评为"中国名牌产品"之后，安达尔公司由于技术、人才、政策等原因，宛如一道过眼流星，迷失陨落。2003年6月，安庆汽车厂正式公告破产，这也成为安庆的"安达尔之痛"。

安达尔的兴衰，是安庆工业经济发展兴衰起伏的一个缩影。区域经济发展，产业是第一支撑力，安庆之痛，也痛在产业。在安庆的工业发展历程中，石油化工、纺织服装、机械装备三大产业是支撑安庆经济的"三根擎天柱"，产值占全市工业产值的一半以上，其中石化产业更是占到大头，这是安庆工业的巨擘，但也是安庆发展中的烦恼，一个城市的经济如果严重依赖于单一企业，会造成产业结构单一、工业门类不多，演化成经济发展中的路径依赖。

10年前，在安徽省沿江五市的工业经济中，给人们印象最深的莫过于马鞍山的"马钢"、芜湖的"海螺"、铜陵的"有色"、安庆的"石化"。10年后，马鞍山新增了特种汽车、现代机械，芜湖有了奇瑞汽车、方特乐园、三只松鼠；可对于安庆来说，除了石化，仍然没有其他能够叫得响的龙头企业。在中国企业500强名单中，安庆企业至今尚无一席之地。

实际上，这种长期的路径依赖，让安庆的工业增长严重依赖于三大支柱产业的外延式扩张的投入，工业企业生产以粗放型的低附加值产品为主，规模竞争力弱，技术水平比较落后，导致新的增长点缺乏，发展后劲明显不足。2016年，安庆有规上工业企业1768户，实现增加值670.79亿元，户均增加值为3794万元，同期全省平均为5201万元；在2017年安徽省百强企业榜单上，安庆市仅有4家。

反观九江，之所以有近年来的明显增长，得益于对工业的强力推动和对项目的狠抓落实。2013年，九江背水一战，全力决战工业一万亿元；2016年，开启"新工业十年行动"计划；2018年1月30日，九江拉开全市县域经济发展现场观摩活动，历时六天行程近2000公里，观摩把脉问诊15个县（市、区）；再到2月27日，九江高规格召开千人规模的新春第一个全市性大会——全市项目建设动员大会……"全市上下务必要以更高的站位、更新的理念、更好的机制、更优的作风抓项目，把确定的项目转变成实实在在的投资，转化成九江经济社会发展的成果，转化为九江经济社会发展的实力和后劲。"九江市委领导的话，句句铿锵有力。

"新旧动能转换"

在安庆市统计局发布的 2017 年安庆全市经济运行情况中，新动能有待培育是两大主要问题之一。

在新经济的产业赛道上，谁走好了创新先手棋，谁就能占领先机、赢得优势。然而，2017 年，安庆战略性新兴产业产值仅仅增长 8.9%，低于全省水平 12.6 个百分点，增速全省倒数第一。同年，高新技术产业增加值同比增长 9.3%，低于全省水平 5.5 个百分点。2018 年上半年，安庆战略性新兴产业产值增长 21.6%，居全省第 9 位；高新技术产业增加值增长 19.3%，居全省第 4 位。这对于安庆产业结构体系升级来说，新动力依然不够强劲。

战略性新兴产业的低迷，首先与安庆园区平台的功能不强直接相关。尽管安庆有各类开发区 10 多家，其中国家级 2 家，但普遍规模都不大。安庆开发区入园企业层次偏低，大多为中小微企业，创新能力明显不足。安庆每个开发区平均拥有高新技术企业不足 10 个，低于全省平均水平 15 个，从业人员具有大专以上学历人员占比 22%，低于全省平均水平 1.9 个百分点。

在 2017 年度安徽省级以上开发区综合考核 30 强名单中，安庆仅有桐城双新经济开发区一家上榜，不仅落后于同在皖江的芜湖 4 家、马鞍山 3 家，更是落后于皖北的阜阳和亳州。

在安徽省"三重一创"的重大战略性新兴产业集聚发展基地中，安庆也仅有高新区化工新材料产业集聚发展基地 1 家，同样落后于芜湖的 4 家和马鞍山的 2 家。

再从园区平台扩大到安庆全市来看，安庆的创新能力更是不足。统计显示，2016 年，安庆市工业企业研发投入强度仅为 0.397%，在全省位于第 12 位。在全市 1676 家规模以上工业企业中，有 R&D 投入活动的企业 297 家，仅占17.7%，相当一部分企业研发投入为空白。在《国家治理》最新发布的《对长三角26个城市综合创新能力的测评排名》中，安庆综合创新能力、创新基础力排名、创新产出力排名第26，创新投入力度排名第25。

"安庆传统产业正在衰退，而新兴的具有竞争力的产业又未能及时跟进，致使产业创新能力弱，产业结构变革滞缓问题突出，陷入产业'空洞化'的窘境。"安庆师范大学一位区域经济学者分析说。

风采是否还能浪漫依然

安庆，因水而生，因港而兴。滚滚长江水，是这座历史文化名城不可或缺的组成部分。可就是这曾引以为傲的交通区位优势，在高铁时代反而成为安庆发展的隐痛。

过去运输主要是靠水路，安庆在长江边又是皖河的入江处，水运比较发达，但是后来进入到铁路、公路运输时代，安庆交通日益滞后，这是制约安庆经济社会发展的核心因素之一。安庆是江北城市，这样的地理特点造成很多路修到安庆就成了"断头路"，长江大桥修建时间也是晚于芜湖、铜陵。

不过，令安庆人感到欣慰的是，安庆终于在2015年12月6日步入了高铁时代。同时，合安九、武杭高铁也已破土动工。在国家八纵八横的高铁发展规划中，安庆是重要的区域性节点城市，至少拥有三条高铁，将大大改善安庆区位的局限性。

一江春水向东流，长江天堑可以通过基础设施的建设来改变，但随流而去的安庆人才又将如何逆流而归？作为国家级历史文化名城，自古以来安庆人才辈出。在安徽，安庆每年高考录取人数最多，但毕业以后回来的不到20%。安庆一中一位校长曾说："安庆一中每年都是把安庆的人才，一火车皮一火车皮的往外运！"这让安庆人感到一种前所未有的切肤之痛：孩子基础教育的钱是家庭和地方政府掏的，但产生的收益却是外地的。

安庆人才流失的严重程度，一位当地的区域经济专家举了一个形象的例子：有一次我们到芜湖一个园区开座谈会，坐在会议室一共有18个人，只有 4 个人跟安庆没关系,14 人中要么是安庆人,要么在安庆工作过,有人开玩笑说,"芜湖都是安庆人建起来的!"

实际上,安庆人才的外流,主要原因在于自身经济发展没有吸引人和留住人的"产业容器",石油化工、纺织服装、机械装备三大产业在"抢人大战"中,磁场吸引效应明显落后于"互联网+"、大数据等新经济、新业态。

产业落后,人才外流,造成经济发展迟缓,进而人才流失更严重……这成为紧箍在安庆经济上的一个内循环,并且慢慢固化成安庆经济冲不破的一堵墙。

2015 年 4 月,安达尔汽车牵手河北跃迪集团,进军新能源汽车制造领域,重获"新生"。两年后的 2017 年 5 月,以新技术、新业态、新模式、新产业"四新经济"为主攻方向、建设中西部地区创新发展示范区的安徽筑梦新区正式扬帆起航。这个新平台,承载着安庆经济起舞的新希望。

站在滚滚东去的长江岸边,登上"万里长江第一塔"的振风塔,遥望时代大潮下安庆的身影,人们不禁发问:传统工业城市遭遇成长烦恼,如何破解发展难题? 安庆,风采是否还能浪漫依然?

"八问"之下,安庆开始动起来了。

"让每个安庆人都动起来"

2018 年 8 月初,一条"市委书记的盒饭"在朋友圈刷了屏,新闻就发生在安庆。

在市直部门代表团赴海安学习归来后,安庆市委召开专题会议听取汇报。当天,四大班子领导、县市区和市直部门负责人等 70 余人参会,从上午 8 点半到下午 4 点半,连续 8 小时。

之后"安庆八问"中的一系列问题,在当天的会上都曾被直言不讳地讨论过,紧迫感、危机感也在激烈的讨论中被唤醒。"把伤疤亮出来不是目的,目的是为了把学海安活动落在实处,让每个安庆人都动起来,促进安庆加快发展。"

当天中午午饭时间，会议也并未暂停，而是在市委书记的带领下"边吃盒饭边开会"，"面对当前的形势，我们每一个人都应该有一种坐不住、等不起的紧迫感。经济工作的推进，关键还在于执行"。

领导干部率先"动起来""边吃盒饭边开会"的精神给安庆市上下带来巨大的示范效应，安庆市干部队伍的精神状态和工作作风有了明显转变。

"最近一段时间，政府机关夜晚还是灯火通明，很多工作大家争先恐后去干。"许多以前不参与招商引资的市直部门，最近都在问招商引资的政策和条件，"感觉人人都在谈招商引资"。

"安庆干部队伍里面不缺乏搞经济工作的人才，也不缺乏推动各项艰难险重工作的干部，关键怎么激发干部的热情？"为了让干部争当"拼命三郎"，安庆市创新机制，用考核"指挥棒"激发干部干事创业热情。改革过去过于求全求稳的目标绩效任务考核机制，新办法突出争先进位，突出经济发展，突出分类考核，考核结果与绩效奖金直接挂钩，加班加点拼命干事，成了全体干部一种工作常态。

不仅是干部队伍，安庆市社会各个层面都被发动起来。安庆市组织动员社会各界力量，开展声势浩大的"凝聚社会合力、共促安庆发展"专项活动。一方面，发挥老干部、代表委员、群团组织等群体的重要作用；另一方面，积极动员安庆籍在外优秀人才关注支持家乡经济建设，开展"宜商爱宜城、回乡建家乡"招商引资推介活动。

全市所有人都参与到经济建设中，集聚全社会之力，推动经济加快发展，上下齐心抓招商谋发展的氛围，已经营造起来了！

"大刀阔斧搞改革"

"'八问'出来了，更多的是怎么办，后半篇文章更重要。不仅要破更要立，怎么立？"在动起来的同时，安庆市也在想方设法，寻找经济发展的破困之策。

2018 年 7 月 9 日开始，安庆在全市开展经济发展督查指导专项行动，成立了四大班子领导全部参与的领导小组，规格之高前所未有。督导行动指向也非常明确，就是集中半年时间，举全市之力，解决当前实体经济发展和项目建设中的突出问题，推进"四督四保"和"四送一服"活动常态化，实现主要经济指标止跌止滑，推动安庆经济平稳较快发展。

安庆市抽调各单位工作骨干，成立了12个工作组分别督导各开发区和县市区。每个督导组都是由市领导牵头，第一组组长就是市长，亲自带队，到企业走访调研，摸情况、找对策。

专项行动开展短短一个月内，12个督导工作组共调研企业1153家，走访项目305个，收集问题670个，现场解决问题55个，全市1300余名干部职工主动上门、排忧解难，形成抓发展的强大声势，迅速在发展上扭转形势、打开局面。

如果说督导专项行动是临时性应急举措，安庆市也在谋划系统性的全面改革，"现在的安庆必须大刀阔斧搞改革"。

2018年8月18日，安庆市召开了全市推进高质量发展大会，出台了一揽子重大改革措施，改革一切不适宜高质量发展的体制机制。其中，包括进一步加强招商引资、加快推进首位产业发展、全市开发区体制改革与机制创新、重点项目建设推进管理、市直部门和县市区目标绩效管理考核等十几个意见办法。

改革涉及经济发展的方方面面，力度之大前所未有。"一件一件都剑指安庆发展道路上的制度障碍，一件一件都透露出'敢教日月换新天'的魄力和决心。"当地专家评论说。纵观安庆的发展道路，还没有哪一次像这次这样，认清自己，刀刃向内，下手稳、准、狠，一刀一刀挖去阻碍发展的毒瘤。

"要以壮士断腕的勇气，从根本上扭转安庆发展劣势，奋力推动高质量发展。"安庆市委领导的讲话，振聋发聩。

（作者：姚成二、吴明华；

原载于决策杂志公众号2018年8月17日、《决策》2018年第9期）

伍　奔跑吧，皖之城！

阜阳跃动

"两到三年后，阜阳必定会大变样。"走进阜阳，首先看到的是显性改变：一群又一群高楼快速改写着天际轮廓线，一块又一块工地涌动着建设热潮，一条又一条道路延伸着更广的生活空间，一片又一片水岸绿色浸润着城市。

在外人看来，阜阳就像一个"大工地"，但这恰恰将阜阳深藏于心的崛起渴望跃然纸上。现阶段，阜阳为什么把中心城市建设作为牵动整体发展的"牛鼻子"？阜阳构建区域性中心城市的信心与动力分别来自哪里？

"围空区"背后的辩证法

"现阶段的阜阳为什么要以新型城镇化为引领？因为城镇化能促进一二三产的联动发展，能实现与工业化、农业现代化和信息化的深度融合。"当阜阳市委领导说出这番话时，一个以阜城中心城市、县域中小城市、特色乡镇、美好乡村四位一体的城乡发展新体系正在颍淮大地加速构建。

从区域大格局上看，按照中国科学院院士叶大年的分析，阜阳处在合肥、武汉、郑州、徐州等周边大城市的"围空区"，是中原城市群、徐州都市圈、合肥经济圈、武汉经济圈的交叉位置。叶大年在阜阳调研后坚信，阜阳完全具备成长为区域性中心城市的区位优势、资源优势和市场优势。

但"围空区"能成长出一座中心城市，更多是一种可能性，如何才能变成现实？或者说催生阜阳城市生长的必然性体现在哪里？只要对大城市"围空区"背后诸多经济要素进行一番梳理，就能发现阜阳面对的新格局。

首先在"有"的层面上，阜阳具备城市化的基础要素——人。阜阳市有1040多万户籍人口，是安徽省第一人口大市。但2012年阜阳的城镇化率分别低于全国和安徽省平均水平的 17.7 个和 11.6 个百分点。差距也是潜力，未来提升到 50% 的过程，就是城市发展的希望。而且，随着经济发展方式转型，阜阳 200 多万外出劳务工中有一部分回归，人力资源向人力资本转化，将为阜阳增添发展的砝码。随着进一步向外扩展，以 150 公里为半径辐射周边人口 5000 万。这里面蕴含巨大的市场空间，可以转化成阜阳建设大城市的又一个基础要素。

人口与市场潜力只是基础要素，大发展还要有政策叠加的推动。长期以来，阜阳缺少推动发展的区域战略政策，转变最早发生在 2006 年 4 月，中央正式出台促进中部崛起的 10 号文件。此后，促进阜阳发展的区域政策，一直在增加。中部崛起中的"沿京九经济带"、中原经济区东部门户城市、大别山连片开发以及安徽加快皖北振兴等政策支持，在阜阳发挥着叠加效应。

特别是从安徽来看，阜阳发展具有战略意义。不管是国家领导人的论述还是安徽振兴皖北的文件中，都会看到一句话："没有皖北的崛起就没有安徽的崛起。"而在皖北崛起中，阜阳崛起又起着决定性作用。因此，在安徽省"十二五"规划中，第一次在省级规划层面明确提出把阜阳建设成区域性中心城市。

其次，在"无"的层面，阜阳周边皖豫鲁行政边界的广阔区域内，目前仍然缺乏一座具有强大辐射力的大城市。这种"无"实质上可以转化为阜阳发展的"有"，即为阜阳提供了成长为区域性中心城市的地理优势和区位条件。阜阳既可以吸收周边各个中心城市的辐射，同时又不会因距离某个中心城市太近而被完全覆盖，阜阳有条件形成相对独立的经济中心和经济圈。

从皖豫交界地区的城市规模来看，阜阳的建成区规模在皖豫边界 7 座城市中居于首位，这种集聚功能是阜阳成为中心城市的重要支撑。综合考虑城市规模、区位条件、交通枢纽、商贸辐射和扩张优势等因素，阜阳理应承担起建设省际区域中心城市的责任。"引领皖西北、辐射豫东南、联动黄淮海、融入长三角"的战略规划，已经是把阜阳放在区域经济格局中来定位了。

城市是增长的"发动机"

加快发展的关键是找到制约发展的主要矛盾，并找到突破口。

阜阳作为经济欠发达的内陆地区，要实现赶超跨越，根本出路在于工业化、城镇化"双轮驱动"。在加快工业化的同时，坚定地推进城镇化，充分发挥城镇化一头连着工业化、一头连着农业现代化的双向带动作用。

从区域经济的基本规律来看，城镇人口占总人口比重由30%提高到60%，是城镇化加速发展阶段。2012年，阜阳城镇化率已达到35%。阜阳市统计公报还显示，2004年以来，阜阳经济连续保持两位数增长，主要指标一直向好。在三次产业结构上，2009年，二产首次超过一产、三产位居首位；到2012年，工业化率达到35.8%。

这些变化标志着阜阳迈入工业化、城镇化中期阶段，也意味着阜阳已经进入城市扩张的"窗口期"。

在这个阶段，工业化是支撑力，有活力的城市是增长的"发动机"。据测算，城市居民的消费水平是农民的3倍以上，城镇人口每提高1个百分点，社会消费品零售总额将上升1.4个百分点；城镇人口比重每增加1个百分点，住房消费等拉动GDP增长1个百分点。二者综合相加，城镇化水平每提高1个百分点，可拉动GDP增长1.5到2个百分点；每建设1平方公里市政设施，可以带动1.5亿元投资。

因此，阜阳最大的内需在城镇化，促进发展最大的潜力也在城镇化。

一个小细节，就是很好的佐证。

一位来阜阳投资已有10多年的浙商，自称是"新阜阳人"。亲身经历阜阳发展的起伏之后，这位浙商用"越来越好"四个字形容阜阳的发展态势，"我刚来阜阳时，回到浙江，有朋友问我阜阳什么样？我不好说。可现在有人再问我同样的问题，我会建议他们实地到阜阳走一走、看一看"。如今，浙商在阜阳外来投资中占比最多，一座浙商国际大厦也在阜阳市中心拔地而起。

新动力的内核是刚需

阜阳所有的问题是两个字"就地",如何就地就业,如何就地转化,如何就地入学,如何就地看病,如何就地消费。解决"就地"的过程,就是提升城市供给能力的过程,也是满足刚需的过程,城镇化的问题更重要的是"就地城镇化"。这是需求对阜阳城市大发展产生的拉动力。

首先,新型城镇化是以人为核心的城镇化,阜阳作为农业大市,要解决"三农"问题,就必须使农民能够离土进城、进城入市、进厂就业,改变农民单纯依靠土地的生产生活方式。如果不抓新型工业化,不抓城镇化建设,不转移农民,就难以改变农村人均资源占有水平低的状况,农村的集约规模经营就无从谈起。所以,阜阳必须全力提升城市的吸纳力和承载力。

其次,公共服务均等化的需要。区域性中心城市,不仅是一个城市建设的概念,而且是包含经济建设和社会文化等各个方面的综合性指标,反映了一个地区的经济、文化、教育、卫生、商业的发展水平和辐射能力。

统计数据显示,阜阳人在外地看病,一年消费 100 亿元左右。因为阜阳的医疗资源供给滞后,与安徽省乃至全国比,阜阳千人拥有的住院床位是 2.4 张,安徽是 3.4 张,全国是 4.7 张。要赶上安徽的水平,阜阳各级医院共需增加 2 万张床位。2013 年以来,投资 7 亿元的安医附院在阜阳合肥现代产业园内开工建设,投资 6.2 亿元的阜阳市人民医院新院正在加快建设。

同时,阜阳开展"教育三年提升计划",从 2013 年开始,三年时间投资 20 亿元以上,加强学校的软硬件建设。

另外,城市是品牌,也是招商引资的窗口。阜阳市发展得怎么样,别人就看中心城市怎么样。城市形象是竞争力,是环境,是招商引资的必备条件。

好的城市形象还能振奋精神,鼓舞士气,我们期待阜阳的中心城市建设换挡提速。

(作者:王运宝;原载于《决策》2013 年第 12 期)

蚌埠"出圈"

要让一个地方发展"动"起来，首先是让这座城市"热"起来！城市间的"流量"之争，已到白热化程度。

对于北京、上海、西安、杭州等自带 IP 属性的城市而言，人流滚滚。但对于广大中小城市而言，想要"出圈"确实很难。

出乎很多人意料的是，继"鲁 C"淄博之后，"皖 C"蚌埠也火了，一组数据显示"热度值"：2023 年"五一"小长假，蚌埠共接待游客 417.6 万人次，是 2019 年的 2.62 倍，居安徽省第 2 位；全市旅游人数单日突破百万人次。"五一"假期实现旅游收入 14.94 亿元，较 2019 年上涨 4.2 倍。

长期以来，蚌埠都是以"交通枢纽""老工业基地"等硬核形象示人。如今，这座城市正以其独特的风貌和内涵重新"出道"，"氛围感"也被拉满。

蚌埠之志

意外"走红"的背后，除了影视作品的"引爆"，更有蚌埠深厚的历史文脉和城市底蕴作为"加持"。

建城史并不久远的蚌埠，其实是淮河文化和华夏文明的重要源头。7300 年前的双墩文明，其刻画符号是中国文字的起源之一；4000 年前，大禹在这里劈山导淮、召会诸侯，并娶涂山氏女生下儿子启，开启了家国天下的局面。

蚌埠地处中国地理南北分界线上，山水格局在皖北城市中独树一帜，民风兼具南方的婉约柔美与北方的豪放洒脱，造就了蚌埠独特的城市气质。

悠久的历史文化只是蚌埠的一个侧面，这里还是皖淮地区交通要塞和工业重镇。

曾经，蚌埠以"火车拉来的城市"闻名于世，继而成为安徽省第一个设市的城市。千里淮河贯穿其间，蚌埠港也被誉为淮河第一大港。新中国成立后，蚌埠产出了安徽省第一台空气压缩机、第一块手表、第一辆自行车、第一台冰箱、第一部黑白电视机、第一台收音机……"蚌埠五大机"、丰原、蚌烟、玻璃研究院等一批工业企业，都曾经扮演着蚌埠市乃至安徽省经济火车头的角色。

20世纪八九十年代，拥有完整工业体系和众多科研院所的蚌埠，曾与青岛、无锡等城市并驾齐驱。

然而，"有资源、没人气""有讲头、没看头"的局面，在相当长的一段时间里，成为困扰蚌埠文旅发展的"痛点"。譬如，作为"最先吃小龙虾""小龙虾最好吃"的城市，看着"小龙虾"产业在别的城市风生水起，让不少蚌埠人耿耿于怀。

更深层的是经济全面发展的问题，在近十几年日益显现出来。20世纪90年代国企改制中，因没有引入外部资源和先进管理模式，蚌埠一批国有企业改制没有获得新动能，不但很多企业失去生机活力，城市也丧失"二次腾飞"的机遇。同时，蚌埠市主导产业定位变动频繁，导致产业集聚度不高，缺少带动力强、影响力大的龙头企业。

蚌埠的车牌号是皖C，但无论是经济实力还是城市知名度，蚌埠都没有坐实安徽第三城的位置，这让蚌埠留下一些遗憾。

但蚌埠的基础实力仍在，发展的志向始终不改：重振雄风、重回"C位"，是蚌埠矢志不移的奋斗目标。

蚌埠深知，要让地方发展"动"起来，首先要让这座城市"热"起来。特别是在当下的信息社会，城市外在形象的塑造和曝光度的增加，不仅能够促进地方服务业发展，带动居民消费，更会吸引大量的人流、信息流、资金流，进而汇聚成推动城市发展的强劲势能。

都说机会总是眷顾有准备又勤奋努力的人，2023年4月，蚌埠迎来了

伍　奔跑吧，皖之城！

一次对外推介城市的绝佳契机。

蚌埠之机

因为一部剧，带火一座城！

2023年4月14日，因两处景点与热播电视剧《长月烬明》的内容相呼应，关于蚌埠的话题热度在短视频平台上迅速上榜。

蚌埠相关部门敏锐地察觉到这次契机，主动借力、用力，短时间内，市内外媒体制作、刊播蚌埠文旅新媒体作品3000余篇，开展网络宣介活动200余场次。与多家头部媒体合作设立了超级话题，开展"高低来趟蚌埠吧"抖音创意短视频大赛，吸引了大量自媒体和年轻人参与，相关话题总曝光量达24.7亿人次，推动城市"热度"持续"在线"。

蚌埠的"爆红"，是顺势而为的自然融入，也是主动作为、谋篇布局的必然结果。

早在2021年，蚌埠市委就把"靓淮河""促文旅""创幸福"作为年度工作主线的重要内容，把文化旅游发展摆上了前所未有的位置加以推进。

两年多时间里，蚌埠主城区淮河防洪交通生态综合治理工程持续实施，让市民亲水近水的愿望得以实现；太湖世界文化论坛年会永久落户中国蚌埠古民居博览园，推动这座城市成为东西方文化交流互鉴的高地；张公山青创集市、龙子湖游船、篾匠街、花鸟市场、禾泉农庄、启书房等一大批网红景点和项目得到改造提升，让蚌埠文旅"叫好又叫座"的"卖点"越来越多，也为承接这次"爆红"打下了足够坚实的基础。

2023年初，嗅觉灵敏的蚌埠察觉到文旅市场的回暖势头，由蚌埠市委宣传部牵头启动策划文化旅游美食季活动，提早对文旅市场进行谋篇布局，开启拼抢"流量"的蚌埠行动。

3月底，蚌埠市委常委会会议将《蚌埠市文化旅游美食季总体活动方案》列为重要议题，研究确定了18项具体活动。正当蚌埠各县区、各职能部门全力筹办文化旅游美食季时，电视剧《长月烬明》火爆荧屏，为蚌埠送来了东风。

应该说，蚌埠的"出圈"具备"天时"和"地利"，而要真正将流量变成发展的机遇，还得靠"人和"。

蚌埠之力

当"网红蚌埠"遇到"五一"假期，其产生的溢出效应不言而明。

"流量"的冲击，既给蚌埠带来了发展机遇，也考验着这座城市的反应能力。为了让远道而来的游客留下好印象，蚌埠打出了一套"组合拳"，第一要务就是增强城市的向心力。

"要把最佳打卡位置留给游客。"蚌埠市委领导深入游客和市民当中，上场为城市"站台"，让人深感蚌埠诚意。市委书记、市长担任指挥长，全市干部放弃五一节假日休息，全力为游客做好保障服务。

很快，一场"当好东道主、礼让外地客"的全城行动在蚌埠上演——

蚌埠南站出站口，免费公交排队迎客，直接把游客送到景点；青创集市里，市场监督人员拿着公平秤砣挨个商户检查，严管重罚"缺斤少两"；热门景点内，公安部门、城管部门增派执勤人员加强疏导，保证旅游体验；夜里2点以后，环卫人员上岗，用一夜的辛劳把干净留给游客……

更多普通蚌埠市民选择用行动表态——

有的市民自发捡拾垃圾，有的司机自发组织车队免费接送外地人游蚌埠，有的主动把停车位让给外地车；有餐馆老板为了让客人多尝几道特色菜"坐地降价"；有摄影爱好者在网红打卡地免费为游客拍合照；有在蚌大学生穿起汉服向游客推介蚌埠……

行动从"线下"延续到"线上"——

蚌埠市文明办通过媒体发布了《致全市人民的一封信》，倡议让景于客，让路于客。更在结尾感谢市民，其中写道："文明的蚌埠城，有礼的蚌埠人，杠杠的！"

不少蚌埠网友笑称，最近咱们过得"小心翼翼"没关系。关键时刻，蚌埠自己人千万不能掉链子，"大家一定要支棱起来"。

还有李荣浩、马思纯、张傲月、韦世豪、姚大、方便等众多蚌埠走出去的明星网红纷纷现身、喊话网友、宣传蚌埠，引得全网"赞"声不绝，推动蚌埠热度持续攀升。

人们看到了蚌埠景点的火热、市民好客的温暖、政府部门的迅速反应，更看到蚌埠满满的诚意和推动地方发展的坚定决心。

蚌埠之势

"这座城市很励志，让人看到了拼命发展的样子。"

"蚌埠是座小城，如果有不足的地方请你多包容。如果你喜欢，欢迎你常来。"

"我被蚌埠人的热情狠狠治愈了。"

"烙印在蚌埠的美食、文化、性格，都是历史长河里的文化瑰宝。"

透过游客们的话语，不难看出蚌埠在人们心目中的形象正在被重塑。而这座城市并不甘心只做个"网红"，更希望成为真正的实力派。

正当游客忙着打卡张公山和龙子湖时，2023年4月21日至23日，以"芯聚江淮，智感世界"为主题的第五届中国(蚌埠)MEMS智能传感器产业发展大会在蚌埠成功举办，吸引了包括六位院士在内的600余名各界人士前来参会，创历届新高。

借助"流量"带来的"高人气"，正进一步变为长久的"吸引力"。如何从"网红"走向"长红"？蚌埠有充足的底气。

蚌埠是创新资源的"富集地"。现如今，蚌埠仍然是安徽省第二科教资源大市，坐拥中建材玻璃新材料研究总院、中国电科40/41所、中国兵器214所等一批国家级研究院所，安徽财经大学、蚌埠医学院等12所驻蚌高校和17所中等职业学校。蚌埠成功拉引了世界最薄0.12毫米超薄玻璃，成功开发30微米柔性可折叠玻璃，自主研发生产8.5代浮法TFT-LCD玻璃基板，成功量产我国第一条全产业链聚乳酸生产线，中国蚌埠传感谷正在安徽省内与"中国声谷""中国视谷"形成"三谷联动"的发展态势……

蚌埠是区域战略的"叠加地"。打开中国地图，我们不难发现蚌埠这座城市承东启西、连南接北的区位特点。在长三角一体化发展、淮河生态经济带等国家战略支持和合芜蚌国家自主创新示范区、中国（安徽）自由贸易试验区蚌埠片区、皖北承接产业转移集聚区等平台赋能下，再加上蚌埠—宁波结对合作，蚌埠正迎来大有可为的发展机遇期。

蚌埠是新兴产业的"集聚地"。依托丰富的创新资源和良好的产业基础，蚌埠谋划了新一代信息技术、高端装备制造等六大主导产业，集中攻坚突破新能源、新型显示、智能传感器、生物化工、汽车零部件五大产业集群。蚌埠立足自身优势，在关键环节和细分领域重点发力。以新型显示产业为例，蚌埠聚焦玻璃基板、柔性玻璃、显示模组三个关键环节，推动产业发展"链式突破"，产业集聚度不断提升。在智能传感器新赛道，蚌埠抢占先机，拥有多家传感器龙头企业，具备国内领先的智能传感器设计制造完整的技术平台，是全国三大传统传感器生产基地之一。蚌埠的"中国传感谷"也得到安徽省委、省政府的重点支持，成为安徽人工智能产业"三谷"之一。

当下的蚌埠，正逐步摆脱老工业基地的标签。随着新兴产业的快速崛起，蚌埠的科创资源优势将得到充分发挥，让蚌埠的未来拥有了更大的想象空间。

（作者：王运宝、胡磊、吴明华；原载于《决策》2023 年第 5 期）

伍 奔跑吧，皖之城！

"赶超者"六安

改变，总是于无声处。

经济增速、产业层级、城市面貌……六安的发展日新月异，变得让人有些不认识了。

透过发展的表象，更大的改变，还在于渗透进这座城市肌理的进取与自信。

"今天再晚也是早，明天再早也是晚，要追求这样一种高效率。"

"如果觉得下达的任务不是问题，那说明目标是失败的。"

六安当地干部口中的话语，字里行间满是加快发展的拼劲与渴望。

六安为什么这么拼？因为痛定思痛。

慢不起、等不得

"六安的步伐，慢了！"

在当地群众的心中，这个声音曾萦绕多年。

中国经济列车高速运行的这些年，相比较沿海发达地区，乃至安徽省内兄弟城市，六安面临着"不进则退，慢进也是退"的重大挑战。

六安是一片有着光辉历史的土地。革命战争年代，大别山军民在党的领导下，二十八年红旗屹立不倒；社会主义建设时期，六安主动向国家申请建设淠史杭灌溉工程，在政策支持极为有限的条件下，靠着数十万百姓的艰苦奋斗，让丰富的水资源泽被千里，惠及周边亿万百姓。

昔日的辉煌，凸显出今日发展的落差。

从安徽省内看，六安经济总量居全省第 10 位，人均生产总值全省第 14

位;从皖鄂豫三省毗邻地区看,六安与河南信阳、湖北黄冈的经济体量均有较大差距;从长三角地区来看,六安后排就座、欠发达特征更是明显。

面对发展的"六安之痛",六安人坐不住了。

要想改变唯有实干!六安全方位拉伸标杆,发力起跳,以"敢同自己过不去"的精神状态,推动各项工作提标提质。

2018年以来,六安市人均可支配收入增幅加速赶超,从过去不足全省平均水平,到稳居全省第一方阵。

2020年,六安高质量完成脱贫攻坚任务,实现全面小康,迎来了发展新的里程碑。

2021年,六安地区生产总值增长11%,居全省第二,创历史最好位次。

更难能可贵的是,地处大别山区的六安,在经济高速增长的同时,保持了绿水青山的良好生态。2021年,六安市空气环境质量创有监测记录以来最好水平。绿色生态的标签,正不断提升六安的城市吸引力和竞争力。

一座城市的奋进势头,也在这一连串变化中悄然换挡。

2021年5月13日,六安在新冠肺炎疫情"清零"400多天后,出现新增确诊病例。面对突如其来的挑战,六安一天时间理清疫情来源和传播渠道,三天时间完成第一轮百万人员核酸采样,七天时间遏制住疫情蔓延势头。一时间朋友圈刷屏,"六安太快了"!

六安的"快",不仅体现在突发事件的应对,更体现在推动赶超发展的加速状态。如今,全市上下凝聚了一股共识,六安的发展,已"慢不起、等不得"。

但六安为何能够起飞,时机又为何在当下?

入局,与强者共舞

从地理区位看,六安地处省际毗邻区,过去曾是经济上的洼地。然而,随着近年来长三角一体化和中部崛起两大国家战略的加持,合肥都市圈的壮大,极大地提升了六安的发展格局,昔日区位上的劣势正在成为优势。

六安东邻长三角城市群副中心城市合肥,向西则是连接国家中心城市武汉的重要枢纽，以六安为支点，将更好地推动安徽发挥连接长三角、辐射中西部"两个扇面"的作用。

与强者共舞，首先自己必须成为强者中的一员。对于六安而言，入局的关键就在于合六同城化。

六安与合肥车程60公里，两地地缘相近、人文相亲，可以说，牢牢绑定在合肥市万亿元级经济体的战车上，是六安的不二选择。

2020年3月，安徽省发改委发布《合六经济走廊发展规划（2020—2025年）》，成为合肥、六安两地同城化的纲领性文件。

推进同城化，交通是首要保障。六安到合肥的312国道将全线完成快速化改造，预计车程将由目前的一个半小时缩短至40分钟。往南10余公里，连接合肥滨湖新区的南部通道329省道已具备通车条件。未来，两地之间还规划了城际轨道，交通大动脉的贯通，将刷新两地同城化新的速度。

与经济体量大的中心城市做邻居，好处是显而易见的。近年来，滁州背靠南京，通过承接产业转移，迅速将经济体量做大。南京2016年经济总量突破万亿元，合肥2020年加入万亿元俱乐部。从城市发展历史规律来看，万亿是一个节点，意味着对于周边区域的辐射带动作用将进一步显现。

可以预见，六安正在迎来重要的机遇窗口。

此前制定的六安市"十四五"规划和地方国土空间规划中，六安都将自身的规划与合肥充分衔接，在交通建设、产业布局等方面做到与合肥一体化。地处城区东部的"六安新城"，与合肥西部的"运河新城"遥相呼应。随着交通进一步改善，一体化程度的加深，"合六黄金廊道"将释放出无穷的潜力。

当然，中心城市对于圈群中的兄弟城市，不仅有溢出效应，也必然存在虹吸效应。大树底下好乘凉还是大树底下不长草，关键在于相互间如何配合协作。

翻开六安市"十四五"规划，在产业布局上，一个显著的特征就是与合肥进行错位互补。六安深知，只有将自身嵌入合肥产业链，参与万亿元级经济体大循环，才能在产业布局上有更大的想象空间。

除了合六同城化,六安还迎来一个长三角一体化的"政策大礼包"。2021 年 12 月 8 日,国家发改委发布重磅文件,推进沪苏浙城市结对合作帮扶皖北 8 市,由上海市松江区对口结对合作帮扶六安。

这是一盘区域协调发展的大棋,谁能争得先手,就有望在发展中率先跑出加速度。

2022 年 1 月 28 日,六安与松江区完成合作帮扶签约,成为 8 市中动作最快的一个。双方将围绕《沪苏浙城市结对合作帮扶皖北城市实施方案》明确的 7 项重点任务,从探索产业合作、支持资本对接、加强农业协同、优化文旅合作、提升民生水平、搭建人才平台、开展互派挂职、扩展合作领域等 8 个方面推动具体工作,努力打造结对合作帮扶的"松六样板"。

栽下一棵树,积树成林

过去的六安经济弱,弱就弱在产业的"体量不大、龙头不强、集群不多"。

横向比较最能说明问题。近年来,滁州是安徽省经济增长最快的城市之一,六安与滁州在 2010 年经济总量相差并不大,但到了"十三五"末,总量却拉大到 1000 多亿元。

工业化是现代化不可逾越的阶段,也是六安实现赶超必须补足的短板。2010 年,滁州市工业增加值 298.51 亿元,六安是 233.06 亿元,到了 2020 年,滁州为 1189.35 亿元,而六安则为 429 亿元。差距可见一斑。

尽管底子较弱,但六安工业经济的势头已加速抬升。2021 年,规上工业增加值同比增长 15.5%,居全省第 3 位。

六安的工业经济为什么能迅速崛起? 除了区域战略红利的叠加释放外,更重要的是找准了工业发展的穴位。

这个穴位,就是千方百计壮大经济体量,因为区域经济发展没有一定的规模和速度,就没有竞争力和影响力。

作为一个传统农业大市,六安过去具备一定的加工制造业基础。新中国成立初期,在大力开展"三线建设"的年代,一批工厂落户六安,为当地注入了最初的工业血液。改革开放以来，以应流集团、迎驾集团等为代表的一批本土制造企业的崛起，也让六安在安徽制造的版图上占有一席之地。

然而随着时代的发展，企业经营受市场规律影响，必然存在波动。新经济时代，如何推动传统产业"二次创业"，政府"有形之手"的推动发挥了重要作用。

从一件小事就可以看出六安如何发挥好政府"帮助之手"作用的。六安连续多年组织企业家赴发达地区考察，帮助他们拓展思维眼界，运用新思维，加强企业技术改造，提升企业管理水平。

千万不要小看这项工作，一旦做好，对于地方产业提升的效应是巨大的，这就叫作"老树发新枝"。

除了壮大存量，提升增量对于六安而言更为重要。

产业发展关键在项目，招商引资是一步关键棋。大项目是各地竞相争夺的香饽饽，六安立足自身实际，给出的态度是：不管是大中小项目，只要是好项目，就要积极争取。

项目落地后，要像栽培一棵树，从培土到灌溉，一步一个脚印，直到呵护小树苗成长为参天大树。市场主体多了，未来就是一片森林；创业者多了，未来就是一众企业家。

这就是产业发展"积树成林"的思路。

无论是"老树发新枝"还是"积树成林"，折射出的都是"功成不必在我""一任接着一任干"的务实思维，更体现出一种发展的毅力恒心。

除了工业经济，六安的农业和文旅业同样如此。

过去，六安的特色农产品种类多、质量优，但规模不大；旅游单体资源虽然丰富，总收入却不高。

六安另辟新路，没有用高投入、重资本去拉动产业，而是选择了精耕细作。

农业方面，从产业带头人、三产融合、提升产业集聚度等角度切入，逐步扩大农产品市场占有率和品牌影响力。文旅方面，围绕红色文化、绿色生态，讲好文旅"六安故事"；强化城市承载力，推进"畅循环、强功能、补窟窿"行动，让外地游客到六安来不仅看美景，生活一段时间也由衷感到舒适。

当一系列量变汇聚一起就会形成质变，六安正成为长三角地区重要的绿色农产品供应基地和休闲度假后花园，有效地带动了居民增收。

产业发展有其规律，不可能一蹴而就，只要步入快速轨道，久久为功，速度和效益自然会显现出来。

与长三角发达城市在一个频道上

透过六安经济发展速度、位次、规模的变化，一些更深层次的改变不断显现。

"跟进重大项目时，政府部门加班到深夜是常态，白天工作晚上开会，以至于楼下的保安都知道，不到夜里 12 点没法锁门。"

"过去研究工作时各部门往往只提出问题，现在要求不仅要提出问题，更要提出解决问题的办法。"

"以前抓经济工作往往'上热下冷'，现在是所有的部门都要'动起来'。"

六安的这些变化，源于体制机制的激活效应，从一项改革举措就能窥见。

2022 年，六安发布"赛马"计划，围绕扩投资、增动能，面向全市 8 个县区政府（管委会），开展月度监测、季度小考、半年会考、年度大考。对年度考评前三名，颁发"年度奔马旗"，除进行资金激励以外，还予以新增建设用地计划指标进行激励。在新增项目产能、能耗、排放等指标要素上，全市优先调配支持，在政府目标管理绩效考核中予以适当加分，真正让干了的和没干的不一样。

六安的变化，还在于干部的工作作风不断向长三角发达地区看齐。

在激烈的市场竞争面前，企业需要的不是浅层次的服务态度，更重要的是地方政府解决问题的速度和能力。

辰宇科技是六安一家"凤还巢"企业，企业在办理房屋证照时遇到困难，相关部门了解后立即登门对接，商讨解决方案。效率之高让企业负责人感慨，六安的干部越来越有沪苏浙地区的作风了。

位于六安经济技术开发区的中财管道是一家招商引资落户的企业。过去短短数年间，企业产值就从投产当年的 3.68 亿元发展到近 40 亿元，创造了"中财速度"。

"企业投产后，政府始终一路同行，给予关心支持，我们一再追加投资，就是对六安的营商环境有十足的信心，来六安投资不会后悔！"

尽管从地理区位来看，六安处于长三角的西部末端，但对于当地干部而言，早已习惯把自身工作放在长三角视野下对标对表。

2021 年 10 月，决策杂志微信公众号刊发了一篇题为《江苏、浙江的干部是如何突破常规的？》文章，在六安全市广大干部中引发热议。

"没有办法想办法，没有方案出方案，把应该办又'行不通'的事变成'行得通'。"

"标准降了就不是问题，标准抬高就能看到问题。"

长三角发达地区的先进思维，已在六安广大干部的脑海中扎下了根，成为日常工作的参照系。

此前，六安常态化组织干部到沪苏浙"拜师学艺"，并要求各级干部在交流学习中，将所见所闻转化成自身的作业题，让心得体悟成为工作中的"破难之法"。

干事创业，首先就要统一思想、凝聚人心。六安树立起的中心思想，就是千方百计抓发展，实现赶超。干部们明显感受到，与过去相比，如今在"消耗性工作"上浪费的时间少了，投身"发展性工作"的精力更多了。相信有这样一股蒸蒸日上的势头，站在发展风口上的六安，必将在不远的明天，捧出一个"惊叹号"。

（作者：张道刚、胡磊；原载于《决策》2022 年第 1 期）

"旅游+"，黄山加什么

1979年，邓小平视察黄山，嘱咐安徽省、黄山当地领导，"把黄山的牌子打出去"。40多年来，黄山从一个典型的农林山区，发展成为我国首批国家级重点风景名胜区，在全国率先同时拥有世界文化与自然双遗产、世界地质公园三顶桂冠，并跻身我国现代旅游业"第一方阵"。

2020年11月，黄山发展大会举办，政商研资各界代表500余人参会，签订了125个项目、总投资额711.5亿元的超级大单。

这是黄山历史上集中签约项目最多、投资最大的一次签约活动。丰硕的成果不仅向外界展示着黄山的活力，更传递出一个明显的信号：黄山正呈现出更多集聚性、趋势性的发展变化。

"今日黄山，正处于重要战略机遇期，已经到了厚积薄发、孕育突破的重要关口。"当黄山市委领导说出这句话时，窗外黄山的新画卷正在徐徐展开。

绿色发展之路：新型工业化筑牢"产业脊梁"

地处黄山高新区的永新股份有限公司，是安徽第一家中小企业板上市公司，目前排在全国塑料绿色软包装行业第一。成立28年来，带动多家配套企业进驻黄山，兴起一个绿色软包装特色产业基地。

14公里外，富田精工智造股份有限公司厂房里机器轰鸣。这家公司2020年年初成功研制出安徽首台高速防护口罩专用生产线，火速支援抗疫，国内外订单纷至沓来、供不应求，为疫情防控做出了巨大贡献。

作为一个旅游城市，黄山却拥有永新和富田精工等多个隐形冠军、单打冠军，颠覆了人们的传统认知，也解开了人们心中的一个疑惑：旅游城市究竟能不能发展工业？

很多人认为黄山只要保护生态就行了，不需要发展工业，但工业不是污染的代名词，关键是要用一种新型工业化的理念去发展产业。于是，新型工业化主战略就此浮出水面。

黄山首先从顶层设计上，将其作为"十三五"主战略之一，提出"做精一产、做强二产、做优三产"，形成"产业兴市、工业强市"的共识。

战略的确定，解决了黄山能不能发展工业的问题，随之而来的便是发展什么样的工业？黄山并没有盲目选择一些资源消耗性产业，而是聘请"国家队"工信部赛迪研究院编制了《黄山市工业转型升级规划》，明确在产业选择上，发展既符合生态环保要求又具有竞争力和显著收益的产业。

由此，黄山确立绿色食品、汽车电子、绿色软包装、新材料四大主导产业，推动政策、要素、资源向其倾斜，以做强存量、做大增量为发力点，打造黄山工业升级版。

先是做强存量。以现有产业为基础，黄山聚力龙头企业，创新实施"市级队"企业计划，由市级领导牵头主抓精准帮扶。2019 年，黄山 76 户"市级队"企业产值增长 16.4%。

再是做大增量。黄山坚持把招商引资作为经济发展的"第一要事"，着力招大引强。目前，在黄山投资的中铁、华为、阿里巴巴、北京城建、中茶集团、华润集团、海通恒信等国际国内 500 强企业和上市公司累计 26 家，中国银联、小罐茶、红星美凯龙、中建材集团、益田集团、上海城投等投资的一大批重大项目相继落地，有力促进了黄山产业发展。

中国银联项目便是典型代表。该项目总投资超过 60 亿元，是黄山有史以来最大的超级新工业项目，对黄山数字经济发展具有强大带动作用，未来将在皖南崛起一座数字经济新高地。

无独有偶，小罐茶黄山运营总部基地的落地，同样极具引领性。该基地总投资 15 亿元，是国内茶行业首个现代化智能产业基地，投产 3 年来，累计实现产值 21 亿元，上缴税收 1.8 亿元，不仅革新茶业生产技术，更带来业态升级。

新型工业化导向的清晰，顺应了黄山人渴望发展的强烈诉求，黄山很快从中尝到了甜头。2019 年，四大主导产业产值增长 11%；"十三五"前四年年均增长 9.2%，利润年均增长 18%，二产对经济增长贡献率由 37.6% 提高到 48.7%，呈现出二三产并驾齐驱的"双引擎"增长态势。

同时，四大主导产业都形成了"龙头 + 配套"的产业集群格局。绿色食品形成小罐茶、谢裕大系，汽车电子形成昌辉、瑞兴系，绿色软包装形成永新系，新材料产业形成恒远、善孚系，正在向百亿元级产业迈进。

更重要的是，随着中国银联等一批"大强"项目建设，黄山文化旅游、绿色食品、数字经济、汽车电子及智能制造、生物医药与大健康等新兴产业也正突飞猛进发展，集聚未来跨越新动能。

以无中生有的黄山半导体材料产业来说，在全国行业第二大生产企业博蓝特半导体科技有限公司的发展引领下，成功入选安徽省"十四五"规划重大建设项目，为黄山打造新兴产业聚集地增添了亮丽一笔。

"发展要有好生态，发展也能有好生态"。黄山工业理念的提升，创造了绿色发展的奇迹，走出一条工业发展与生态环境相兼容的路子。黄山将一以贯之抓好新型工业化，筑牢"生态工业脊梁"。

但新型工业化只是黄山打出去的一张牌，与其同频共振的是"旅游 +"战略。

旅游升级之路：从"一个黄山"到"N 个黄山"

"90 后"詹彬从杭州回到家乡木梨硔村，做起了民宿，如今一个月有 2 万多元收入。木梨硔是休宁县一个极为偏远的深山小村落，但近年像詹彬这样的年轻人，回来的越来越多。2019 年，木梨硔接待游客 14.6 万人次，收入 423 万元，成为远近闻名的富裕村。

木梨硔的蝶变是黄山旅游升级的一个生动掠影。在外界印象里，很长一段时间，黄山旅游只是一座山，丰富的旅游资源并没有得到完全开发，存在单一景点观光、门票经济为主的尴尬现象。

旅游大市遭遇升级之困，怎么破解？黄山创新提出"有旅不唯旅，跳出黄山看黄山"，实施"旅游+"战略。为什么提出"旅游+"，就是说黄山仅有好的山水、好的文化资源还是不行，必须以一定的业态和产品形式出现，才能更吸引人。

这种判断是睿智的。旅游业具有极强的关联性，"旅游+"将全面拓展黄山旅游深度和广度。如果将旅游业比作太阳系，"旅游+"就是要求各领域不仅要有效自转，而且要主动围绕旅游业强有力地公转，做到全域化发展、全产业联动、全要素整合。

"旅游+"首先在黄山景区"二次创业"上展开，坚定不移"走下山、走出去"，通过打造山上东海景区、山下谭家桥国际小镇等新增长极，拓展开设"徽商故里"系列徽文化主题餐厅、托管江西灵山和浙江龙游六春湖索道、参与冬奥会延庆赛区索道运营管理、推进"山水村寓"战略等新模式，实施"旅游+交通""旅游+电商""旅游+小镇""旅游+茶旅"等新业态，景区综合效益大大提升，经营收入、税前利润、上缴税收分别比"十二五"期间增长 9.4%、70%、27.8%。

黄山景区成功"二次创业"值得点赞，景区外旅游资源的开发同样不遑多让。"黄山的一条公路、一栋徽宅、一个湖泊等每一处景点，都可以成为'旅游+'的组成部分。"黄山市干部群众对此十分自豪，他们认为这是吸引游客的强大磁场，也是实施"旅游+"的核心动能。

最具代表性的便是"旅游+民宿"。黄山在美丽乡村建设和传统古村落保护的基础上，发展了国内极具影响力的"徽州民宿"集群，深受游客追捧。目前，民宿总量达到 2168 家，占全省总量的 80% 以上。

更让人称道的是，在推进"旅游+民宿"融合中，旅游资源又在交融中互生，派生出"旅游+行摄""旅游+研学"等新业态。

在呈坎村，以徽派风格建筑新业态为基础，大力发展乡村游，开设全国首家徽州摄影讲习所，探索出"旅研学摄"发展之路。2019年，呈坎村接待游客超93万人次，旅游综合收入7000万元，村集体收入237.47万元。

由呈坎一个村扩大到黄山全市来看，在"旅游+"黏合剂作用下，黄山优质资源与新业态实现最佳融合，"旅游+康养""旅游+体育"等一大批多元化新产品如雨后春笋般涌现，成为每个游客心中的"黄山"。

在美丽的月潭湖边，一批游客看着波光粼粼的湖面，盛赞这里自然恬淡的自然景观，未来这里将成为华东地区集旅游、度假、休闲于一身的又一颗璀璨明珠；不远处的太平湖风景区，经过综合提升后，碧水云天、秀湖峡湾、古村茗茶让人流连忘返；在齐云山，通过丰富自由家齐云营地、齐云旅游小镇等业态，游客络绎不绝，吹响了创建AAAAA景区"集结号"。

"旅游+"让黄山旅游从大家熟知的"一个黄山"，改变为"多个黄山"，可以期许的是，"有旅不唯旅"，未来随着不同旅游业态的融合，还会有"N个黄山"。

以"旅游+"为抓手，多业融合、多点支撑，黄山找到了生态文旅资源的价值转换器，产生了"1＋1＞2"的效果。2019年，黄山乡村旅游接待5380万人次，占全市游客接待量的72.7%，山上山下联动、观光休闲并重的全域旅游大格局加速形成。

更重要的是，黄山"旅游+绿水青山与文化"既留住了游客，又富裕了人民群众，走出一条"绿富美"的共赢路子。

过去，只有黄山周边老百姓能吃上旅游饭，现在全市70%的村庄有旅游景点，十几万农民吃上旅游饭，人均年收入超万元。"十三五"前四年，黄山农民收入年均增长9.4%，农民人均储蓄居安徽省前列；十年来，黄山人均GDP排名在全国地级市排名中大幅跃进50位，城镇居民可支配收入前进27位。

在绿水青山间创造更美丽、更富裕的现代化新黄山征途上，黄山还在更文明上下大功夫。

生态文明创新之路："包袱"变成财富

过去，一些地方把生态治理看作是发展的一个"包袱"。然而新安江生态治理的"包袱"，黄山一背就是 9 年，且不断自我加压。

2012 年至 2019 年，黄山累计投入 180 多亿元，其中试点资金 44.5 亿元，放大效应逾 4 倍。对于财政收入仅有百亿元的黄山来说，即便放大了试点资金的"种子效应"，资金投入也相对较少。以新安江上游农村垃圾、污水治理两个 PPP 项目为例，政府每年需支付 1.5 亿元费用，要持续 15 年，仅靠黄山"吃饭财政"支撑，难度显而易见。

黄山是如何做到的？关键是要破解"钱从哪里来"的问题。因为只有持续性的投入，试点才能最终成功。

怎么办？黄山不等不靠、大胆探索，走"政府引导、市场推进、社会参与"新路子。

2015 年开始的第二轮试点，首次鼓励和支持通过设立绿色基金、PPP 模式、融资贴息等多元化融资方式，引导社会资本参与新安江治理。2016 年 12 月，规模达 20 亿元的新安江绿色发展基金成立；与国家开发银行达成新安江综合治理融资战略协议，获批贷款 56.5 亿元，积极申报亚洲开发银行贷款项目，渐渐形成社会化、多元化、长效化的保护发展模式。

解决了"钱"的难题，意味着地方创新能够可持续，但并不意味着试点经验可复制、可推广。接下来，必须解决创新的制度化问题。

"新安江模式"的本质是改革攻坚，靠的是制度创新。总结试点经验，关键的一条是加快立法进程，增加制度供给，强化制度执行。从第二轮试点开始，黄山就坚持整治与长治双管齐下，将农药集中配送、餐厨垃圾管理等有效做法上升为制度，研究制定了 70 多项法规和政策文件，推动生态补偿进入法治化、制度化轨道，建立长效机制。

最为典型的是，黄山在全市创新建立 264 家"生态美超市"，实现流域乡镇全覆盖，累计分类回收垃圾 800 余吨，吸引了一批批中央媒体和省内外考察团前来参观学习。

生态就是资源，生态就是生产力。在倾力投入下，黄山的"包袱"变成财富，生态效益、经济效益、社会效益、制度效益逐渐凸显，"新安江模式"得到党中央充分肯定，在全国9个流域、13个省份全面推开，成为我国生态文明制度建设的重大创新。

9年治理中，黄山老百姓观念也在潜移默化的熏陶中发生改变。多年的新安江保护，最大的收效就是老百姓的环保意识明显增强，全民绿色发展观树立起来。最直观的表现是涨水时，过去河水没有一周时间清不了，还要花很大代价清理垃圾，现在水两天就清了，沿岸几乎看不到垃圾。

一江春水向东流。在流域生态补偿机制试点的基础上，黄山没有停下探索的脚步，而是沿着新安江向东看，创造性发出发展最强音——融杭接沪。

开放共融之路：融杭接沪构建新格局

黄山之所以提出融杭接沪，有着深刻的战略考量。

回望历史，徽商遍布长三角，对其发展做出重要贡献；黄山与新安江纽带上的杭州等很多长三角城市山水相连、人缘相亲。

立足现实，黄山承接产业转移刻不容缓。有两个时间节点值得铭记。2018年10月，黄山加入杭州都市圈，成为入圈的唯一省外城市；12月，杭黄高铁开通，两地形成"1.5小时经济圈"，千年徽杭古道迭代为高速动脉，为杭黄合作打下了基础。而上海作为长三角龙头，正在向高端、科技型服务业升级，黄山至今还有上海两块飞地，产业发展历史渊源悠久。

奋楫扬帆启新程。当长三角一体化的劲风吹来，黄山再也按捺不住渴望发展的雄心，融杭接沪呼之欲出。2019年8月，黄山确立以融杭接沪为突破口的发展战略。也正是这个决策，催生了在黄山的"'融杭'，我们怎么看、怎么干"解放思想大讨论活动，这也打开了黄山人的思想之窗，打通了黄山开放共融的要道。

观念新，事事新。"没有思想的破冰就没有行动的突围，如果没有开放心态，一味守着大山苦熬，又哪有徽商的崛起？'徽骆驼'穷则思变，这种解放思想的精神弥足珍贵。"很显然，黄山找到了融杭接沪的关键点。

但与以往不同，这次大讨论活动有两个重要区别。第一是目的不同。过去是为了招商引资等具体经济发展工作，这次目的十分明确，就是对标发达地区，从主观层面查病灶，从思想观念找症结，争做新时代的"徽骆驼"，学习他们的先进理念和创新思维，我们不会干、不敢干、干不好的事情，首先向杭州学习。

第二是手段不同。黄山用大开放的形式推动思想解放，与外部世界进行全方位接触，推动各层级与杭州都市圈各方面交流 1800 余次，出台一系列具体措施，全市上下付之于行动。

融合的力度之大、范围之广、层次之深前所未有，带来的结果是黄山"朋友圈"越来越"铁"，与杭州都市圈兄弟市签订"1+9+4"战略合作协议，取得合作事项 470 多个；2020 年以来，阿里、万科等来黄考察客商有 800 余批，平均每个工作日就有 3 批多；两届黄山发展大会签约项目，长三角投资占 60% 以上。

"为什么这么多大企业纷纷来黄山，说到底是看中了黄山的良好生态。"生态是黄山发展的根本，也是融杭接沪最大的资本。黄山主动将自己摆放在长三角一体化新格局中，生态优势成为各路资本竞相追逐的目标，逐渐转化为发展的优势，这是黄山"十四五"乃至更长时期发展的核心竞争力。

2020 年 11 月 7 日，杭黄绿色产业园正式挂牌，这是杭黄合作的一小步，却是黄山开放共融的一大步，正在朝着习近平总书记强调的"推广新安江水环境补偿试点经验，鼓励上下游之间开展资金、产业、人才等多种补偿"迈进。

黄山深度融入的互动圈正在形成，并爆发出一股不可小觑的驱动力，对这座城市，我们也有了更多的期待。

（作者：姚成二；原载于《决策》2020 年第 12 期）

千亿肥西

2021年，安徽肥西县实现地区生产总值1018.7亿元，成为安徽省首个千亿元县，13.7%的增速位居长三角前30名县域增速第一名；安徽县域经济总量20强中总量和增速均为第一。

肥西以积蓄多年的能量，爆发出一个引人瞩目的"肥西速度"，并进而改变了外界多年来对肥西形成的偏见，成功实现由农业大县向工业大县的战略性转变。

为什么是肥西？千亿时代，肥西向前的标杆是什么？

为什么能一路向上

肥西的奇迹与拐点发生在2003年。

这一年，肥西进入安徽省"十强县"行列，综合实力位居第五，相比2002年的第18位跃升了13个位次。

这一年，肥西县桃花工业园区在江淮汽车的带动下，实现工业产值39.7亿元，入库税金2亿元，占全县工业产值的83.3%，财政收入的54%。

这一年，肥西县的三次产业结构比例从2002年的40∶32∶28转变为2003年的29∶48∶23，一个传统的农业大县实现了向工业大县的战略性转变。

自此，肥西县迎来了发展的"黄金期"，在增长的赛道上一路狂奔。到了2009年，肥西县生产总值达到214.6亿元，成为安徽省县域经济的首位，也成功跨入全国百强县榜单，位列第94位，是当年安徽省唯一入选全国百强的县。此后十二年，肥西县生产总值不断增加，并于2021年突破1000亿元，成为安徽县域经济的领头羊。

肥西为什么能？

同频共振，借力助推。肥西最大的优势就是城郊区位优势，主动融入合肥都市区、融入长三角，肥西提出了"合肥新型工业化主战场、合肥城乡统筹新典范、合肥西南现代化新城区"的明确功能定位。2019年12月10日，肥西集贤路跨派河桥正式通车，从肥西县城到合肥市政务区，开车只需15分钟。合肥地铁3号线的开通，也把肥西纳入合肥地铁网络。借力发展、融合发展，实现与合肥同频共振，成为肥西发展的助推动力。

厚积薄发，释放动能。2004年，肥西提出"工业强县"，优先发展工业，此后就一直坚持不动摇。2006年、2007年，肥西先后与合肥高新区、合肥经开区合作共建柏堰科技园、新港工业园，再加上陆续建成的数个乡镇工业集聚区，工业平台建设实现"多园共兴"，工业化水平越来越高。

抓住机遇，转型发展，明确定位，层次分明，这是肥西成为千亿黑马的底气与实力。而千亿之后的肥西，将如何继续乘风破浪？

需要一场及时雨

"今天是二十四节气中的雨水，雨水节气意味着万物萌动。"2022年2月19日（周六），安徽省肥西县召开产业高质量发展大会以"肥西，需要一场及时雨"开场。

"这场大会对肥西发展来说，无论是从思想上还是行动上都非常及时，给大家从思想上进行一次再洗礼，从行动上进行一次再鞭策。"肥西对这场大会的定位十分清晰。

亮眼成绩属于过去，千亿之后，如何进一步发展？

2021年，肥西的增速达到13.7%，位居长三角前30名县域增速第一。然而，这样的增速却只上升了1位，这让肥西感受到竞争的激烈。

今日肥西，正处在整体高位攀升、局部强力反弹的发展阶段。整体高位攀升是指肥西必须在千亿的高起点上，进一步拉高标杆，发挥优势，创造新的更加辉煌的业绩。局部强力反弹是指必须清醒地认识到自身存在的问题和不足，全力以赴补短板、强弱项。

从宏观角度来看，肥西有着得天独厚的地理优势。肥西处在世界最大的城市群——长三角城市群的增长最快的副中心城市的核心发展区域，这就意味着，很多工作标准肥西必须抬高标杆。对产业集群发展的要求，就是全球视野，所谓标准一低，都是成绩；标准一高，都是问题。

在这次产业高质量发展大会上，对于短板，肥西毫不避讳。

对标长三角先发县域，肥西目前工业园区亩均税收仅 8.2 万元，而与长三角对标的县域中，江阴 23.2 万元、张家港 21 万元、海宁 26.5 万元、瑞安更是达到 44 万元。同时，肥西 R&D（科学研究与试验发展）经费在长三角县域前 28 名中排名倒数。

步入千亿元俱乐部的肥西，此时此刻，的确需要一场及时雨来洗礼。

需要什么样的及时雨

对整体发展认可，对局部问题重视，产业高质量发展大会这场及时雨来得十分及时。

对于当前的肥西而言，最核心的工作是：产业、城乡、队伍。

产业是核心。新能源汽车全链条、高端智能制造、"产学研"一体化大健康是肥西产业发展的重点，这既与省市的战略性新兴产业（以下简称战新产业）布局高度契合，同时也体现了对发展规律的把握和遵循。

据统计，肥西县三大战新产业集群，与长三角前 20 强县域的产业高度重合，新能源汽车和大健康的重合度均为 48%，智能制造的重合度更是达到 70%，这既说明肥西选择产业的正确性，也意味着肥西将面临全国最强的竞争对手。

如何在竞争中脱颖而出？

"重视高质量项目"成为肥西最大的标签。一个城市有一个城市的"气质"，有什么样的气质，就会吸引什么样的企业。全面提升肥西的产业和城

伍
奔跑吧，
皖之城！

281

市气质，在要素资源保障方面，对高质量项目要如春风般的温暖。

"马上出声势、一年成形势、两年成强势、'十四五'末铸胜势"，肥西提出三大战新产业集群要成为合肥产业地标的目标。这对肥西来说将又是一次前所未有的跨越发展。要知道，在全国43个千亿县中已经形成产业集群的县域数量只占21%。目标达成，肥西的产业历史将再次改写。

为此，2022年2月18日，肥西专门出台了《肥西县打造千亿规模新能源汽车全链条产业集群实施方案》《肥西县打造具有全国行业影响力的两千亿规模高端智能制造产业集群实施方案》《肥西县打造五百亿规模的"产学研"一体化大健康产业集群实施方案》《肥西县政府投资母基金设立方案》等文件，从制度上为三大战新产业集群发展保驾护航。

怎样确保善做善成？肥西作为安徽第一县，在营商环境的要求标准上，提出一定要成为贯彻省市党委政府政策措施最高效、最到位的区域，坚决落实省委提出的"十做到、十严禁"要求，关注企业"生存之难"，解决企业"发展之困"，实现企业"预期之稳"，努力打造营商环境的标杆。

同时，进一步完善"局长服务员"制度，当好金牌"店小二"。打出要素保障的组合拳，深入推进"亩均论英雄"改革，大力清理低效用地，实现全域标准地，推动园区升级。今年至少清理4000亩低效闲置用地，为优质项目腾出发展空间。

在肥西县委书记的PPT中，将营商环境的问题直接罗列，甚至将低分项目和分管部门全部公布，督促相关部门警醒整改。

出现问题不回避，发现问题直面问题，才能解决问题。会议结束后，有领导还未走到电梯口，就给部门打电话，通知下午召集有关人员研究解决问题。这就是肥西速度。

速度还体现在城乡建设中。

发展高端产业，核心在于要形成高端人才的集聚。肥西提出要打造安徽人才流入第一高地，就必须打造一座有品位的城市，让高端人才引得来、留得住。城市建设上，肥西既发挥主城优势，又发挥县域优势，坚持新城区建设和城市更新双轮驱动战略。

肥西县引入院士团队操刀新城区规划，全面提升城市规划格局。落实适度超前开展基础设施建设要求，三大新片区全面开工建设，200多个老旧小区启动改造。初步统计，今年肥西大建设计划共413项，年度计划完工项目共227项，计划完成投资490亿元，计划64条市政道路竣工通车，竣工交付安置点24个。

通过这些大项目的投入，提高城市规划的高度，加快城市建设的速度，增强城市民生的温度，加大城市更新的力度，提升城市管理的精度。这五个"度"，将彻底改变肥西城市发展气质，极大地优化城市人口和商业资源分布，提升城市品质，最终实现产业与城市高强度融合发展。

怎样下好一场及时雨

营商环境是产业发展的保障，干部团队就是整个县域发展的保障。既定的目标能否实现，关键在人，重点是干部。

作为安徽第一县，肥西绝不能安于平庸、碌碌无为，必须进一步强化首县担当，提振攻城拔寨、争先进位的决心和意志。必须发扬钉钉子精神，狠抓落实，坚决防止把说的当做了，把做了当做成了。

要拉高标杆当好排头兵。坚持"不是最好就学习最好"的理念，自觉向长三角先发地区对标看齐。2022年，76家单位上报对标学习沪苏浙事项101项，其中产业发展类36项，社会治理类15项，民生类10项，城乡建设类9项，会上要求年内必须见成效，把对标先进的意识贯彻到全县的每一个单位。

要打造执行力最强的铁军。干部能力是成事的前提，打造一支与肥西高质量发展相适应的肥西铁军，是县委的头号任务。肥西县出台《肥西县提升干部状态若干举措》，简称"干部作风8条"，鼓励干部担当作为，为推动肥西高质量发展凝聚强大正能量。

更要推进产业发展急行军。肥西县委县政府提出"节点就是军令状"，把战斗值抬高、效率值拉满，自觉践行"马上就办、办就办好"的优良作风，把每项工作做深入、做扎实、做细致、做出成效。

产业是核心、城乡是基础，队伍是保障。在此次大会召开前，肥西县委县政府做了大量的调研工作，并对一些重要部门的关键岗位人员进行了调整，研究制定了三大战新产业集群推进机制，优化了三大战新产业发展方案等一系列举措，确保工作做到位，做出实效。

好雨知时节，当春乃发生。如今的肥西正处于发展的最好时机，这场及时雨正在浇灌肥西产业发展之沃土，机遇给了，就一定要抓住！肥西等不起，慢不得，更加坐不住。

千亿肥西，已经再出发！

（作者：安蔚；原载于《决策》2022年第3期）

长丰，长丰！

一不沿海、二不沿江、三不沿边，深处中部内陆腹地的长丰，如何才能崛起奋进？

从国家级贫困县到全国百强县，长丰成为安徽县域经济形象塑造的最佳范本。

2001 年战略之变

1965 年长丰建县，是从寿县、肥西、肥东、定远四县的边缘地带整合而成，被称为"边角料"地区。1994 年，长丰被正式确定为国家级贫困县。由于多重原因的综合作用，"长丰穷"被放大并广为传播。一个传统农业大县如何致富奔小康，一直困绕在长丰县干部群众的心头。

20 世纪 90 年代，特别是合肥市召开专门支持长丰经济发展的会议后，长丰县进行了深刻分析，当时的长丰"苦在路上，穷在水上，落后在教育上，差在工业上"。

"对症下药"。1996 年，长丰县确立了"治水拔穷根，修路开富道，低门槛招商"的工作方针。经过努力，长丰经济在 20 世纪 90 年代有了一定的发展。

统计资料显示，1996—1997 年，合肥市三县中长丰与肥东、肥西的经济差距并不明显，财政收入都是 1 亿多元。然而，1998—2001 年，长丰与其他县域经济的差距开始显现。

从县域经济排名来看，1999 年长丰综合排名安徽省第 55 位，已经是合肥三县的谷底、全省的谷底，换句话说，已经没有退路，不能再往后跌了。

形势所逼，长丰必须在跌落谷底后进行一次强劲的反弹。

那么，长丰应该怎么办？

转变从 2001 年 5 月 25 日开始，长丰在全县开展"加快发展、富民强县——路在何方？"大讨论。整个活动历时 3 个多月，最终确定了"快工强县，优农富民，融入合淮，与市俱进"的发展战略。工业第一次在长丰被确立为第一发展战略，并且提出了"快工八字方针"：改革、服务、招商、引资，由此开启了长丰的转型之路。

长丰县岗集镇的变化，就是长丰战略转变之后的缩影。

20 世纪 90 年代初，根据合肥市支持长丰县的会议精神，长丰在岗集镇合淮路西南规划建设了"合肥岗集工业小区"。经过近 10 年发展，通过招商引资先后引进了合肥江淮铸造厂、合肥庐丰机械制造厂、黄山电视机长丰注塑厂等企业。但由于没有找到好的切入点，一直发展缓慢，工业小区名存实亡。1997 年，人、财、物整体合并到岗集镇。

2001 年大讨论后，长丰提出了"非均衡发展"理念，重点发展南部经济区，从而拉开了岗集镇跨越式发展的序幕。2002 年 8 月，"合肥岗集江淮汽车配件工业园"正式成立。

从 2001 年开始，长丰真正开始了崛起之路，但长丰整体上更多的是一种"蓄势"状态。直到 2005 年，才最终迎来了县域经济的"拐点"。

2005 年的拐点

2005 年，是长丰建县 40 周年，从这一年开始，长丰县域经济发生了根本性转变。那么，变化的标志是什么？

首先是产业结构。2005 年，第二产业比重首次超越第一、第三产业。从 2001 年正式提出"快工强县"以来，经过 4 年积累，工业第一次占据"头把交椅"。

那为什么在 2005 年发生转折？最主要的原因就是工业项目开始显现作用。2005 年，伊利集团落户双凤开发区，再加上鸿路钢构、海螺水泥、江淮铸造等企业的带动，形成现代建材、汽车零部件、食品加工等产业集群。到 2006 年，第二产业比重首次突破 40%。在 2008 年，二产比重超过 50%，占据半壁江山，标志着长丰从传统农业大县到工业占主导地位的根本性转变。

县域经济排名上的位次变化同样在 2005 年出现转折。1999 年，长丰县域经济综合排名第 55 位，在安徽省 61 个县中名列倒数第 7 位，同年动态排名第 42 位。到了"路在何方"大讨论的 2001 年，长丰县综合排名第 41 位、动态排名第 36 位，此时的长丰依然处在安徽省县域经济下游水平。当时间推进到 2005 年，长丰动态排名第 2 位。从 2005 年开始，长丰进入高位运行状态，动态排名 2006 年全省第四，到 2007 年更是大步跃升，在安徽省十佳县排名"折桂"。

与此同步，在 2008 年 7 月公布的合肥市十强镇名单上，长丰县的岗集镇、双墩镇、三十头镇进入十强，其中岗集镇、双墩镇在合肥三县所有乡镇中高居状元与榜眼之位，长丰经济再次令人刮目相看。

"长丰速度"

如果用一个词语总结 2005 年以来长丰的变化，最恰当的概括就是——速度。

数字虽是枯燥的，但数字最能佐证长丰之变。在统计数据的前后对比中，长丰速度清晰可见。

最主要的速度变化首先是工业。长丰县的工业总产值在 2000 年只有 15 亿元，到 2004 年增长到 27.5 亿元，换句话说，5 年没有增加 15 亿元。直到 2005 年，才终于突破 30 亿元，达到 36.79 亿元。相比 2004 年，一年时间就增加了近 10 亿元，速度大大提高。之后，就以每年 30 亿元的速度递增，2007 年突破 100 亿元、增长 58%，这是 2003 年以来工业增速连续第 5 年超过 50%。同年，长丰县规模以上工业企业突破 100 家，由此带动规模以上工业产值从 2005 年开始每年以 20 亿元的绝对数在增长，2008 年突破 100

亿元。

在地区生产总值方面，从 2000 年突破 20 亿元到 2004 年突破 30 亿元，长丰用了 5 年时间才增加 10 亿元。2005 年突破 40 亿元后，以每年增加 10 亿元的速度在递增，2006 年突破 50 亿元，而 2007 年更是比 2006 年增加 20 亿元。

作为投资主导型经济发展模式，投资的大小决定了长丰县域经济的发展水平。2000 年，长丰县固定资产投资突破 5 亿元，到 2003 年突破 10 亿元，用了 4 年时间。两年后的 2005 年突破 20 亿元之后，就开始提速以倍数增长，2006 年相比 2005 年增长 20 亿元；2007 年相比 2006 年更是增长了 30 亿元，从而在总量上突破了 70 亿元。2005—2007 年，每年的增速都超过 70%。2008 年，长丰全县固定资产投资突破 100 亿元。

在 2008 年上半年，长丰又交出了一份骄人的成绩单：工业总产值、固定资产投资、招商引资到位资金、规模以上工业产值、财政收入、工业性投资等，反映县域经济发展的最主要经济指标的增长速度，全部超过 50%，长丰再次向外界生动诠释了"长丰速度"的深层含义。

从 2001 年开始，长丰县域经济可划分为两个阶段，第一阶段主要特征是解放思想、转变观念、谋篇布局、寻找比较优势；2005 年开始进入第二阶段，加速发展是主要特征。从 2008 年开始，长丰又进入提质扩量的新阶段。

2005 年转折之后，经历 2006—2008 年的 3 年积累，长丰在 2009 年地区生产总值突破 100 亿元，实现真正意义上的"百亿长丰"，长丰县域经济正在迎来又一个根本性拐点。相比 2005 年以来主要以速度为特征的增长，长丰将不再仅仅是收获经济数字，而是实现整体性升级，并最终实现跻身十强县的光荣与梦想。

"第一引擎"

县域经济发展，产业是第一支撑力。工业立县，是长丰总结多方面经验后的战略抉择。长丰决策者认识到，要想富民强县必须发展工业。这也是长丰县域经济拥有发展持续力的第一战略。

站在今天的时间门槛上梳理发现，长丰县的主要经济指标：地区生产总值、工业总产值、规模以上工业增加值、固定资产投资，一直保持在加速度前行的快车道上。尤其是进入"十二五"以来，长丰更是跨入发展的高峰期。

在"十二五"开局之年的 2011 年，长丰县地区生产总值、固定资产投资、招商引资到位资金均突破 200 亿元，规模以上工业总产值突破 350 亿元。此后 5 年，长丰一直保持向上的强劲增长，2013 年生产总值突破 300 亿元，2016 年突破 400 亿元。

对于一个后发型县域来说，投资强度是经济增长的关键指标，"十二五"以来，长丰固定资产投资和工业投资都始终保持两位数增长。在固定资产投资上，从 2011 年开始，每两年跨越一个百亿台阶，到 2016 年达到 470 亿元；在工业投资上，从 2013 年到 2016 年，连续 4 年保持在 200 亿元以上的高位运行，从而带动长丰规模以上工业产值跨越式增长。

统计显示，长丰从 2012 年规模以上工业总产值突破 500 亿元开始，持续每年以 100 亿元的幅度在递增，到 2016 年达到 897 亿元。按照这样的增长趋势，即将在规模以上工业总产值方面实现"千亿长丰"。这将为长丰县域经济的整体发展，注入新型工业化的强大支撑力。

在工业强县的进程中，鸿路钢构、伊利乳业、万力轮胎、万和集团、荣事达电子电器等，一批知名企业枝繁叶茂，带动产业链从拉长到增粗裂变，进而带来产业聚集效应，也彻底盘活了长丰工业的大棋局。

统计显示，2005—2016 年，长丰的生产总值、工业总产值、规模以上工业增加值、社会消费品零售额、固定资产投资、工业投资、财政收入等县域经济主要指标，一直保持两位数增长。2016 年，长丰县生产总值和财政收入，分别是 2005 年的 10 倍和 20 倍。长丰完成了县域经济的脱胎换骨，跻身全国百强县，进入县域发展 3.0 时代。

进入全国百强县后，工业仍然排在长丰发展战略的第一位，精力向工业集中、资源向工业汇集、政策向工业倾斜，推动传统产业全面升级、新兴产业快速崛起、创新型经济蓬勃发展，成为带动县域经济的火车头。

"融合力"

广东万和投资项目，是双凤开发区"抢"来的。

当时，双凤开发区捕捉到了一条重要信息：广东万和集团有外出投资的意向。第二天，开发区主要负责人和招商人员立即飞往广州接洽。在双凤之前，万和已经考察了多个城市，双凤介入后，万和调整了投资脚步。

在此后半年的对接中，仅投资协议就反复修改了 12 稿。最终，广东万和集团投资 10 亿元，新能源热水产品生产基地项目落户双凤。双凤开发区招商人员感叹道：这个项目是"抢招来的！"

对于长丰招商来说，这样的"抢招"项目并不少见。招商引资是长丰发展的第一要事，全县各专业招商组及其成员单位和乡镇、开发区所有工作人员，每年至少提供招商信息 1 条，副职领导至少提供 2 条，主要领导至少提供 3 条。这从方法机制上解决了"靠谁招"的问题。仅 2016 年，全县累计收集招商信息达 7050 条，其中有明确投资意向的招商信息 5590 条，规划投资额 5 亿元以上的项目信息 173 个。

进入经济新常态后，招商引资更加需要明确重点方向，更加注重招商方式转变。长丰创新出"信息全员化、谈判专业化、落地包保化、服务精准化"的招商模式。正是对招商引资的紧抓不懈，中国南山集团宝湾国际物流中心、京东安徽区域总部、伊利乳业、万博电气等大项目先后落户，书写了一个又一个招商引资的"叹号"。

招商只是第一步，项目要真正落地见效，平台载体至关重要。长丰借力发力，埋头苦干两件事。

第一件是突出"融"，坚持与"市"俱进。"城间县"是长丰的区位优势，推动靠近省会合肥的南部地区率先发展，主动融入、等高对接合肥主城区，是长丰发展坚定不移的战略方向。长丰南部的双凤开发区、双墩镇、岗集镇等完成固定资产投资累计超过 2200 亿元。合肥北城已经集聚起 30 万人口，成为长丰新型城镇化的引领区、产城融合的示范区、城乡统筹的示范区。这是长丰下一步新型城镇化转型升级的坚强基础。

但长丰不能只有一个增长极，着眼于县域经济的整体提升，长丰又顺势提出"双城双轴"战略：以合肥北城、长丰县城为南北两个增长极，以合淮路、合水路为双轴，带动县域经济整体发展。

第二件是强调做"优"，硬件软件双优化。在硬件环境上，2017 年，作为双凤开发区建设年，全面拉开 32 条道路建设，概算投资 13.75 亿元。在发展规划上，立足千亿大双凤，争创国家级开发区。

为打造最优软环境，长丰提出了"改革、服务、招商、引资"八字方针，把改革、服务放在招商、引资之前。针对长丰南北狭长的地理特点，设立南北两个政务服务窗口，实现服务项目应进全进、清单化管理。同时，深入推进行政审批"两集中、两到位"改革。改革后，审批服务项目承诺时限平均比法定时限减少 50% 以上，承诺时限减少的行政审批和公共服务项目在65% 以上。

改变效果立竿见影。2015 年，投资 55 亿元的万力轮胎从洽谈签约到正式投产仅用 10 个多月；2016 年，投资 5 亿元的乐卡五金项目签约 40 天即开工建设，不断刷新项目建设的"长丰新速度"。

统计数据显示，"十二五"以来，长丰招商引资累计到位资金 1591.23亿元。在招商引资进程中，集聚起高端外资、优质民资、央企国资，全县70% 的生产总值、80% 的税收、80% 的就业，来自招商引资企业。

这是长丰招商引资借用外力与改革创新激活内力的巧妙融合，在"内与外"的辩证法中，长丰积聚起跨入全国百强的核心力量。跨入百强后，在新发展理念的指引下，长丰又将演绎另一对辩证法，即低与高、有与优。

从有到优的辩证法

作为全国最大的钢结构及配套产品生产厂家，鸿路集团一直在向智能化产业链升级。安徽省首个装配式钢结构保障房项目工程，采用鸿路集团装配式高层钢构住宅成套技术，实现了标准化设计、模块化生产、装配式施工、一体化装修，是真正的绿色循环低碳建筑。鸿路集团还积极拓展智能停车、一站式钢结构及其配套产品等新业态。

与鸿路集团一样，万力轮胎、荣事达等企业也纷纷按下"快进键"，在"低与高"的辩证法中，实现转型升级，向产业链"微笑曲线"两端的高附加值延伸。

2016 年 11 月，万力轮胎智能工厂在长丰投产，合肥迎来了首条完全意义上的工业 4.0 轮胎生产线，这也是国内首个全领域智能化、全流程自动化的轮胎智能工厂。在双凤开发区，荣事达电子电器集团被认定为国家级双创示范基地，获得国务院总理的充分肯定，其"双创"模式及经验在全国推广。

这些知名企业转型发展的脉络，正是长丰传统产业"提升工程"的路线图。"十二五"以来，长丰运用高新技术，加大传统产业改造升级力度，提升优势产业的厚度。长丰县经信委负责人介绍说："鸿路、万力、荣事达等一批知名大企业，成为产业转型升级的主体和生力军，吹响了长丰工业转型升级的'集结号'。"

如果说大企业"提升工程"是支撑长丰县域经济的核心力量，那么战略性新兴产业"倍增工程"，则是点燃未来的新增长点。长丰县政府主要领导说："在聚焦政策、聚集要素、聚合资源下，打造优质载体，搭建公共平台，培育新型显示、节能环保、电子信息、新能源、生物医药、装备制造等战略性新兴产业，作为引领全县新兴产业发展的主攻方向，加快形成长丰未来发展新的优势产业。"

多措合力作用下，改变正悄然发生。软件产业园、大健康产业园、生物医疗产业园、中医药科技产业园等战略性新兴产业接踵而至。截至 2016 年，已拥有国家级高新技术企业 77 家；2017 年第一季度，长丰战略性新兴产业产值同比增长 19%。

2017 年 5 月，一份《长丰县由贫困县跃入百强县发展路径探源》的调研报告,放在了合肥市主要领导的工作案头。合肥市委领导做出批示指出,长丰摘掉了"贫困县"帽子,闯进了"百强县"阵营,走出了一条县域经济发展的新路。

今天的发展,是昨天奋斗的沉淀。从国家级贫困县到跃居全国百强县,是长丰崛起走过的"长丰路径";圆梦百强之后的转型升级,则标志着长丰正在跨入优化发展的 4.0 时代。

站在百强新起点上的长丰,将在创新、转型、升级中闯出一条新路。

（作者：王运宝、姚成二；原载于《决策》2017 年第 6 期）

宁国路径

宁国，20 年，一座城。

当人们走进宁国，会惊讶于它的精致和活力。

这座人口只有 38 万的山区小城，并没有在发展规模上求大求全，而是在发展质量上求精求特，致力于走出一条新发展理念下县域转型发展的宁国路径。

在短缺性经济条件下，各地拼的是资源要素，尤其是土地资源；新常态下，产能过剩，发展不再是外延式扩张，而是内涵式提升。宁国见事早、行动快，通过"四换四驱"发展新模式，有效破解了资源配置不优、发展动力不足的问题，在新一轮竞争中抢占了先机、赢得了主动。

主动转型、引领发展不仅需要超前的眼光，更需要敢为人先、自我革新的勇气。在这场凤凰涅槃式转型发展中，宁国走出了一条什么样的路径？

啃下转型"硬骨头"

2008 年之前，宁国经济综合实力连续 7 年位列安徽县域第一。宁国发展相对超前，但遇到的问题同样也超前。2008 年全球金融危机，让传统粗放式发展模式面临严峻考验，经济亟须转型升级。

面对全球金融危机的持续冲击，2009 年，宁国开始全面转型、提质发展，对落后产能、低端产业、低产企业进行全面摸底调查。

"从调查情况看，僵尸企业占用大量的资金、土地等宝贵的发展资源，消耗大量的社会财富，却不产生任何经济效益，造成资源的持续沉淀，是经济粗放发展、效率低下的根本原因。"宁国市领导分析认为，宁国经济转型首先要破解僵尸企业，啃下这块"硬骨头"。

宁国探索建立"五步联动"模式，即全面监测超前"防"、标本兼治精准"帮"、互利共赢鼓励"并"、不良信贷高效"解"、关键权益统筹"保"，完善支持、维持、重组、破产"四类处置"工作机制，设立专业法庭，试点简易程序，促进"僵尸"企业快速出清。

截至 2018 年 9 月，宁国共完成 12 家企业兼并重组，化解不良信贷 1.1 亿元，盘活低效用地 1000 余亩，全部重新配置用于 12 家新企业扩大生产。

所谓"腾笼换鸟"，就是淘汰落后产能、低端产业、低效企业，将有限的要素资源配置给低能耗、高效益的产业，配置给有实力、有潜力的企业，给会飞的"鸟"腾出发展空间。

特别是对宁国来说，人口少，劳动力资源短缺，劳动力成本较高。针对企业普遍存在"招工难、用工荒"难题，宁国在转型升级中大力推行"机器换人"。

2011 年，宁国市先后出台《加快推进工业转型升级的意见》和《促进耐磨产业转型升级的意见》，加强政策激励，累计兑现 400 多家企业奖励资金共计 1.8 亿元，10 余家企业约 50 余台"工业机器人"应用生产一线。

但"机器换人"并不是简单替换取代人力，最根本的是加大投入进行技术改造和装备升级，进而提高产品产量和质量，大幅提升企业的生产效率和竞争力。宁国经开区因此获得省"智慧园区"建设试点。

以问题为导向，宁国在转型实践中不断摸索，又总结出"空间换地"和"网＋换新"。"空间换地"，即强化政策倒逼机制，推进土地节约集约利用；"网＋换新"，即发展"互联网＋"，深入推进"两化融合"。

腾笼换鸟、机器换人、空间换地、网＋换新，政策引导跟企业转型发展不谋而合。"四换"有效破解了传统发展方式面临的困局，解决了资源配置不优的问题。

伍　奔跑吧，皖之城！

重铸发展新动力

经济新常态本质是发展动力的转换。在新一轮发展中，传统发展动力迅速减弱，县域面临最大的问题是发展动力不足。"在经济下行的时候，县域经济压力更大，因为要素往大城市集中，县域吸引力小。"在这一轮大洗牌过程中，宁国对此进行了超前谋划。

新的发展动力在哪里？创新是引领发展的第一动力。早在 2009 年，宁国就把创新驱动作为重要战略。2010 年，宁国被省政府授予全省唯一一个县级自主创新综合试验区，掀起了一轮科技创新高潮，创新主体蓬勃兴起。目前，宁国市共有高新技术企业 77 家，万人发明专利拥有量达 16.02 件，是中部唯一"知识产权强市示范市"。

创新驱动，人才是关键也是难点。特别是县域，高端人才引进难。在这方面，宁国破题较早，抓住了先机。2014 年，宁国抓住安徽省政府吸引高层次科技人才团队的政策机遇，成功引进复旦大学石墨烯团队，并获得省政府 1000 万元扶持资金。

为了破解县域人才"屏蔽效应"，宁国市创新"不求所有、但求所用"的人才引进理念，构建以柔性为主导的跨区域人才使用新模式。宁国先后在上海、杭州等地建立 4 个驻外人才工作站，探索试行"星期天工程师""候鸟型专家"等用人模式。同时建设"英才苑"、学士苑、专家楼等，高层次人才可以免费"拎包入住"。

到 2018 年 9 月，宁国市共有 11 个科创团队落户、1 个团队纳入科技部重点攻关课题、3 个团队纳入省扶持创新创业项目。对于宁国来说，引进一个高端人才，意味着能够突破一项重大技术，创建一家企业，甚至催生一个产业。

"创新是最重要的驱动力，但光创新没有资本不行，光有资本没有创新也不行，所以一开始我们提出两轮驱动，创新驱动和上市驱动。"宁国市领导分析说。在创新驱动的同时，宁国把上市作为重要的驱动力之一进行培育。

2009年，宁国市连续出台了鼓励引导企业兼并重组和加快推进企业上市的意见。创新资本运作模式，鼓励市内企业拿出优质资产与央企、知名民企、外企等兼并重组、合资合作；构建资本运作平台，在全省县市中率先与券商签订战略合作协议，组建上市辅导转化中心；优化资本运作环境，改"上市后一次性奖励"为"上市前分阶段奖励"，刺激了企业加快上市的积极性。

到2018年，宁国市已建立起"1+7+5+7+X"的多层次资本市场体系。"1"，即"政府上市"，2013年宁国市国投公司平台在全省县市中第一个成功发行城投债，募集资金13亿元；"7"，即总部在宁国的上市企业7家，居全省县域首位；"5"即在"新三板"挂牌企业5家；"7"，即在"新四板"挂牌企业7家；"X"，即一批上市后备企业正在孵化培育。

截至2018年9月，宁国市累计在资本市场募集资金达120亿元，更重要的是推动了企业转型升级和产业提升。通过上市，宁国打造了一批国际领先、国内一流的行业领军企业，并且形成"一个上市企业建成一个产业基地、一个领军企业带动一个产业集群"竞相发展的生动局面。

创新驱动和上市驱动，是宁国经济转型的两个翅膀。在转型探索中，宁国又进一步提出物流驱动和品牌驱动。"四驱"为宁国转型发展提供了源源不断的新动力。

谋划崛起新路径

"四换四驱"涵盖了当前县域经济面临的主要问题，构成了一个完整的体系，为县域转型发展提供了一条独具特色的宁国路径，也为宁国经济二次飞跃打下了坚实基础。

志存高远，凤舞九天。宁国市提出"十三五""领跑安徽、比肩苏浙"和"进军五十强、率先现代化"的宏伟目标。经过"四换四驱"转型发展，制约宁国发展的要素瓶颈得到有效破解，宁国新一轮发展的动力不会减弱，这是宁国的底气所在。

在新起点上，宁国又在超前谋划未来发展之路。宁国市提出"十三五"要构建"四地四优"，即打造战略性新兴产业集聚地，构筑产业新优势；打造全域性休闲旅游目的地，构筑生态新优势；打造综合性区域交通枢纽地，构筑区位新优势；打造示范性文明建设先行地，构筑环境新优势。

"2014 年申请全省首批战新基地时，宁国入围有很大难度，当时很多人都不抱希望。但我们研究《中国制造 2025》，其中一条就是核心基础零部件，国家在这方面很薄弱，而宁国核心零部件产业有特色，我们就抓住这一条。"宁国市领导说。过程艰辛、机遇难得、空间广阔，这是未来宁国经济发展的主阵地。

"十三五"时期，宁国将全力推进省级核心基础零部件产业集聚发展基地建设，拉高基地建设标杆，打造具有国际竞争力的集聚发展示范基地。力争到 2020 年，将核心基础零部件产业打造成千亿元产业。

宁国素以工业见长，然而外界没有关注到的是，宁国也在着力发展旅游经济。工业形成新优势之后，下一个优势就是旅游。结合经济优势和生态优势，旅游将会是宁国下一个"爆发点"。

宁国旅游发展飞速。2016 年旅游总收入 41.4 亿元，旅游人数突破 800 万人次。其中，2014 年才开始打造的"皖南川藏线"，已经被列入国家级旅游优先项目，2016 年国庆节期间旅游人数达 17.2 万人次，超过黄山风景区同期的 16 万人次。

尽管是传统工业城市，但宁国生态非常好，森林覆盖率达 76%，一级的空气、一级的水，负氧离子含量平均 2 万多。宁国市把旅游作为战略性支柱产业来培养打造，连续 4 年开展主题年活动，着力把生态优势转化为发展优势。

在宁国市领导看来，宁国发展旅游有着其他地方不可比拟的优势，通过上市企业转型发展旅游，"上市企业需要转型发展，他们认为旅游是未来最大的潜力所在，我们也认为是"。上市企业以工业理念办旅游，不仅能解决资金问题，更能解决理念问题。通过上市企业的龙头带动作用，解决了旅游产业小、散、乱的问题，大大提升了宁国旅游发展水平。

通过打造"四地四优"，经济新常态对宁国意味着发展新机遇。宁国要在转型发展中逆势上扬，以期在全省县域经济中引领发展跨越，进一步形成彰显优势、以质取胜的良好态势。

（作者：吴明华；原载于《决策》2018 年第 10 期）

伍 奔跑吧，皖之城！

界首之变

2016 年 9 月，国家级智库中国社会科学院发布 2016 全国百强县榜单，在"全国县域经济投资潜力百强排名"中，界首位列全国第 6 位。按照中国社科院的指标体系，"投资潜力"指县域经济集聚生产要素的能力，主要体现在生产要素数量的累积速度和未来发展空间两个方面。

排名一经发布，引来广泛关注，界首为什么能进全国前十强？界首作为安徽县域经济的代表性县（市）之一，经历了怎样的改变？

经济上扬线

经济数字是无声的语言，也是最好的表达。当我们把时间拉长后再透视时，能清晰地看到界首变化的印迹。

20 世纪八九十年代，界首经济在皖北地区熠熠生辉，曾连续四次进入安徽省十强县，当时的说法是"南有宁国，北有界首"。然而，随着体制转轨和改革进程的不断深入，一部分大中型国有企业相继停产倒闭，界首经济由位居前列倒退至全省倒数。2003 年，界首甚至出现经济负增长，当年财政收入只有 1.1 亿元。

2004 年，界首经济出现第一个拐点，实现正增长 3.2%，向上的势头开始出现。紧接着在 2005 年，增长 10.8%，进入两位数增长的轨道，此后一直到现在，经济增长都是两位数。同样是在 2005 年，界首的财政收入、固定资产投资、规模以上工业增加值的增速都是两位数，而且这个势头一直保持到现在。

2012 年，界首经济总量突破 100 亿元，财政收入突破 10 亿元，规模以上工业增加值超过 50 亿元,标志着界首经济跨上一个新台阶。到 2015 年,规模以上工业增加值突破百亿元,财政收入突破 20 亿元;按照 2016 年前三季度的最新统计,界首固定资产投资将突破百亿元,是 10 年前的 30 倍。根据最近两年的经济指标判断,界首经济正在迈向一个更高的台阶。

对一个后发型县域来说,在增长动力转换时,扩大有效投入是稳增长的关键支撑。10 年来界首投资与县域经济曲线的正向关系,是最好的注解。

界首经济滑落谷底的 2003 年,固定资产投资只有 2 亿元。从 2004 年至 2008 年,投资虽然呈现上涨趋势,但仍然是个位数,直到 2009 年才突破 10 亿元。当跨过 10 亿元临界点后,便在快车道上加速度前行,势头越来越强:从 2009 年到 2013 年,每年跨一个 10 亿元;从 2014 年开始再次提速,每年跨一个 20 亿元。

昨天的投资增速就是今天的经济增长,从第二产业投资的变化来看,2015 年的工业投资是 2005 年的 28.89 倍,由此带动第二产业比重由 2005 年的 33.7% 提高到 2010 年的 50.5%,从"三分天下"到"半壁江山"。2010 年,界首第二产业在三次产业结构中的比重首次突破 50%,此后一直保持在 50% 以上,到 2015 年达到 58.2%;界首工业化率也由 2010 年的 40% 提高到 2015 年的 56.5%,在整体工业化水平不高的皖北地区,界首工业经济是一个突出的亮点。按照 2016 年前三季度的统计,界首工业增速在阜阳市第一、在皖北第一、在安徽省同类县第一。

为什么界首能够连续 10 年画出一条经济上扬线?从经典的竞争力钻石模型来分析,生产要素、需求状况、产业、企业策略、政府行为、机遇六个方面,合力决定一个区域的竞争力。在十年嬗变的进程中,界首是如何破解"痛点",在恰当的时机实现经济要素的恰当组合?

产业 + 平台的融合式升级

县域经济发展,产业是第一支撑力;界首之痛,也痛在产业。当年以奇安特、沙河酒为代表的界首工业出现困境后，直接拖累界首经济整体下滑。因此，面对工业经济辉煌过后的黯淡，以产业为突破口，成为界首二次创业的逻辑起点。

经过认真调研后，界首市决策层认为，界首工业的"牌子没倒，基础还在，潜力很大，贵在实干"。于是在 2006 年，界首确立"工业强市，产业立市"的发展战略。一直到现在，工业主战略在界首没有出现动摇，一任接着一任干。这在战略层面上确保了界首发展的持续性。

在这个连续的进程中，田营循环经济产业园、光武产业园、华鑫集团等一大批外界耳熟能详的名称，成为界首循环经济发展的生动写照。"进来一个旧电池，出去一个新电池""进来三个塑料瓶，出去一件新衣服"，是对界首循环经济闭合式产业链条最常用的描述；界首坚持发展是第一要务、环保是第一生命，先后摘得全国循环经济示范园区、全国城市矿产示范基地等七块国家级牌子。界首循环经济呈现出规模大、链条长、技术新、效益好的特点，已生发出经济、社会、资源、环保等多重效益，探索出依托"城市矿产"可再生资源利用，实现县域经济又好又快发展的绿色增长模式。界首正实施"双千双百、四区同创"工程，构建阜阳市第一个千亿元产业，打造国家生态工业示范园、国家新型工业化示范基地。

但一个县域不能只有一个支柱产业，产业结构上的"首位与多元"，是界首产业结构优化升级的辩证关系。从界首市经信委了解到，在循环经济转型的同时，界首已形成可再生资源产业、营养与健康产业、机械制造和纺织服装四大支柱产业。

未来，这些产业将在什么平台上起舞？

回望界首经济的标志性节点会发现，10 年前的 2006 年，界首工业园获批为省级开发区。到 2013 年 8 月，工业园扩区，总体规划面积由 1 平方公里扩大至 14.33 平方公里。2014 年 1 月，安徽省政府批准界首工业园区更名为安徽界首经济开发区，整合提升迈向 2.0 时代。2016 年 7 月，安徽省政府批复界首经济开发区更名为界首高新技术产业开发区，现正申报创建国家级高新区,标志着迈向 3.0 时代。

从区域经济视角来看,界首创建高新区,在整个皖北豫东地区都具有示范意义。相比经济开发区,高新区数量少、占比低,截至 2015 年,安徽省高新技术产业开发区只有 16 家,仅占全省 175 家各类开发园区的 9.1%;阜阳市及周边包括亳州和邻近的河南周口市,没有 1 家高新区。

因此,界首高新技术产业开发区是阜阳市第一家高新区,也是皖北地区第一个坐落在县域的高新区。

界首产业升级的实践还表明,产业转型跟园区平台是相互促进、融为一体的关系:界首工业园创办之时,正是循环经济集聚发展之始,10 年来从田营园区到光武园区,"产业 + 园区"实现完美的融合式升级,在深度、广度上提升发展水平:铅发展为铅基新材料,铝升级为铝基新材料,塑料向工程塑料、新材料延伸。

在融合式升级过程中,融入新科技、新材料的"催化剂",是界首经济的一张"金字招牌"。在天能电池集团,公司副总经理江小珍指着印有"真黑金"标识的产品说,这是加入石墨烯的蓄电池。在东锦化纤公司,塑料瓶经过流水线车间后,发生神奇的化学反应,变成织布机上的一批批布。至远、康命源两个投资超过 10 亿元的新材料项目,已落户光武产业园。这些大项目不仅是界首经济的未来潜力,而且是生态环保型的好项目,彻底打破了过去传统观念中资源循环利用就是"破烂经济"的固有形象。

勇立潮头的企业家

"80 后"聂刚是清华大学毕业的高层次人才,他"凤还巢"回到界首后组建新方尊科技团队,自主研发泡沫铝技术。2015 年,聂刚领衔成立界首市一鸣新材料科技有限公司,上马泡沫铝生产线,将界首的再生铝生产提升了一个档次,附加值提高 10 倍多。

如今在界首,像聂刚这样的高层次人才越来越多,创新的氛围也越来越浓。截至 2016 年,高新技术企业已突破 30 家,界首也被评为全国科技进步先进市、全国知识产权试点市。

为什么界首的科技创新能够领跑？究其原因，一方面是界首市委市政府对科技工作的高度重视，从政策、资金、项目、人才等方面全方位支持。另一方面，根本动力来自界首的企业，特别是勇立潮头的企业家们。

走进安徽强旺集团办公楼，一楼大厅最引人关注的是"博士墙"：56 位博士的大幅照片和简介，整齐排列在左右对称的两面墙上。公司董事长张强 2006 年开始创业，一直把创新作为公司发展的第一推动力。截至 2016 年，强旺集团已获得 200 多项专利，所有专利均实现成果转化，确保强旺集团始终走在最前沿。

与强旺同属界首高新区东城产业园的华信生物药业公司，在朱慧秋董事长的带领下，与北京大学、中国药科大学等进行产学研协同创新，联合研发功能性保健品，成为国内知名品牌。在安徽强旺营养健康产业园和安徽华信生物医药健康产业园等投资超 10 亿元项目带动下，界首的营养与大健康产业建设全面铺开。

在机械制造的龙头企业云龙粮机，公司总经理曹云飞被称为"发明达人"，云龙粮机公司拥有自主知识产权 170 多项；2015 年，云龙被评为阜阳市唯一的"中国驰名商标"。

在供给侧结构性改革的大潮中，以强旺、云龙、华信、华鑫、枫慧、聚力等一批企业为代表，围绕"中国制造 2025""互联网 +"等新技术、新思维，企业技术中心、院士工作站、博士后工作站，正在成为越来越多界首企业的"标配"，形成具有界首特色的创新生态系统。这让苏州工业园管委会负责人到界首考察后，连说三个"没想到"：一是没想到在皖北有这么大规模的企业创新中心，二是没想到界首市这么重视科技创新，三是没想到界首的科技理念这么新。

但在界首，创新的不只是科技，全市上下干事创业的精神状态，才是界首重返安徽县域第一方阵最强的支撑力。

"创"精神提振精气神

踏足界首,穿行城市、高新区和企业时,最大的感受可用四个字形容——热气腾腾,尤其是城建、工业项目两个"百日攻坚",大投入、大建设、大发展的工作激情被点燃。

"吃苦耐劳、无中生有的创造精神,百折不挠、孜孜以求的创业精神,革故鼎新、开拓进取的创新精神,精益求精、勇争一流的创优精神,不甘人后、敢为人先的创举精神。"在界首市第十三次党代会上,界首市领导对"创"精神进行了概括和阐述。

项目工作机制,就是体现界首精神状态的一个亮点。"抓项目就是抓经济,抓项目就是抓发展",界首抢抓国家、省市重大政策机遇,建立健全项目谋划、建设、督查、考评制度,形成领导班子成员包联重大项目,月月有开工、季季有观摩的项目建设工作推进机制,使一批批优质项目争得来、引得进、建得好。

2011年到2015年,界首累计实施安徽省、阜阳市重点工程项目285个,完成投资近200亿元。现在在界首,评价一个单位工作干得怎么样,关键看项目工作做得怎么样,项目工作体现整体工作的质量和水平。

2016年4月,在界首市委党校的一次报告会上,界首市领导提出"项目三问":怎么谋划项目?怎么争取项目?怎么推进项目?引起所有与会者的思考。为更大力度推进项目,界首在三个方面进行创新:一是建立项目管理员制度,在全市范围内选调80人作为项目管理员;二是项目工作组制度,与一个项目有关的职能部门,建立一个工作组;三是项目工作主体制度,对每个项目明确牵头单位,决不允许单位之间推诿扯皮。

但界首也没有只谈项目,而是紧抓规划、项目、预算、政策四大核心领域。通过规划确定工作的范围和方向,通过项目明确工作的内容和抓手,通过预算规定资金的来源和去向,通过政策保障工作的推进和落实,四者形成一个完整的闭合循环。经过持续努力,政策变成项目,项目变成投入,投入壮大产业，产业创造效益，在这个"四变"的过程中，项目建设为界首经济提供可持续的新动能。

另一个改变界首的做法，是一线工作法。按照"看新不看旧、看大不看小、看现场不看挂图"的原则，组织现场观摩，用脚丈量工程，在项目建设的现实面前产生思想震动。真正做到领导在一线指挥，干部在一线锻炼，办法在一线研究，问题在一线解决，措施在一线落实，作风在一线转变，矛盾在一线化解，能力在一线检验。

界首之变的样本价值

在县域经济发展的四大要素中，产业是基础，企业家是核心，高素质的管理团队和技工团队是支撑，承载发展需要良好的环境。好环境不仅有产业链条、平台载体、人力资源等硬环境，还有政府服务、宜居城市等软环境。城乡环境综合整治，体现出界首的多层面改变。

城乡环境综合治理，事情怎么干？钱从哪里来？这是各个地方都会面临的难题。界首的答案是在实干中创新制度，形成体制机制。

放在皖北地区的大环境下，这是一项需要群众参与，而且是群众受益的工作，但怎样破解环境综合整治中"干部占主导、群众参与少"的现象？界首以全局观念和系统思维，创造性地将城乡环境、垃圾处理、秸秆禁烧和利用进行综合统筹，创新出"以量计奖"的方式：市里按照乡镇垃圾转运量给予财政补助，使垃圾成为保洁员增收的渠道，陈年垃圾得到彻底清除。2014年，全市总计拨付奖补资金758万元，2015年拨付900万元，在垃圾处理量增幅达50%的情况下，环境治理资金增幅不到19%，"少花钱，办大事，办实事"，充分发挥出环境整治资金的杠杆撬动作用。通过"行政化推动、社会化管理、市场化运作"，实现了"从干部自己干，到带着群众干，再到群众自己干；群众由袖手看，到拍手赞，再到动手干"。

不仅是乡村，在界首中心城区也是别开生面。从2015年开始，原先布满商业门面的沿街"黄金宝地"上，兴建了十多处街头游园，一道道绿色翡翠让人眼前一亮；置身颍南植物园、行走生态森林公园，更有烟雨江南之感。从表面上看，建设绿色游园不如直接建商业房赚钱，但从深层次看，绿色游园改变了城市环境，提升了城市品质，构建起"绿文章、水生态、慢生活"的品质宜居城市。更重要的是，建设游园的过程改变了界首人的思想观念，宜居宜业的大美界首，更能吸引投资。

界首的城乡环境综合整治，一方面是城市颜值的提升，是建设"品质慢城、乐居界首"的生动实践，更重要的是成为引导、教育群众的一个有效抓手，提振界首市80万人的精神面貌。用界首流行的话说，"硬件不足软件补，软件不足精神补"。

如果对"界首之变"进行概括的话，一个字是"人"，界首最大的改变是界首人，形成干事创业的好状态；两个字是"干部"，干部队伍的理念、思路、作风、方法都发生了根本性改变；三个字是"企业家"，他们敏锐地把握市场机遇，引领发展潮流；四个字是"领导班子"，界首市委市政府决策层抓班子带队伍，营造出"人人想作为、个个有作为"的好局面。

在界首"创"精神的激励下，广大干部群众生发出的精神风貌和热情干劲，是界首发展难得的宝贵财富。这对后发型县域来说，具有积极的学习价值。

（作者：王运宝；原载于《决策》2016年第11期）

后　记

　　写安徽，你最想写什么？你可以写"庐州春晓知映月，淝水长引百带回"的江淮之美，还可以写"粉墙黛瓦拨水墨，清溪绕城入画轴"的徽州之韵；亦可以写"芯屏汽合、急终生智"的产业之兴。

　　这都是我们眼中的安徽，也是我们笔下的安徽，更是我们爱得深沉的安徽。因为这份深爱的情怀，我们总想做些什么，不仅是为了《决策》创刊30周年，更想为安徽区域形象塑造留下记录。

　　怀着这样的初衷，2022年下半年，我们在筹备《决策》创刊30周年活动伊始，就策划编写一本关于安徽区域形象塑造的书。

　　从2023年3月开始，杂志社编辑部的一群年轻人，翻阅了30年里所有的文章，重新"走"了一遍安徽发展的轨迹。

　　但是，当我们真正提笔编写时，安徽的区域形象究竟是什么？这成为所有编写者讨论的焦点。

　　我们为选择哪一篇文章更能体现安徽特色纠结过，为斟酌哪一种表述更加准确深思过，为哪一种逻辑更加符合安徽发展方向激辩过。

　　历时半年，我们从399期的《决策》中发现，一个新兴经济大省、科技创新策划地和改革开放新高地的立体化形象，越来越清晰，安徽的区域形象正在发生着一场重塑式的嬗变。

经过三次组稿后，一个"出落得越来越有风采的安徽"在我们眼前徐徐展开。这里有硬核实力的"制造天团"，也有科创＋资本的"实力后浪"，还有一个全面融入长三角一体化的"上进生"。

寒来暑往，四序迁流，在硕果满枝的 10 月，这本书终于付梓了。作为编者，我们心怀感恩、感激和感谢，感恩所处的大时代，感激所有呵护这份情怀的人，感谢为这本书顺利出版而辛勤付出的人。

我们感谢曾经在决策杂志社奋斗过的每一位同仁；感谢每一位为《决策》投来好文章和付出过智慧的作者；更感谢真诚提出真知灼见和修改建议的专家学者，他们共同为这本书注入了更充实的内涵。

感谢决策杂志社总编、安徽创新发展研究院执行院长张道刚对这份情怀的执着；感谢决策杂志社执行主编王运宝、采编中心副总监姚成二，采编中心吴明华、胡磊、安蔚、许盼丽以及整个编写组为这份情怀奋斗的无数个日夜，为把好质量关、文字关，他们对每一篇稿件进行了字斟句酌；感谢决策杂志社新媒体部纪海涛、赵晨，用细致严谨又活泼可读的编排，让杂志文章在新媒体上精彩呈现；感谢安徽人民出版社的老师们，他们的认真负责保证了图书出版的质量。最后，感谢决策杂志社美术编辑王碧琦、舒晓东，他们为封面设计的创意付出了辛苦劳动，才有了每位读者看到的效果。

三十而励，绽放而行。在行进中，我们期待未来的安徽，是一个更有风采的安徽。如果这本书能为新时代"安徽气质"塑造贡献一份力量，我们将感到万分欣慰。

最后，再次感谢每一位作者、每一位读者和每一位合作伙伴，为《决策》创刊 30 年来做出的每一份贡献。

编写组

2023 年秋

绽放：一本杂志与安徽区域形象的塑造